내 마음
내가 치유한다

알기 쉬운 인지행동치료 CBT

내 마음
내가 치유한다

알 기 쉬 운 인 지 행 동 치 료 C B T

세스 J. 길리한
지음

신인수
전철우
옮김

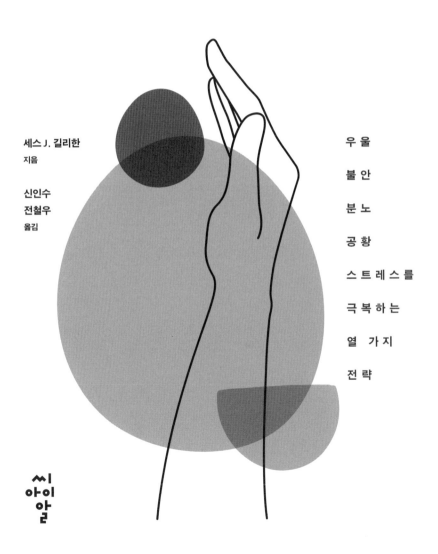

우 울
불 안
분 노
공 황
스 트 레 스 를
극 복 하 는
열 가 지
전 략

씨
아이
알

간단한 시작 안내

이 책은 당신을 위한 것일까요? 아래의 문항을 읽으면서 그 내용이 당신이 종종 느끼는 것을 묘사하고 있다면 박스에 체크하시기 바랍니다.

☐ 나는 불안 발작(엄습)^{anxiety attack}이 또 일어나는 게 두렵다.

☐ 나는 수면에 곤란을 겪고 있다.

☐ 나는 많은 것에 대해 불필요하게 걱정을 한다.

☐ 나는 긴장과 불안을 느끼며, 긴장을 풀어내는 시간을 갖기 어렵다.

☐ 나는 특정한 대상이나 상황들이 겁난다.

☐ 나는 내가 해야 할 일들이 날 불안하게 해서 피하게 된다.

☐ 나는 어떤 사회적인 상황에서 극도로 불안해지거나 그런 상황을 될 수 있는 한 피한다.

☐ 나는 상황에 맞지 않는 과장된 분노를 표출하는 것 같다.

☐ 내가 왜 그렇게 분노를 느끼는지 나 스스로 이해가 가지 않는다.

☐ 내 분노 때문에 관계에서 문제를 일으켜왔다.

☐ 내가 즐기곤 했던 것들에 이제는 흥미를 느낄 수 없다.

☐ 앞날에 대해 뭔가 기대할 게 아무것도 없다는 느낌이 든다.

☐ 뭔가 집중하고 결정을 내리기 위해서 무척 애써야 한다.

☐ 내 자신이 싫다.

☐ 내게 필요한 에너지와 동기를 찾기가 어렵다.

만약 당신이 서너 개 이상을 체크하였다면, 이 책에서 유익을 얻을 수 있습니다. 이 책을 계속 읽어가면서 인지행동치료_{CBT}에 대해서, 그리고 여러분 스스로 치료적인 과정에 어떻게 참여할 수 있는지에 대해서 알아보시기 바랍니다.

마르시아에게,
이 삶을 나와 함께 나눔에
사랑과 감사를 담아

추천사 1

지난 수십 년 사이에 정신의학과 심리치료 분야에선 엄청난 변화가 있었습니다. 변화의 계기는 그간 추상적이며 분분한 이론에 둘러싸인 정신분석에 기반을 둔 심리치료에 대한 한계를 느낀 탓도 있었을 것입니다. 새로운 변화는 뇌과학 분야의 눈부신 발전으로, 정신의학 영역에서 보다 과학적으로 접근되어야 한다는 요구도 있었습니다. 다시 말해 심리/정신치료 분야는 이제 신경과학에 기초한 접근법으로서 객관적 평가를, 그리고 치료방법에서는 보다 구조화된, 표준화된 프로그램 같은 것을 요구하게 되었다는 말입니다. 그리하여 뇌 관련 질환이라면, 먼저 그것의 신경학적 원인에 대한 근거가 제시되어야 마땅했고, 어떤 심리치료가 됐건 그것의 치료적 성과는 객관적으로 입증되어야 한다는 풍토가 보다 엄격히 조성되었다는 점입니다.

인지행동치료[CBT]는 마침 이런 풍토에 조응을 하여 치료방법을 구체화, 구조화를 시키고, 표준화시키는 노력을 해왔습니다. 이제 인지행동 치료의 효과에 대해선 학계/임상에서 두루 인정되고 있습니다. 이 인지 행동치료도 점차 세분화하여 발전시켜왔고, 알다시피 국내외 심리학자 들은 이제 신경증 치료에서 인지행동 치료법을 상당히 선호하고 있는 실정입니다.

이 책은 기존의 인지행동치료에 마음챙김이란 명상법을 병합시켜 그 효과를 배가시켜보려는 의도에서 펴낸 것으로 보입니다. 알다시피 마음 챙김 명상법이란―존 카밧진이 일찍이 개발한 마음챙김 기반 스트레스 감소mindfulness-based stress reduction(MBSR) 치료법으로 서구에 널리 소개가 된 이래―신경증적 불안이나 우울, 신체 통증의 완화에도 상당한 치료적 효과가 있다고 알려져 왔습니다.

인지행동치료의 개념을 간단히 요약해보면 이렇습니다. 인간의 심리 행동에고에는 크게 세 가지 축에서 작동을 한다고 보는데, 이 세 가지란 곧 '감정', '생각', '행동'입니다. 이들은 필연적으로 서로 맞물려서 돌아 갑니다. 해서 가령 어떤 사람에게 부정적 감정이 우세하게 되면, 그에 따라 부정적 사고가 따라오게 되는 것이고, 그것은 행동에도 영향을 끼 쳐 행동위축이나 자발성의 결여를 야기합니다. 마찬가지로 부정적 사고 나 인지 왜곡이 지속되면, 부정적 감정이나 행동 장애를 유발하게 됩니 다. 평소 언행에 부정적인 성향의 습관이 계속된다면, 그는 결국 그의 인지나 정서에도 부정적 결과를 초래하게 됩니다. 이 세 가지 축은 고 리처럼 연결되어 돌아갑니다. 서로에게 되먹임피드백을 한다는 것입니다.

그러나 이런 악순환의 고리는 자발적 노력의 결과로 바뀔 수 있다는 게 인지행동치료의 골자 개념입니다. 말하자면 이 세 축을 서로 순기능 의 고리로, 순기능의 피드백으로 바꿔보자는 게 치료의 요체라는 것입니다. 그러므로 자신이 자발적 노력의 결과로, 이 세 가지 축 가운데 어느 한 축을 긍정적으로 전환시킨다면, 다른 두 가지 축도 긍정적인 방향으로 돌아가게 될 것입니다.

　뇌 기능의 구조적 측면에서 볼 때, 이들 세 영역은 서로 밀접하게 이웃하여 작동하기에 능히 그렇게 돌아가게 되리라 보는 것이 합리적 추론입니다. 이 같은 치료 접근방법은 뇌과학에서, 그리고 임상적(주관적) 증상의 유의미한 변화로서 측정이 된 연구결과에 기반을 두고 제시된 것임은 말할 필요도 없습니다. 물론 이런 치료방법이 타당한 임상적 결과를 얻었다 해서 모든 사람에게 동일한, 유효한 결과를 가져다준다는 보장은 없습니다. 왜냐하면 이런 치료에는ー그리고 어떤 치료법이 소개되든ー내담자의 능동적 참여가 전제되어야 하고, 내담자의 자발적 협조 정신이 없다면, 그 어떤 치료에서도 적정 효과를 기대할 수 없기 때문입니다. 물론 치료자 역시 많은 임상적 경험과 더불어 유연한, 창의적인 태도를 요한다는 문제도 있습니다. 정신건강의학과 의사라면 이런 치료와 약물치료의 병행에 대해서도 진지한 검토를 할 필요도 있습니다. 알다시피 강박증, 우울증, 불안증에 대해선 매우 효과가 빠르며, 부작용도 거의 없는 약물치료를 결코 무시할 수 없습니다. 약물치료 역시 광의의 의미에서 일종의 행동치료에 포함될 수 있을 것입니다. 약물치료란 내담자의 부정적인 '감정'을 우선적으로 개선시켜 그에 따른 부정적인 인지나 행동에 긍정적인 영향을 끼친다는 원리의 메커니즘이 작동을 한다는 해석에서입니다. 그러나 약물치료를 받더라도ー아울러 간단한 정신지지 요법을 병행시키더라도ー환자의 근본적인 인지 왜곡의 개선에는 한계가 있을 것입니다. 해서 약물치료로 얼마간 증상의 개선이 있더라도, 재발 방지나 삶의 질을 근본적으로 향상시키기 위한 차원에서, 이 같은 인지행동치료를 받게 하면 훨씬 낫겠다는 의견입니다.

이 책의 저자 세스 J. 길리한 박사는 인지행동치료에 더해 향후 독자들로 하여금 삶의 질을 더욱 향상시키기 위한 의도에서 마음챙김의 치유법을 부가시킨 것 같습니다. 생각하라 - 행동하라 - 존재하라

'생각하라 - 행동하라' 부분은 인지 - 행동의 실천 방법으로, 저자가 매우 간명하게, 예까지 들어가며 친절하게 설명/안내하고 있다는 점이 이 책의 큰 장점일 것입니다. 일반인들이 스스로 실천하게끔 잘 정리해 놨다는 것이 인상 깊습니다. 그러나 설명은 간단한 것처럼 보일지라도 실제 우울증이나 불안증을 겪는 사람들이 혼자서 해결해나가기에는 벅찰 수도 있습니다. 행동의 실천에는 부지런함, 열성, 뚜렷한 이해, 의지 같은 게 있어야 하기 때문입니다. 이럴 경우 전문가의 조언/상담이 따른다면 자신의 문제를 해결해나가기가 보다 용이해질 수 있습니다. 시간을 두고, 천천히, 하나씩, 매일 매일 주어진 숙제를 풀 듯 답을 찾겠다는 의지가 있다면, 자기 문제를 풀어나가는 큰 계기를 맞게 됩니다.

'생각하라 - 행동하라'까지는 ― 이해와 실천이 뒤따른다면 ― 그런대로 풀어질 수 있습니다. 그러나 '존재하라'는 문제/뜻에 대해서는 여기서 자세히 언급/설명되고 있지 않고 있다는 점이 좀 아쉽습니다. 사실 '지금, 여기에' 현존해야 한다는 주문에 대해서는 선뜻 이해가 가지 않는 사람이 적지 않을 것입니다. 이는 사실 많은 '수행'을 요하는 우리의 공통의 실존적인 문제이기도 합니다. 마음챙김이란 단어는 불교전통에서 나온 말입니다. 원래 붓다가 설한 팔정도 가운데 하나인 정념正念이 곧 마음챙김이란 말로 번역이 된 것입니다. 이때의 한자 념念자는 생각을 뜻하기도 하지만, 단지 생각思을 뜻하는 한자와는 다른 의미입니다. 오히려 '자각'自覺에 가까운 말입니다. 다시 말해 자기 내면에 쉴 새 없이

오가는 망념을 그때마다 알아차려야 한다는 말뜻에 가깝습니다. 망념에고을 망념에고으로 관조함이 아니고만일 이런 식이라면 그것은 정념이 아닙니다, 맑고 고요한, 거울 같은 마음에서 그 망념을 있는 그대로 비춰보라는 취지. 이것이 정념의 본래 뜻입니다. 그러나 이것도 결코 쉽게 성취되는 일이 아닙니다. 꾸준한 연습/훈련을 요합니다. 그렇게 자주 하다 보면 점차 그 뜻을 밝게 알게 될 것입니다. 그리고 이런 명상 관련 훌륭한 안내자를 만난다면 더더욱 좋은 일이 될 것입니다.

'존재하라'는 말은 인간의 본래 모습으로 돌아가라는 혹은 본성을 찾아야 한다는, 제 고향을 찾아 돌아가라는 그런 언구와 다르지 않은 말입니다. 존재의 깊은 차원에 이르면, 온갖 번뇌 망상이란 인간이 겪어야만 하는 하나의 경험일 뿐, 결국엔 그 모든 게 하나의 환화幻化와 같은 것임을 깨닫게도 해줄 것입니다. 마음챙김정념은 자신의 경험을 재료로, 나에고를 알아채고, 그리하여 종국엔 나를 일깨우게 하는 근본적인 치유법의 하나입니다. 하나의 문입니다. 바른 알아차림정념을 수행하다 보면 바른 견해正見, 바른 생각正思維나 바른 노력正精進 등도 자연 뒤따르게 될 것입니다. 정념은 결국 번뇌에서 벗어나게 해주는 하나의 디딤돌입니다. 그러나 이 개념에 대해 미리부터 어렵게, 복잡하게 생각할 필요는 없을 것입니다. 이 책에서 간단히 소개하는 '존재하는 법'에 먼저 익숙해질 필요가 있습니다. 존재하라는 의미에 더욱 의욕/관심이 생긴다면, 그리고 더 자세히, 더 깊이 들어가고 싶다면, MBSR 관련 책자의 탐독이나 (불교적) 명상을 권합니다.

정신건강의학과 전문의·신경과 전문의
시인·블레스병원장
신 승 철

추천사 2

인지행동치료Cognitive Behavioral Therapy(CBT)는 강력한 심리 치료기법으로서 감정만이 아니라 감정과 관련된 행동들에 대해서도 매우 합리적이고 포괄적인 치료 이론입니다. 이 이론은 각 개인의 감정적인 어려움들의 근원을 발견할 수 있도록 도울 수 있습니다. CBT의 도구들은 중요한데, 그것은 지난 40년 넘는 기간 동안 전문가들이 발전시켜온 이론에서 유래하였습니다. CBT가 제공하는 굉장히 다양한 기법들은 환자마다의 특정한 욕구와 선호에 맞게 치료자들이 개입할 수 있도록 해줍니다. 그래서 환자들이 자신의 독특한 패턴을 확인하도록 도와주고 올바른 도구를 선택 및 적용하기 위해서는 숙련된 치료자가 필요할 것 같은데, 책의 형태로 어떻게 CBT의 강력함을 그대로 전달할 수 있을까요? 자신의 문제를 잘 이해하고 다루어 좋은 정신 건강을 유지하고 싶은 모든 독자를 위하여 명쾌하고 평이하면서도 우아한 언어로 교감할 수 있는 세스 길리한 박사라면 가능할 것입니다.

이 책에는 마음을 진정시켜주는 자신 있는 목소리가 배어 있는데, 저는 그 목소리의 주인공을 아주 잘 알고 있습니다. 2005년에 세스는 제가 펜실베이니아 대학에서 일 년 과정으로 가르치는 CBT 과정의 50번째 박사 제자가 되었습니다. 지난 35년 넘는 기간 동안 저는 CBT의 원리와 적용방법을 가장 뛰어나고 동기가 가득한 젊은 전문가들에게 가르칠 수 있는 특권을 누려왔습니다. 이들의 재능과 지식 그리고 배우고자 하는 열정에 저는 끝없이 놀라게 됩니다. 하지만 세스가 삶의 온갖 영역에서 산전수전을 겪어온 개인들과 교감하면서 보여준 그의 지혜와 능력은 여전히 제게 뚜렷한 인상으로 남아 있습니다. 저의 멘토인 스티븐 홀론 박사와 아론 T. 벡 박사에게서 제가 배운 최고의 것들을 세스는 매우 탁월하게 전달하는 능력이 있고, 아울러 그 자신만의 아주 유용한 통찰들을 덧붙이고 있습니다.

세스가 지닌 조력 전문가로서의 재능을 처음 접한 것은 제가 그의 치료 회기 녹화물을 지켜보고, 그의 사례 기록을 읽고, 또 그가 자신의 내담자들과 함께 작업하며 이루어냈던 성공 경험들―그리고 약간의 부족한 점들―에 대한 아주 명료한 묘사를 보면서였습니다. 지금 저는 그때와 똑같은, 하지만 지금은 매우 폭넓은 경험을 지닌 세스 길리한을 목격하고 있습니다. 세스는 CBT를 우울과 불안 영역에 멋지게 적용한 워크북 『우울과 불안을 떠나보내는 7주간의 인지행동치료CBT 여정Retrain Your Brain: Cognitive Behavior Therapy in 7 Weeks』가제, 근간을 저술하였고, 강박장애로 고통을 겪는 개인과 그 가족들을 위한 실용적이면서도 세심한 안내서를 공저하기도 하였습니다.

그의 최근 저서는 매우 즐겁게 읽힙니다. 이는 그 주제의 진지함 그리고 그가 다루는 문제들에 대한 그의 정직하고 현실적인 치료 접근에 비추어 결코 작은 성취가 아닙니다. 이 책은 광범위한 영역을 상세히 다루지만, 제목에서 볼 수 있듯이 독자들을 '간단하고 알기 쉬운' 방식으로 안내하고 있습니다. 세스는 이 책에서 자신의 강점을 잘 드러내고 있습니다. 그는 그 누구보다 뛰어나게 자료를 조직하고 구성함으로써 이 책의 곳곳에 박혀 있는 보석들을 쉽게 이해하고 습득할 수 있게 해 줍니다. 세스는 독특하게도 이 책의 시작 부분에서 리듬을 정립해서 보여주고 책 전반에 걸쳐 그 리듬을 따라갑니다. 그리고 도움이 되지 않는 생각을 어떻게 다룰 것인지, 문제 있는 행동 패턴들을 어떻게 바꿀 것인지, 그리고 우리의 삶에서 중요한 것들에 어떻게 주의를 기울일지 ─그리고 어떻게 마음챙김할지 알려줍니다. 생각하라 행동하라 존재하라, 이 리듬에─이제는 저의 학생들을 가르칠 때도 사용하고 있는─ 저는 매우 감명을 받았습니다. 어떻게 더 간단할 수 있을까요? 이 리듬이 표현하는 아이디어는 풍부하면서도 강력해서 치료 장면에 있는 내담자들의 삶을 긍정적인 방향으로 심원하게 바꿔주기에 충분합니다. 이 리듬은 이 책의 독자들에게도 똑같은 효과를 가져올 수 있습니다.

심지어 이 책에서 다루고 있는 모든 영역슬픔, 걱정, 두려움, 미루기, 자기비난에 서 아무런 어려움도 겪지 않는 독자들에게도 저는 다음 세 부문은 특별히 강력하게 추천하고 싶습니다. 미루기, 분노 그리고 '안전 행동'. 종종 혼란스럽게 하면서도 너무나 흔한 이러한 패턴들에 대한 세스의 통찰은 너무도 흥미롭습니다! 최소한 이러한 패턴들에 대한 그의 묘사를 통해 독자는 자신의 친구나 동료 그리고 가족들에게 어떻게 해서 실수를 하게 되는지 보다 잘 이해할 수 있습니다.

우리들 대부분은 누구나 미루기를 합니다. 하지만 그러한 미루기의 근본 원인 또는 배후의 과정에 대하여 통찰하지는 못합니다. 분노는—부적절하거나 과도한 형태가 너무나 흔히 있는데—이해될 수 있습니다. 이러한 이해를 한다면 자신의 분노를 다루거나 분노에 사로잡혀 있는 파트너를 돕는 일을 절반은 해낸 것입니다. 끝으로 안전 행동은 비현실적인 두려움을 지니거나 강박적인 행동들을 하시는 분들로 하여금 그러한 것들을 떠나보내고 삶이 제공할 수 있는 것들을 즐기지 못하게 만듭니다. 이러한 패턴들에 대한 세스의 분석은 매우 신선하고 흥미롭습니다. 이것은 "무엇이 사람들을 움직이게 하는가"를 이해하는 데에 심리학자들이 이룩해낸 성과를 잘 설명한 훌륭한 사례입니다.

　어떤 독자들은 이 책을 통해 자신의 개인치료 또는 여타 형태로 접했던 CBT의 원리와 기량을 향상시킬 수 있을 것입니다. 또 CBT를 처음으로 배우게 되는 어떤 독자들은 불필요하고 비생산적인 정서적 고통에서 벗어나서 보다 나은 삶의 여정으로 나아가기 위해 필요한 모든 것들을 알게 될 것입니다. 이 책은 또한 항우울제나 항불안제의 복용을 고려했거나 복용을 해보았지만 그다지 도움을 얻지 못했던 보다 심각한 문제를 겪는 분들뿐만 아니라, 치료작업을 할 준비는 되었으나 치료자를 찾을 수 없었던 분들에게도 상당히 필요한 첫 단추가 될 수 있습니다. 이러한 분들은 이 책에서 필요한 모든 것을 발견할 수 있을 것입니다. 또 자신들을 붙잡아매고 삶을 즐길 수 없게 만들어온 정서적 어려움들에 대한 근본 이유와 치유방법을 배우고자 하는 분들에게는 적절한 전문적 안내 또는 조력을 찾아보도록 동기를 제공할 수도 있을 것입니다. 그러한 분들은 세스에게서 배운 것들 그리고 이 책에서 제공하는 연습들을 해보면서 자신이 배운 것들을 개인 또는 집단 치료로 실행해 볼 수 있을 것입니다—그것이 올바른 다음 단계라면 말입니다.

세스가 심리학자로서 성장하는 데 기여할 기회를 가질 수 있었던 제가 얼마나 운이 좋았던가를 회고해보면서 마치고자 합니다. 흔히 겪는 정서적 문제들에 대하여 진실로 도움이 되고 (다시 말합니다만) 진정 흥미로운 안내이자 그러한 문제들을 극복할 수 있는 효과적인 방법들을 만난 당신이 이제는 정말 운이 좋은 것입니다. 당신이 이러한 행운에서 유익을 얻고 보다 나은 삶을 향한 여정에 나서길 바랍니다.

펜실베이니아 대학 문리대

사무엘 H. 페터슨 학기 사회과학 교수 및 심리학 교수

심리과학협회 2017년 제임스 맥킨 캐텔 펠로우상 수상

로버트 J. 드루버스 Robert J. DeRubeis **박사**

차 례

들어가기

들어가기

우리 모두는 어느 순간 한번쯤은 압도적인 감정들에 사로잡히는 경험을 할 수 있습니다. 그것은 끔찍한 불안감일 수도 있고, 삶의 다채로운 색깔을 탈색시켜버리는 우울일 수도 있고, 가장 부적절한 시점에 타격을 입히는 공황일 수도 있고, 과도하고 빈번한 분노일 수도 있으며, 우리의 정신과 마음을 옥죄는 또 다른 경험들일 수도 있습니다. 우리가 감정으로 평정심을 잃게 될 때, 우리는 가능한 한 빨리 확고한 기반을 다시 확보하고 고통을 줄이기 위하여 시험과 검증을 거친 방법들이 필요합니다.

임상 훈련을 받던 초기에 저는 몇몇 유형의 치료—특히 인지행동치료CBT—가 더 많은 증거들에 의해 뒷받침되고 있다는 사실을 알게 되었습니다. 저의 첫 치료 감독자는 CBT의 특화된 훈련을 받아볼 것을 권유하였고, 그에 따라 인지 및 행동 치료에서 풍부한 역사를 지닌 펜실베이니아 대학에 가게 되었습니다. 박사과정에서 우울에 대한 치료에 대해 집중적으로 공부하면서 우울이 우리의 생각을 얼마나 해로운 방향으로 왜곡시키는지, 그리고 CBT가 우리의 생각을 어떻게 우리에게 보다 좋은 방향으로 가는 도구가 될 수 있게 하는지 알게 되었습니다. 또한 우리의 삶에 보상을 더 많이 제공하는 활동들을 습득하는 것이 강력한 항우울 효과를 지닐 수 있다는 것도 알게 되었습니다.

제가 박사과정을 마치면서 이 대학의 불안치료연구소Center for the Treatment and Study of Anxiety의 교수직을 얻게 되어 흥분되었는데, 이 연구소는 불안에 대한 최고의 치료법들을 많이 개발했던 곳이었습니다. 이곳에서 4년 동안 쇠약성 불안, 강박장애, 트라우마에 대한 치료를 집중적으로 경험하게 되었습니다. 사람들로 하여금 자신의 두려움을 마주하도록 돕는 치료 프로그램들에 의해 수많은 삶이 바뀌는 것을 목격하였습니다. 이곳에 근무하면서 개방성 및 호기심으로 현재에 주의를 집중하는 것이 불안과 우울의 사슬을 깨뜨리는 하나의 강력한 방법이라는 것을 배웠습니다. 이러한 마음챙김 기반 접근은—인지 및 행동 기법들과 나란히—CBT의 '제3의 물결'이라는 지위를 정당화하는 연구들에 의해 충분한 지지를 받아왔습니다.

지난 이십여 년 동안 학생으로서, 연구자로서, 치료자로서 그리고 수련감독자로서 효과적인 치료에 대해 두 가지 사항이 제게 분명해졌습니다. 첫째, 효과적인 치료법은 단순합니다. 즐거운 활동을 하라. 도움이 되는 생각을 하라. 자신의 두려움을 마주하라. 현존하라. 자신을 돌봐라. 이러한 방법들 중 그 어느 것도 놀랍거나 복잡하지 않습니다. 저는 앞으로 소개할 장들에서 이러한 단순성을 성취하고자 노력하였습니다. 우리가 뭔가로 분투하는 와중에 있을 때, 수북한 연구 결과들을 들쳐보거나 이 분야의 내밀하고 미묘한 내용들에 대한 보고서를 연구할 시간이나 욕구나 에너지가 우리에게는 대체로 없습니다. 우리에게는 바로 즉시 사용할 수 있는 간단한 선택안들이 필요합니다.

둘째, 효과적인 치료법이 쉽지는 않습니다. 이러한 효과적인 치료법들의 단순성에도 불구하고 여전히 작업을 필요로 한다는 것을 알게 되었습니다. 당신이 우울할 때 자신이 사랑하는 걸 더 많이 해내기는 어렵고, 공황과 싸우고 있을 때 자신의 두려움에 직면하는 것은 어려우며, 과잉 활동하는 마음을 그 순간에 안정되도록 훈련하는 것은 어렵습니다. 바로 이 지점에서 당신은 CBT의 힘을 발견할 수 있습니다. CBT는 단지 작업해나갈 목표만을 제공하는 것이 아니라, 그 목표에 도달하기 위하여 다룰 수 있는 기법들과 체계적인 계획을 제공합니다.

앞서 발간한『우울과 불안을 떠나보내는 7주간의 인지행동치료CBT 여정Retrain Your Brain: Cognitive Behavior Therapy in 7 Weeks』번역본은 2022년 출간 예정에서 저는 불안과 우울을 다루는 7주의 구조화된 프로그램을 워크북 형태로 제공하였습니다. CBT 치료법에서 가장 핵심적인 부분들을 살펴보면서 그 단순한 접근법에서 이 책이 유사하다는 걸 발견할 겁니다. 하지만『우울과 불안을 떠나보내는 7주간의 인지행동치료CBT 여정』과 대조적으로 이 책은 워크북 전체를 반드시 완수해야 할 필요가 없는 분들을 위하여 설계되었습니다. 이 책은 그 대신 다양한 어려움들을 다루는 게 필요할 때 활용될 수 있는 연구 기반 기법들 중에서 빠르고 아주 쉽게 접근할 수 있는 기법들을 모아서 제공하고 있습니다.

저는 이 책을 CBT에 대해 전혀 들어보지 못한 분들, 현재 치료자와 치료작업을 진행하고 있는 분들 또는 과거에 CBT를 활용하였는데 다시 주기적으로 기억을 되살려볼 수 있는 자료를 원하는 분들을 위하여 계획하였습니다. 당신의 CBT 선행 지식이 어떠하든, 필요할 때마다 이 책을 뒤적여보셨으면 합니다. 우리의 기분을 최고 수준으로 유지시켜주는 방법들이 있다는 사실을 일깨워주는 것은 누구에게나 필요합니다.

저는 정말 우리 모두가 그렇다고 말씀드리는 겁니다. 제가 어떤 상아탑에서, 추상적인 이론들에 안전하게 둘러싸여 이 책을 쓰고 있는 게 아니라는 사실을 분명히 말씀드리고 싶습니다. 모든 이들과 마찬가지로 저 역시 살아 있음에서 오는 기쁨과 분투 속에 있습니다. 진정 CBT를 쉽게 이해할 수 있는 안내서를 여러분에게 제공하는 게 기쁘기 그지없습니다.

이 책이 여러분을 도와서 그 무엇도 여러분이 사랑하는 삶을 살아가는 걸 방해하지 못하게 하길 희망합니다.

당신을 위한
CBT 시작 안내

당신을 위한 CBT 시작 안내

인지행동치료CBT는 광범위한 심리적 질환들을 다루기 위한 가장 잘 검증된 접근으로서 지난 수십 년 사이에 떠올랐습니다. 이번 장에서는 CBT가 무엇인지, 어떻게 개발되었는지, 어째서 그렇게 효과적인지에 대해 탐사해볼 것입니다. 그리고 CBT가 우울 및 불안과 같은 특정한 문제들에 대해 어떻게 도움을 줄 수 있는지 살펴볼 것입니다.

CBT는 어떻게 시작되었나

인지행동치료는 해결 중심 양식의 심리치료로서, 가능한 한 빨리 증상을 감소시키고 안녕well-being을 끌어올리고자 설계되었습니다. 그 이름에서 알 수 있듯이 CBT는 문제적인 사고 패턴들을 바꾸는 것에 초점을 두는 인지적인 구성요소들, 그리고 우리가 무언가를 잘 해낼 수 있도록 해주는 행동들을 개발하도록 도와주는 행동적인 구성요소들을 함께 포함하고 있습니다. CBT의 이러한 구성요소들은 얼마간 독립적으로 개발되었습니다. 이러한 요소들이 어떻게 함께 결합하게 되었는가를 검토하기 전에 이러한 접근들을 각각 살펴보도록 하지요.

행동치료

20세기 전반에는 정신분석이 심리적 질환들에 대한 대화치료의 가장 흔한 형태였습니다. 이 접근은 마음에 대한 지그문트 프로이트의 이론에 기초한 것이었고, 종종 치료자와 정기적으로 수년간 만나면서 자신의 아동기와 양육과정을 탐색하는 것을 의미하곤 하였습니다.

수많은 사람들이 정신분석 및 유사한 치료들에서 도움을 얻기는 하였지만, 다른 인간 행동 전문가들은 보다 빨리 질환의 경감을 가져올 수 있는 방법을 찾기 시작하였습니다. 이들은 동물들(인간 포함)이 어떻게 학습하는지에 대한 최근의 발견들에서 영감을 얻었고, 이러한 원칙들을 적용하여 불안 및 우울과 같은 질환들을 치료하기 시작하였습니다.

이러한 노력들은 정신과의사 조셉 월피와 심리학자 아놀드 라자루스 같은 개인들에 의하여 행동치료의 발달을 가져왔습니다. 월피를 비롯한 몇몇 사람들은 행동의 직접적인 변화가 증상의 경감을 가져올 수 있다는 것을 발견하였습니다. 예를 들어, 공포증을 겪는 사람들은 자신들이 두려워하는 것들을 점진적으로 직면함으로써 두려움을 극복할 수 있었습니다. 이러한 발전들 덕분에 사람들은 더 이상 카우치에 누워 자신의 아동기 사건들을 파헤치는 데 몇 년씩 소비할 필요가 없게 되었습니다. 즉, 표적으로 삼은 작업을 몇 회기session 진행하면 지속적인 경감 효과를 얻을 수 있게 된 것입니다.

인지치료

첫 행동치료 기법들이 등장한 지 얼마 되지 않아서, 다른 정신 건강 전문가들은 심리적 갈등에 대한 다른 설명을 제안하였습니다. 정신과의사 아론 T. 벡과 심리학자 앨버트 엘리스 모두 우리의 생각이 우리의 감정과 행동에 강력한 효과를 미친다는 아이디어를 제시하였습니다. 따라서 그들은 우리의 고통이 우리의 생각에서 일어난다는 가정을 세웠습니다. 예를 들어, 우울은 자신과 세상에 대한 지나치게 부정적인 믿음_신^{념들예: "나는 실패자야"}에 의해 만들어진다고 생각되었습니다.

벡과 여타의 인지치료 개발자들에 따르면, 치료에서는 우선 기분을 나쁘게 만드는 생각들을 확인하고 나서 더 정확하고 도움이 되는 생각들로 대체하는 작업을 할 필요가 있습니다. 실습을 통해서 사람들은 긍정적인 감정들과 행동들을 촉진하는 생각 방식들을 개발할 수 있습니다.

행동치료 및 인지치료를 결합하기

행동치료와 인지치료는 어느 정도 독립적으로 개발되었지만, 실제에서는 서로 보완적입니다. 사실 이러한 두 가닥의 흐름이 CBT로 통합된 것은 이들의 개발 이후 오래 걸리지 않았습니다. 인지치료의 아버지인 아론 T. 벡조차도 자신의 이름이 새겨진 이 치료 접근법을 "인지행동치료"로 개명하였는데, 이는 전에 인지치료로 불리던 것에 행동 기법들을 포함한 것과 연관됩니다. 이러한 통합은 치료를 필요로 하는 분들, 그리고 이제 더욱 완전한 치료 패키지를 받을 수 있게 된 분들에게 좋은 뉴스입니다.

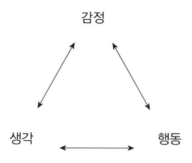

이러한 치료 접근들을 결합하는 것은 또한 우리의 생각, 감정, 행동이 어떻게 서로 맞물리는지 알게 해줍니다.위의 그림 참조 예를 들어, 우리가 매우 불안해할 때 우리는 위험에 대한 생각을 하는 경향이 있습니다. 그리고 그러한 생각들은 우리의 불안을 증가시킵니다. 그 결과 이러한 생각과 감정들은 우리가 두려워하는 것들을 더욱 피하게 만드는데, 이는 우리의 불안을 다시 강화시킵니다. 우리가 이러한 연결고리들을 이해하게 된다면 더 나은 기분을 느끼는 길을 찾는 게 보다 쉬워집니다.

제3의 물결: 마음챙김 기반 치료

1970년대에 분자생물학자로 훈련을 받은 존 카밧진Jon Kabat-Zinn은 수천 년 동안 수행되어오던 것들에 기초하는 마음챙김 기반 스트레스 감소 Mindfulness-based stress reduction(MBSR)라고 불리는 새로운 프로그램을 검증하기 시작하였습니다. 마음챙김은 우리가 과거를 되새기거나 미래를 걱정하는 대신, 현재 순간의 우리 경험에 주의를 집중함으로써 심리적 고통을 경감시킬 수 있다는 생각에 근거를 두고 있습니다. 마음챙김하는 알아차림은 또한 우리의 현실에 대한 신중한 개방성을 포함합니다.

카밧진과 그의 동료들은 MBSR이 만성통증을 겪는 사람들의 고통을 감소시키는 데 매우 효과적이라는 사실을 발견하였습니다. 그때부터 마음챙김 기반 치료기법들이 개발되었고, 우울, 불면, 불안과 같은 질환들에 대해 시험되었습니다.

인지치료와 행동치료가 함께 결합되었듯이, 마음챙김 기반 치료는 몇몇 CBT 프로그램들과 통합되었습니다. 예를 들어, 심리학자 진델 시걸Zindel Segal과 그의 동료들은 마음챙김 훈련과 인지치료의 통합이 치료가 끝난 다음의 우울 재발을 감소시켜주는 것을 발견하였습니다. 마음챙김 기반 치료기법들은 이제 CBT의 '제3의 물결'이라 불리는 것들의 일부가 되었고, 임상 실험을 통해 상당한 지지를 축적해왔습니다. 이러한 이유로 저는 마음챙김 기법들을 이 책 전반에 걸쳐 포함하였습니다.

CBT 원칙들

당신의 CBT 여정을 시작하기 전에 먼저 CBT의 핵심 원칙들을 살펴봅시다. 이러한 원칙들은 효과적인 실행으로 가는 길을 당신에게 안내해줄 것입니다.

CBT는 협동과 능동적 참여를 강조합니다. 당신이 치료 목표를 명확히 하고 어떻게 그러한 목표들을 향해 나아갈지 결정하는 데 능동적인 역할을 해낼 때 CBT는 가장 좋은 효과를 냅니다. 치료자 또는 이 책과 같은 자원이 안내하는 CBT 치료 접근은 전반적인 원칙들 및 기법들에 대한 전문성을 제공합니다. 하지만 그러한 구성요소들이 당신의 특정한 필요에 대한 맞춤이 되기 위해서는 협동이 요구됩니다.

CBT는 목적 지향적이고 특정한 문제에 초점을 맞춥니다. CBT 작업에서 중요한 부분은 문제를 정의하는 것입니다. 그러고 나면 그 문제가 더 다룰 만한 것으로 느껴지게 됩니다. 당신에게 중요한 문제를 명확하게 정의하는 것은 치료와 긴밀한 연관성을 갖는 조치입니다. 이러한 목표들은 우리가 그러한 목표를 향해 나아갈 때 당신의 에너지를 집중하게 될 것이고 당신의 노력에 힘이 되어줄 것입니다.

CBT는 지금 여기here and now**에 뿌리내리고 있습니다.** 어떤 치료들은 아동기 사건들에 우선적으로 집중하지만 CBT는 사람들의 현재의 생각과 행동이 어떻게 지속적인 문제의 일부가 되고 있는지, 그리고 그러한 패턴들을 변화시키는 것이 어떻게 도움이 될 수 있을지에 초점을 맞춥니다. CBT 역시 인생 초기의 중요한 학습 경험을 고려하지만, 현재에 대한 CBT의 강조는 CBT가 힘을 부여하는 치료가 되도록 해주고, 우리의 통제 범위 안에 있는 요소들에 집중하게 합니다.

CBT는 당신이 어떻게 당신 자신의 치료자가 될 수 있는지 가르쳐줍니다. 당신은 CBT를 통해 당신을 치료 장면에 오게 만든 문제들을 다룰 수 있는 몇 가지 기본적인 기술들을 배우게 됩니다. 연습을 통해서 당신 자신의 문제들, 새롭게 떠오르는 도전과제들에도 이 기법들을 적용할 수 있습니다. CBT는 치료를 마친 다음에도 "고기 낚는 법을 가르쳐주는" 치료기법으로서 당신에게 남게 됩니다.

CBT는 재발 방지를 강조합니다. 어떻게 잘 지낼지 배우는 건 CBT가 제공하는 통합적인 부분입니다. 우리는 당신의 불안이나 우울이나 여타 문제들에 기여한 요소들을 이해함으로써, 재발을 경고하는 사인들에 주의할 수 있습니다. 예를 들어, 우울에서 회복한 어떤 여성은 좋은 기분을 유지하는 활동들에서 철수하려는 경향을 알아차릴 수 있습니다. 이러한 요소들이 바로 우울 및 불안에 대한 재발률에서 CBT가 약물복용보다 더 낮은 이유를 설명합니다. CBT에서 배운 새로운 습관들을 계속해서 연습하는 것은 정말 중요한데, 그것은 악기를 연주하는 걸 배운 사람이 기량을 유지하기 위해서는 연습과 연주를 꾸준히 해야 하는 것과 마찬가지입니다.

CBT는 시간 효율적입니다. CBT는 상대적으로 적은 시간 내에 고통을 경감시키는 목표를 성취합니다. 예를 들어, 우울에 대한 전형적인 치료 프로그램은 16회기입니다. 개에 대한 두려움과 같은 공포증은 2~4시간 정도의 단일 회기 내에 효과적으로 치료될 수 있습니다. 보다 짧은 치료 프로그램은 또한 동기를 촉진할 수 있고, 작업에 대한 긴박감을 주게 됩니다.

CBT는 구조화되어 있습니다. CBT의 치료 요소들은 예측 가능한 순서로 제공되며, 나중의 회기들은 앞서의 회기들 위에 구축됩니다. 각 회기 역시 일관된 순서를 따릅니다. 즉, 회기 사이 기간 동안 실습이 어떻게 진행되었는지에 대한 검토로 시작하여, 그날의 내용을 작업하고, 앞으로 참여자의 삶에 그 내용을 어떻게 적용할 것인지 계획을 세웁니다. 이렇듯 체계화된 접근은 CBT를 효율적인 치료양식으로 만들어주는 중요한 역할을 합니다.

CBT는 여러분의 부정적인 자동적 사고를 다루도록 도와줍니다. CBT의 핵심에는, 우리의 생각들이 종종 길을 잃게 만든다는 인식이 있습니다. 우리는 부정적인 자동적 사고negative automatic thoughts를 하는 경향이 있는데, 이는 그 명칭이 암시하듯 자연스럽게 일어납니다. 예를 들어, 승진에서 누락된 사람은 "난 영원히 승진 못할 거야"라는 부정적인 자동적 사고를 할 수도 있습니다. CBT에서 우리는 먼저 우리 마음이 우리에게 전달하는 것들을 알아차리도록 배우게 되는데, 그것은 부정적인 자동적 사고가 우리의 의식적 자각 바깥에서 일어날 수 있기 때문입니다. 그러고 나서 우리는 그러한 생각들의 정확성을 검증합니다. 연습을 해가면서 우리는 더욱 도움이 되는 생각 방식들을 개발할 수 있습니다.

CBT는 다양한 기법들을 포함하고 있습니다. CBT라는 표제하에 인상적인 기법들이 집합되어 있습니다. 이완 훈련에서부터 인지 재구조화, 행동 활성화, 노출 그리고 명상까지. CBT 작업의 일부는 어떤 기법이 특정한 사람에게 가장 도움이 될지 파악하는 것입니다. 당신은 앞으로 이 책에서 이러한 수많은 도구들을 마주치게 될 것입니다. 그리고 그중 어떤 기법이 가장 커다란 유익을 당신에게 제공할지 발견하게 될 것입니다.

저는 CBT의 기법들을 다음과 같이 조직화하고 싶습니다. "**생각하라** Think"(인지), "**행동하라**Act"(행동), "**존재하라**Be"(마음챙김). 저는 이 책에서 필요할 때마다 이 용어를 사용하겠습니다.

CBT는 어떻게 그리고 왜 효과가 있는가

당신에게 CBT의 원칙들 및 기법들 대부분은 그다지 놀랍지 않을 겁니다. 예를 들어, 우리의 두려움을 극복하기 위해서 그것을 직면하는 것은 전혀 새로운 아이디어가 아닙니다. 특정한 활동들을 계획하고 우리의 생각들에 대해 신경을 쓰는 것과 같은 단순한 기법들이 정말 도움이 될 수 있다는 사실에 대해 저의 치료를 받아온 분들은 때때로 회의적인 반응을 보입니다. 그들은 추론하기를, 그게 그렇게 단순한 거였다면 자신들의 상태가 벌써 나아졌을 거라는 겁니다. 앞으로 보겠지만, CBT는 단지 우리가 무엇을 하는가만이 아니라, 그것을 우리가 어떻게 하는가이기도 합니다. CBT 접근이 그렇게 유익할 수 있게 해주는 측면들을 살펴봅시다.

작게 쪼개기

CBT는 커다란 도전과제들을 더 작고 더 잘 다룰 수 있을 만한 조각으로 쪼갭니다. 예를 들어, 우울과 같은 압도적인 감정은 더 잘 다룰 만한 생각들, 감정들, 행동들의 집합으로 쪼개질 수 있습니다. 그리고 나서 우리는 각 요소에 맞는 특정한 기법들을—우울한 생각을 다루는 인지 재구조화와 같은—찾아낼 수 있습니다. CBT는 또한 타파하기 힘든 과제들을 일련의 실행 가능한 단계들로 쪼갤 수 있습니다.

구조화된 훈련

우리의 기분이 나아지기 위하여 무엇이 필요한지 아는 것은 도움이 되지만 단지 거기까지입니다. CBT의 체계적이고 구조화된 훈련은, 고통의

흔히 사용되는 정신과 약물

우울과 불안에 대해 가장 공통적으로 처방되는 약물은 선택적 세로토닌 재흡수 억제제selective serotonin reuptake inhibitors(SSRIs)와 벤조디아제핀benzodiazepines입니다. SSRIs는 흔히 '항우울제'로 불립니다만, 우울을 치료할 뿐만 아니라 불안도 대체로 치료할 수 있습니다. 복용량을 높이면 강박장애 또한 치료할 수 있습니다. 플루옥세틴fluoxetine(프로작Prozac), 플루복사민fluvoxamine(루복스Luvox), 설트랄린sertraline(졸로프트Zoloft) 등이 그 예입니다.

벤조디아제핀은 신경계를 안정시키는 데 빠른 효과를 냅니다. 알코올 및 바르비투르barbiturate와 마찬가지도 동일한 뇌 수용체에 작용합니다. 흔히 처방되는 벤조디아제핀에는 알프라졸람alprazolam(자낙스Xanax), 로라제팜lorazepam(아티반Ativan), 클로나제팜clonazepam(클로노핀Konopin)이 있습니다. 이러한 약물들은 불안과 아울러 불면과 흥분을 치료하는 데에도 사용됩니다.

이러한 약물들은 CBT만큼 효과적일 수 있습니다. 하지만 이러한 약물의 복약을 중지하게 되면 재발이 더 많이 일어나는 경향이 있습니다. 많은 분들이 CBT와 정신과 약물의 조합으로 유익을 얻고 있습니다.

SSRIs의 흔한 부작용은 구역질이나 구토, 체중 증가, 설사, 졸음 또는 성생활 문제 등입니다. 그리고 벤조디아제핀은 여러 가능성들 중에서 구역질, 시야 흐림, 두통, 착란, 피로, 악몽 또는 기억 손상을 가져올 수 있습니다. 의사들은 SSRIs 또는 벤조디아제핀을 처방할 때 잠재적인 유익과 흔히 있는 부작용에 대해 설명해줄 겁니다.

이 책은 약물보다는 CBT에 초점을 맞춥니다. 약물 복용에 대해 자문을 받고자 한다면 당신의 주치의 또는 정신과의사와 확인해보십시오.

경감을 가져올 수 있는 기법들을 적정하게 '복약'하도록 보장해줍니다. 예를 들어, 우리는 자신의 분노 사고가 편향되어 있다는 걸 의식할 수도 있겠지만, 우리가 지닌 그러한 생각들을 실제로 종이에 적어보면, 그 생각들을 주의 깊게 검토하고 필요한 만큼 대체할 수 있는 보다 더 나은 위치에 서게 됩니다.

반복된 연습

CBT 작업의 대부분은 치료실/상담실 밖에서 또는 CBT에 대해 우리가 작업할 걸 읽은 다음에 일어납니다. 새로운 습관을 습득하는 것은 쉽지 않습니다. 우리에게 효과가 없는 것들을 해내는 데 우리가 아주 잘 훈련되어 있다면 특히 그렇습니다. 힘든 상황에 대한 우리의 자동적인 반응들을 다시 프로그램하기 위해서는 반복이 필요합니다.

임상과학

CBT는 시작부터 증거와 성과를 중시했습니다. **이것은 효과가 있는가? 이것은 얼마나 효과적인가?** 치료 회기들이 명확하게 설계되어 있기 때문에 CBT 프로그램들은 표준화될 수 있고 통제집단에 대해 검증할 수 있습니다. 이러한 임상시험들에 근거하여 일정한 수의 회기가 특정한 질환에 대해 갖게 될 평균적인 효과를 생각할 수 있습니다. 최근의 연구는 이러한 발견들을 확장하여, CBT가 치료자therapist 없이도 효과적일 수 있음을 확인해주고 있습니다.

자기 스스로를 어떻게 도울 수 있을까?

CBT의 효과를 최대한 내기 위해서는 당신의 특정한 필요에 온마음을 기울일 필요가 있습니다. 당신은 저조한 기분, 통제되지 않는 성질, 온갖 것에 대한 걱정, 또는 그 밖의 어떤 것과 분투하고 있습니까? CBT가 다양한 상황들을 다루는 데 어떻게 활용될 수 있는지, 그리고 당신이 직면하고 있는 특정한 문제들에 대해 어떻게 당신 스스로를 도울 수 있도록 해주는지 검토해봅시다.

우울depression

우리가 우울할 때 생각, 감정, 행동은 함께 소용돌이의 아래쪽으로 작동합니다. 기분이 저조하고 동기가 부족할 때 우리는 평소 즐기던 것들에서 즐거움을 찾기 힘들게 됩니다. 세상과 우리 자신을 부정적으로 조명하게 됩니다. 우리의 생각과 기분이 어두워지면서, 우리가 하던 많은 활동들에서 철수할 가능성이 높아지고, 우울은 더욱 깊어지게 됩니다.

CBT는 우리가 부정적인 생각 습관을 깨뜨릴 수 있도록 도와줄 수 있고, 이는 더욱 활동적으로 되는 걸 더 쉽게 만들어줍니다. 그 결과 삶에의 더 많은 참여는 우리의 기분을 끌어올리고 스스로에 대한 관점을 향상시켜줍니다. 마음챙김을 실행하게 되면, 우리의 생각을 덜 심각하게 받아들이는 걸 배우게 되면서 우리의 기분을 더욱 좋게 만들 수 있습니다. 종합해보면, 이러한 실천들은 우리의 생각, 감정, 행동들의 향상을 서로 강화해주는 '선순환'을 창출해낼 수 있습니다.

불안^{anxiety}

우리가 확신할 수 없는 결과에 대해 걱정할 때, 그러한 상황이 어떤 불안을 일으킬 가능성이 있습니다. 예를 들어, 첫 데이트 또는 직장 면접에 제때 도착하는 것에 대해 흥분과 동시에 걱정을 할 수도 있습니다. 저에서 중간 수준까지의 걱정은 아주 정상적입니다. 사실 불안은 유용한 것입니다. 왜냐하면 약간의 불안은 우리의 주의력을 높여주고, 동기를 증진시키며, 잘 수행할 수 있는 에너지를 제공합니다. 하지만 어떤 수준 너머의 불안은 비생산적입니다. 예를 들어, 지나친 사회불안 social anxiety[1]은 우리가 재빨리 대응하거나 대화를 나누고 있는 사람과 현존할 수 있는 역량을 방해할 수 있습니다.

CBT는 불안을 다루기 위한 많은 도구들을 제공합니다. 점진적인 근육 이완 및 명상과 같은 기법들은 흥분한 신경계를 직접적으로 진

---

1   개인이 사람들과 교류하는 어떤 사회적 상황에서 불안을 느끼는 것을 말한다.

정시킬 수 있습니다. 인지기법들은 불안에 수반하는, 위험에 대한 과장된 느낌을 다룰 수 있습니다. 예를 들어, 교실에서 얼굴을 붉힌다면 사람들이 자신을 심판^{judge}할 거라는 믿음입니다. ^{사회불안의 경우} 노출은 불안과 싸울 강력한 도구로서, 우리가 두려워하는 상황을 마주하는 것입니다. 반복된 실습을 통해 상황들은 덜 무서운 게 되고 불안을 덜 불러일으키게 됩니다.

공황^{panic}

당신이 단 한 번이라도 공황발작^{panic attack}을 경험하였다면 이런 형태의 불안이 얼마나 끔찍한 것인지 알 겁니다. 공황은 당신의 몸과 뇌의 화재경보기와 같습니다. '뭔가 아주 좋지 않은 일이 곧 일어나려고 해'라는 걸 알리는 경보입니다. 대개는 명백한 위협이 없기 때문에—사자가 우리를 쫓아오는 것도 아니고, 어떤 차가 다가와서 우리의 주행선으로 들이미는 것도 아니어서—마음은 **내적인** 위협을 탐지하는 경향이 있습니다. '심장마비가 오고 있는 게 분명해' 또는 '내가 미치려고 하고 있어' 때로는 기절할 것처럼 느낍니다. 공황장애가 있는 사람들의 대부분은 공황이 일어날 가능성이 있는 장소를 두려워하기 시작합니다. 특히 빠져나가기 힘든 상황들, 예를 들어 다리를 운전하여 건널 때나 영화관에 앉아 있을 때와 같은 상황들이 그렇습니다.

공황에 대처하는 효과적인 CBT에는 다음과 같은 것들이 있습니다. 모든 것에 대해 통제감을 상실한다는 느낌이 들 때 호흡을 통제하는 걸 배우기, 공황 관련 생각들^{"난 기절하고 말 거야" 같은 것으로, 이는 종종 위험의 느낌을 고조시킵니다}을 검증해보기, 그리고 점진적으로 더욱 도전적인 상황들에 머무는 걸 실습함으로써 그러한 상황들을 더 편안하게 느끼기 시작하기. 이러한 기법들을 반복하면 공황을 일으키던 상황에서도 공황이 덜 일어나게 만들 수 있습니다. 우리는 또한 공황의 느낌들에 대하여 뭔가 다르게 관계 맺는 방식을 발달시킬 수 있고, 심한 불안 그 이상도 그 이하도 아닌 것으로—그 자체로는 위험한 것이 아닌 것으로—보기 시작합니다.

걱정worry

공황이 불안에 대한 화재경보기라면, 걱정은 수도꼭지의 물방울과 같습니다. 공황은 한 번에 몰아치지만, 걱정은 우리의 평화로움을 서서히 갉아먹습니다. 우리가 쉽게 걱정을 하는 경향이 있다면 우리가 마주하는 대상은 중요하지 않습니다. 어떤 사건이든—중요한 것에서 사소한 것까지—걱정을 초래할 수 있습니다. 만성적인 걱정의 근원적인 질문은 "만약 …한다면?"입니다. 걱정을 자주 할 경우 종종 근육 긴장, 초조함, 수면 문제, 안절부절 못하는 흥분을 수반하게 됩니다. 걱정은 범불안장애generalized anxiety disorder의 핵심적인 모습입니다.

CBT는 지나친 걱정 및 긴장과 싸울 수 있는 몇 가지 방법들을 제공합니다. 우리는 걱정하고 있을 때를 알아차릴 수 있도록 스스로를 훈련시킬 수 있습니다. 마음이 무엇에 매여 있는지 알게 되면, 계속 걱정을 해야 할지 말아야 할지에 대해 발언권을 행사할 수 있게 됩니다. 우리는 또한 걱정에 대해 가질 수도 있는 믿음들 중 일부를 다룰 수 있습니다. 예를 들어, 걱정이 미래를 위한 계획을 세우는 데 도움이 된다는 믿음이 있을 수 있습니다. CBT는 또한 "우리의 머리heads에서 빠져나오는"[2] 방법들을—활동들에 보다 많이 참여하는 것 그리고 우리의 경험에 대해 마음챙김하는 자각 두 가지 모두를 통해—상당히 많이 제공하고 있습니다. 현재에 굳건히 존재함으로써 미래에 대해 불안하게 몰두하는 것에서 마음을 해방시킬 수 있습니다. 끝으로, 이완 훈련 및 명상과 같은 기법들은 계속되는 걱정에 종종 따라오는 신체의 긴장을 낮출수 있습니다.

스트레스stress

삶의 도전과제들이 우리의 응답을 요구할 때, 우리는 스트레스에 따른 압박감을 느낄 수 있습니다. 그것은 가족 질환, 작업 마감시한, 타인과의 갈등 또는 우리가 직면해야 하는 그 어떤 어려움에서도 비롯될 수 있습니다. 불안과 마찬가지로 어느 정도의 스트레스는 도움이 될 수 있습니다. 테니스 선수가 도전적인 결승전에 직면해서 잘 대처하는 것과 같은 경우입니다.

스트레스는 온몸의 반응들을 불러일으키는데, 이때 코티졸cortisol이나 아드레날린adrenaline과 같은 스트레스 호르몬들이 우리 체계system에 강한 영향을 끼치고 광범위한 반응reactions을 불러일으킵니다. 급성 스트레스는 교감신경계를 활성화해서 우리 몸이 위협에 대해 싸움[투쟁]fighting, 도망[도피]fleeing 또는 때때로 얼음freezing으로 반응할 수 있도록 준비시킵니다. 우리의 몸과 마음은 단시간의 스트레스를 다루기 위해서는 잘 준비되어 있습니다. 하지만 스트레스 요인이 만성적일 때—두 시간씩 교통체증을 겪으며 주 5일 출퇴근하는 것, 혹사시키는 직장 환경 또는 오

---

2 CBT의 제3의 물결 중 하나인 ACT('액트'로 발음)[수용참여치료/수용전념치료]의 안내서 중에 『마음에서 빠져나와 삶 속으로 들어가라』(문현미, 민병배 공역, 학지사)가 있다.

랫동안 법적 소송이 진행되는 이혼 과정—우리의 대처 자원들은 고갈됩니다. 우리는 더 자주 아프거나, 우울해지거나, 압도된 상태에 있다는 정신 및 신체의 신호들을 내보일 수 있습니다.

CBT는 신경계를 진정시키는 도구들을—우리의 투쟁-도피 체계를 누그러뜨리는 특정한 호흡기법들과 같은 것들을—제공합니다. 우리는 또한 스트레스를 증폭시키는 사고방식들을—직장에서의 도전과제들을 성공의 기회로 보기보다는 실패의 계기로 보는 것과 같은 것들을—다룰 수 있습니다. CBT는 우리로 하여금 자기돌봄을 더 진지하게 취하도록 격려함으로써, 빈번한 스트레스를 처리할 우리의 역량을 증진시켜줄 수 있습니다.

분노^{anger}

불안 및 스트레스와 마찬가지로 분노 또한 매우 유용할 수 있습니다. 분노는 우리가 잘못된 걸 고칠 수 있는—불의에 대처할 때와 같이—힘을 제공합니다. 우리의 분노가 문제가 되는 것은, 우리가 분노를 너무 많이 경험하면서 우리의 건강과 우리가 맺고 있는 관계들을 손상시키기 시작할 경우입니다. 종종 분노는 사실일 수도 있고 아닐 수도 있는 믿음에서 생겨납니다. 예를 들어, '그 운전자가 가로막은 게 나를 꼼짝 못하게 하려는 것이었나 아니면 단지 차간 거리를 오판한 건가?' 그의 의도에 대한 나의 믿음은 나의 정서 반응과 복수 여부에 영향을 끼칠 것입니다.

CBT는 과도한 분노를 추동하는 생각들을 고치는 방법들을 제공합니다.

CBT는 또한 우리의 삶을 구조화해서 분노를 줄일 수 있는 방법을 찾도록 해줄 수도 있습니다. 아침 출근을 15분 일찍 시작함으로써 당신이 상황을 통제하면서 스트레스를 덜 받고 덜 조급해할 수 있게 하는 겁니다. CBT는 또한 분노를 파괴적이기보다는 건설적으로 표현할 방법들을 찾도록 도와줄 수 있습니다.

앞으로 전개될 장들에서 우리는 CBT의 힘을 이용하는 걸 도와줄 전략들을 자세하게 살펴볼 겁니다. 우리는 2장에서 효과적인 목표를 선택하는 것에서부터 시작합니다.

기분장애 mood disorder
수치로 살펴보기

당신이 불안, 우울, 분노 또는 여타 감정으로 압도되고 있다면, 분명히 말하건대 당신은 혼자가 아닙니다. 미국 성인들의

- 거의 29%가 삶의 어느 지점에선가 어떤 불안장애를 겪게 되는데, 여기에는 공포증[12%], 사회불안장애[12%], 범불안장애[6%] 그리고 공황장애[5%]가 포함됩니다.
- 25% 정도가 주요우울장애를 삶에서 겪게 됩니다.
- 한 해에 4천4백만 명 이상이 불안장애를 겪게 되고, 1천6백만 명 이상이 주요우울장애를 겪게 됩니다.
- 여성이 남성보다 우울과 불안을 70% 이상 더 겪습니다.
- 약 8%는 매우 강력한 분노로 심각한 문제를 초래하는데, 남성의 비율이 여성보다 조금 높습니다.

이 책을 최대한 활용하기

여러분이 자신의 특정한 문제들을 다룰 필요가 많든 적든 이 책을 활용할 수 있게 설계하였습니다. 이 장에서 저 장으로 자유롭게 건너뛰면서 자신에게 가장 효과가 있는 기법의 조합을 찾아보십시오. 하지만 목표 설정을 다루고 있는 2장부터 우선 읽어나가길 꼭 권합니다.

처음 시작할 때는 적은 수의 기법에ー일주일에 한두 개 정도ー집중해보시길 바랍니다. 예를 들어, 당신이 우울을 다루고 있다면, 더 활동적으로 되는 것을 시작하는 건 일주일 정도로 충분합니다. 이후 여러 주에 걸쳐 자신의 사고 과정을 다루고, 자기돌봄을 최적화하며, 마음챙김 훈련을 발전시키는 등등을 해낼 시간이 있을 겁니다.

이 책에서 자신에게 적용할 것을 찾게 된다면, 그것에 어느 정도 시간을 쏟고, 권장되는 연습들을 실행함으로써 그 개념들을 내면화하도록 노력하는 식으로 자신의 학습을 강화하길 바랍니다. 자신의 기분이 좋아지기 위해 해야 할 것들을 알고 있는 것과 그것을 해보는 것은 상당히 다른 것입니다. CBT는 행동에 대한 것이고, 그렇게 함으로써 당신은 진정한 유익을 얻을 수 있습니다.

무엇보다도 당신의 안녕에 시간과 에너지를 투자할 가치가 있다는 사실을 기억하십시오. 지금 당신이 수행하는 작업을 통해 앞으로의 삶에서 배당금을 받을 수 있습니다.

1장 요약 및 과제

이번 장에서 우리는 CBT의 기원과 발전 과정 그리고 우울, 불안, 공황, 걱정, 스트레스, 불안에 대해 효과적으로 작용하는 CBT의 요인들을 검토하였습니다. 기억해야 할 주요한 것은 단순하고 강력한 기법들을 실행하는 구조화된 방법들을 제공함으로써 CBT가 효과적으로 작동한다는 것입니다.

실습에 대해 말씀드리자면, 저는 각 장이 끝날 때마다 당신이 약간의 과제homework를 수행하도록 권할 겁니다. 하지만 '과제'라는 말에 겁먹지는 마세요. CBT 과제는 당신이 실제로 실습하고픈 것들로 구성되어 있어서 더 나은 기분을 느낄 수 있습니다. 당신이 운전자입니다.

이번 주에는 다음의 질문들을 깊이 생각해보십시오.

- 당신이 이 책에서 가장 도움을 받고 싶은 큰 문제는 무엇인가요?
- 고통의 경감을 위해 지금까지 어떤 노력을 해오셨나요?
- 어떤 게 효과가 있었고 또 어떤 게 효과가 없었나요?
- 제가 묘사한 CBT는 당신이 과거에 시도해본 것들과 어떤 차이가 있나요?
- 끝으로, 이번 첫 장을 읽은 다음 어떤 느낌이 드나요?

이어지는 장들에서 당신의 작업을 기록할 일지가 필요할 겁니다. 만약 없다면 다음 2장을 시작하기 전에 하나 마련해두십시오.

당신이 준비되었다면 다음 장에서 목표 설정에 대해 논의하겠습니다.

CHAPTER
02

목표 설정

목표 설정

앞 장에서 보았듯이 CBT는 모든 상황에 도움이 될 수 있습니다. 하지만 특정 주제에 대한 CBT 적용을 다루기 전에, 우리는 자신이 바꾸길 바라는 것이 무엇인지 결정할 필요가 있습니다. 이번 장에서는 당신이 지향할 작업의 목표들을 이해하는 데에 집중할 것입니다. 여기에 어느 환자의 사례가 있는데, 그의 욕구를 가장 제대로 다룰 수 있는 방식을 설정하기 위하여 어떻게 함께 작업하였는지를 보여주고 있습니다.

제프Jeff는 첫 회기에서 오래되고 심각한 건강 문제와의 싸움에서 잇따라 발생한 주요우울 및 수면 문제에 대해 제게 알려주었습니다. 저는 제프의 가장 중요한 관계들, 원가족, 직업 이력 그리고 그의 삶의 여타 측면들에 대해 알아갔습니다. 비록 과거 시제로 말하기는 했지만. 그는 또한 자신의 강점 몇 가지를 파악해볼 수 있었습니다 ― 마치 다른 누군가에 대해 이야기하듯 했지만요.

제프의 상황을 제대로 파악하게 되자 그가 치료에서 얻길 바라는 것이 무엇인지 저는 알아볼 필요가 있었습니다. 다른 모든 이들과 마찬가지로 제프 역시 더 나은 기분을 느끼길 바랐습니다ー그런데 그에게 더 나은 기분은 어떤 상태를 말하는 것일까요? 그의 삶은 어떤 식으로 바뀔까요? 더 많이 바라는 건 무엇이고 더 적게 바라는 건 무엇이었을까요? 그가 맺는 관계의 질은 얼마나 나아지게 될까요? 요약하자면, 그의 목표는 무엇이었을까요?

첫 회기를 마칠 무렵 제프는 더 희망적으로 보였습니다. 그에게 기분이 어떤지 물어보았습니다. 자신이 기억하는 한 처음으로 정말 좀 흥분된다고ー영감을 받았다고까지ー말했습니다. 그는 목표를 설정함으로써 자신의 상황에 대한 불만족스러움을 그걸 개선시키겠다는 결단으로 변화시킨 것입니다.

제프가 자신의 목표를 확인하는 것에 무엇이 도움이 되었는지, 그리고 당신이 스스로의 노력을 불러일으킬 목표를 어떻게 발전시킬 수 있을지 생각해봅시다.

강력한 목표가 주는 유익

좋은 목표를 설정하는 것의 가치는 아무리 이야기해도 지나치지 않습니다. 우리가 어디로 가길 바라는지에 대한 비전을 명확히 할 때, 그곳에 도달하기 위해 필요할 변화에 전념하는 게 훨씬 더 쉬워집니다. 이는 산을 오르는 것과 많이 비슷합니다. 우리는 정상이 어디인지 알고 있을 때, 거기에 도달할 때까지 등반을 계속할 동기를 얻습니다.

목표는 또한 우리가 그러한 등반을 하는 도전에 뛰어들 때 길을 잃지 않도록 해주고, 우리의 목적지에 도달할 수 있는 길들을 찾을 수 있도록 해줍니다. 예를 들면, 제프는 다시 운동을 시작하는 걸 피해왔습니다. 자신의 악화된 건강 상태를 고려해볼 때 무언가를 해낼 수 있을지 확신할 수 없었기 때문입니다. 주 3회 운동이라는 목표에 전념하게 되자, 자신에게 효과가 있을 프로그램에 대해 이해하기 시작하였습니다. 목표는 또한 치료작업이 어떻게 진행되고 있는지 비교 검토할 토대를 제공합니다. 제프와 저는 치료 과정 전반을 통하여 종종 그의 목표를 확인함으로써 그가 목표를 향해 나아가는 데 우리가 도움이 되고 있는지 평가하곤 하였습니다.

성공을 위한 목표의 조건

모든 목표가 평등하게 창출된 것은 아닙니다. 당신이 자신의 삶, 그리고 불안과 우울이 상황에 영향을 미치는 방식들에 대해 생각해볼 때, 당신 자신의 목표를 세우면서 다음과 같은 원칙들을 명심하셨으면 합니다.

구체적으로 세우자

'아이들에게 더 관심을 갖자'와 같은 모호한 목표는 당신이 거기에 언제 도달했는지 알기 힘듭니다. 이에 반해 '나의 두 살 아이에게 하루 한 권씩 책을 읽어주자'는 구체적이고 측정하기 쉽습니다. 당신이 목표를 성취했을 때 알 수 있어야 합니다. 따라서 목표를 가능한 한 객관적으로 설정해야만 합니다.

'알맞는 기어'를 찾자

너무 어려운 목표를 설정하면 용기가 꺾일 수 있습니다. 너무 높은 기어의 자전거로 산을 올라가려는 것과 같은 거죠. 하지만 너무 쉬운 목표는 흥미롭지 못합니다. 너무 낮은 기어로 해안을 어슬렁거리는 것과 같은 거죠. 최적의 목표를 겨냥하세요. 당신이 지속적인 노력을 기울인다면 성취할 수 있는, 적절히 도전적인 목표를 세우세요.

자신에게 흥미 있는 목표를 선택하자

목표가 우리에게 중요하지 않다면 우리는 그 목표를 달성할 가능성이 거의 없습니다. 각각의 목표에 대해서 그것이 왜 당신에게 중요한지, 그리고 그 목표를 달성함으로써 당신의 삶이 얼마나 향상될지 생각해보십시오. 아울러 그 목표가 진정 당신의 것이지 다른 누군가가 당신이 이뤄주길 바라는 것이 아님을 분명히 하십시오.

여기에서 목적지까지

당신의 목표를 결정해가는 첫 단계는 자기 자신과 자신의 상황에 대하여 무엇을 바꾸길 원하는지 이해하고 받아들이는 것입니다. 이 과정은 당신 자신의 한계를 기꺼이 마주할 수 있는 열린 마음과 정직함이 필요합니다.

자기규율과 자기자비의 균형

우리가 오랫동안 고통을 겪게 되면, 가능한 한 빨리 회복되고 싶은 게 인지상정입니다. 우리는 모든 걸 한꺼번에 하려고 할 수도 있고, 너무 야심찬 목표를 세울 수도 있습니다. 우리의 목표가 현실적이지 못해서 목표에 도달하지 못했을 때 스스로 실패자처럼 느끼게 되고 맙니다. 우리는 씩씩하게 시작할 수 있겠지만, 이미 소진된 자원을 마저 고갈시키게 되면서 빠르게 시들어버릴 수 있습니다.

자신을 위한 목표를 세울 때, 규율과 자비에 균형감을 갖도록 하십시오. 즉, 규준에 맞추려고 노력하면서도 스스로에게 친절함을 유지하는 것입니다. 때로는 하루 또는 일주일 동안 해낼 수 있는 것을 목표로 삼습니다. 그러한 활동 수준을 유지하는 게 어떨지 진정 깊이 생각해보지 못하고서요. 예를 들면, 우리는 일주일 동안 매일 한 시간씩 운동을 하겠다는 결의를 세우고서 처음 며칠은 잘 해낼 수도 있습니다. 하지만 어느 날 마침내 더 이상 운동할 시간이나 에너지, 또는 동기가 없어지게 될 것입니다. 그러한 연속성이 한 번 깨지게 되면 운동을 다시 시작할 가능성이 매우 줄어들게 됩니다.

스스로에 대해 자비로운 것은 우리의 회복이 진행되는 동안 인내심을 갖는 것입니다. 우리가 한때 누리던 그런 삶을 되찾는다는 목표는 가치 있고 가슴 뛰는 것이지만, 그러한 목표에 단숨에 도달할 수 있다는 생각은 아마도 비현실적일 수 있습니다. 신체 치료는 정서 및 정신의 치유에 대한 좋은 은유입니다. 적정한 스트레칭 및 운동량은 하루 동안 약간의 통증을 가져올 수 있지만, 다시 부상을 입거나 운동을 중지해야 할 만큼 크지는 않습니다. 따라서 목표를 세우면서 마음에 새겨보세요 — 인생은 마라톤이지 단거리 경주가 아닙니다.

하지만 우선 당신의 강점을 확인해봅니다. 우리가 특정 영역에서 얼마나 힘겨워하는지와 관계없이, 우리에게는 계속해나갈 수 있는 강점들이 있습니다. 사람에게서든 이런 책에서든 도움을 구하는 행동 그 자체가 내면의 강점을 반영하고, 차선次善에 안주하는 걸 거부한다는 사실을 저는 종종 발견하게 됩니다. 당신은 세상에 어떤 기여를 하시겠습니까? 당신의 최선의 모습 또는 능력은 어떤 것입니까? 가족들과 가까운 친구들이 당신의 어떤 점을 사랑하나요? 당신을 사랑하는 누군가에게 그들이 생각하는 당신의 강점에 대해서 물어보아도 좋습니다. 당신의 목표를 개발할 때 이러한 긍정적인 특질들을 마음에 새기십시오. 이어지는 내용에서는 여섯 가지 중요한 삶의 영역들에 대하여 생각해보게 됩니다. 당신의 목표가 이러한 영역들 중 하나와 연관이 있다면, 그러한 목표를 별도의 종이나 일기에 적어보십시오.

관계

일반적으로 우리의 가장 가까운 관계보다 우리의 안녕에 더 큰 영향을 미치는 것은 없습니다. 그 무엇도 빈곤해진 타인과의 연결감을 진정 보상해줄 수는 없습니다. 그리고 우리의 관계가 튼튼하고 지지적이면 우리는 그 어떤 것도 거의 다 견뎌낼 수 있습니다.

당신이 친밀한 관계를 갖고 있다면 당신의 파트너와의 관계를 최우선으로 고려하십시오. 당신이 현재 독신이고 파트너를 구하는 것과 관련된 목표들이 — 데이트를 다시 시작하는 것과 같은 — 있다면, 그러한 목표들을 당신의 목록에 포함시키고 친밀한 관계를 발전시키면서 이러한 목록을 재차 확인해보십시오.

- 당신과 파트너가 함께 잘 지내는 건 어떤 건가요?
- 갈등을 일으키는 것은 무엇인가요?
- 당신에게 중요한 타인과 당신은 서로의 욕구를 충족시켜주고 있나요?
- 당신의 의사소통은 어떠한가요? 무슨 수를 써서라도 외적 갈등을 피하나요, 아니면 싸움이 걷잡을 수 없이 번지나요?
- 당신이 경험하는 성적 친밀감의 빈도나 질에 만족하나요?
- 연결감을 함께 조성해나갈 충분한 시간이 있는지요?

이제 당신의 아이들, 부모님 그리고 친구들이 포함되는 중요한 관계에 대해 생각해봅시다. 각각의 관계에 대해 시간을 갖고 생각해보세요. 그리고 그 관계에 대해서 바꾸고 싶은 것이―특히 당신이 통제할 수 있는 방법들로―무엇인지 결정해보세요. 예를 들어, '내 파트너가 좀 더 사랑스러웠으면 좋겠어요'는, '내 욕구에 대해 파트너에게 분명히 전달하겠어요'보다는 당신이 통제하기 어렵습니다.

관계에서의 목표를 세우면서, 당신이 불안, 분노 또는 다른 문제들과 씨름하는 게 어떻게 다른 이들과의 연결감에 질적으로 영향을 끼쳤는지 숙고해볼 수 있게 됩니다. 예를 들면, 우울감이 당신과 가까운 이들과의 상호작용을 보다 덜하게 만들었다면, 그들과 더 많은 시간을 보내는 계획에 대해 고려해보십시오.

신앙/의미

훌륭한 삶은 의미 있는 삶입니다. 이러한 삶 속에서 우리가 지닌 열정들 그리고 우리가 가치 있게 여기는 것들에 연결된 느낌을 갖게 됩니다. 우리 대부분은 가족과의 연결을 통해 의미를 찾습니다. 우리는 또한 신앙 공동체의 일원이 될 수도 있는데, 거룩한 문헌들 그리고 어떤 상위의 권능과의 연결감을 통해 깊은 영감을 얻을 수도 있습니다. 또는 숲속을 거닐거나 명상 수행을 통해 알아차림과 연결감의 확장을 경험할 수도 있습니다. 그러한 것들이 구체적으로 어떠하든, 우리 자신보다 더 큰 무언가와 연결됨으로써 우리는 의미와 목적을 찾게 되곤 합니다. 당신 자신의 열정에 대해 생각해보십시오.

- 당신의 삶에서 가장 중요한 것은 무엇인가요?
- 당신의 행동들은 목적 지향적인가요―자신이 진정 관심을 갖는 것인가요?
- 또는 진정 중요한 무언가에 연결되기를 갈망하나요?

당신을 가장 잘 알고 있는 사람들이 지금부터 10년 뒤에 당신에 대해 무어라고 말한다면 좋을지 생각해보는 게 도움이 될 겁니다. 마음에 떠오르는 문구나 특성들이 있습니까? 제프는 이에 대해 생각해보고서 말했습니다. 자신과 가까웠던 사람들에게 그가 보여주었던 사랑과 삶을 향한 열정에 대해―자신이 우울증을 겪는 와중에 표현하기 어려웠던 그 특성들에 대해 자세히 이야기해주길 바랐습니다. 당신의 사랑하는 사람들이 당신에 대해 어떻게 이야기하길 바라나요? 그 대답은 삶에 대한 당신의 신념이나 의미와 관련한 목표를 세우는 데 도움이 될 것입니다.

교육과 일

일은 우리의 기본적인 심리적 욕구를 충족시키는 수단이 될 수 있습니다. 우리가 학생이든, 근로자이든, 집에 있는 양육자이든 일을 통해서 유능감을 느낄 수 있습니다. 그리고 우리가 무엇을 할지 어떻게 할지에 대해 어떤 통제권을 지닌다면, 일을 통해 자율성의 욕구 또한 충족시킬 수 있습니다. 타인과 연결되는 것에 대한 우리의 욕구는 또한 일터에서의 관계의 질에 의해 영향을 받습니다. 일터에서 어떠한 경험을 해오셨나요?

- 자신이 하는 일을 좋아하나요? 그 일에서 어떤 의미를 발견하나요?
- 불안, 우울 또는 다른 어려움이 일을 수행하거나 성과를 내는 걸 방해하였나요?
- 자신이 맡은 일의 어려움이 적정한 수준으로 느껴지나요? 즉, 지루함을 느낄 정도로 너무 쉽게 성취해내는 것도 아니고, 요구사항들이 압도적으로 느껴질 만큼 너무 어렵지도 않은 것인가요?

자신의 일터에서 최근 경험한 관계에 대해 알아차린 것들을 잠시 시간을 내어 적어보십시오.

신체 건강

몸과 마음이 긴밀하게 연결되어 있고 서로 영향을 주고받는다는 사실에 대한 인식이 점점 증가하고 있습니다. 불안과 같은 심리적 상태는 다수의 신체 반응들예: 근육의 긴장, 두통, 위장의 불편함을 촉발할 수 있고, 저혈당과 같은 신체 상태는 우리의 사고와 정서에 강력한 영향을 미칠 수 있습니다. 신체 건강의 주요한 측면들 몇 가지와 당신이 갖고 있을 수 있는 관련 목표들을 살펴봅시다.

일반사항

자신이 일반적으로 어떻게 느끼고 있는지에 대해 초점을 맞추면서 자신의 신체 건강에 대해 생각하는 걸 시작해볼 수 있습니다.

- 당신의 전반적인 건강은 어떠한가요?
- 다뤄야 할 주요한 건강 문제가 있나요?
- 의사와 예약했던 것을 취소한 적이 있나요?
- 어떤 식으로든 건강 문제가 당신의 삶을 방해한 적이 있나요?
- 대체적으로 당신의 건강은 향상되고 있나요? 악화되고 있나요? 아니면 동일한 수준에 머물고 있나요?

움직임

규칙적인 신체 활동은 거의 모든 것에 좋습니다. 운동은 꼭 체육관에서 땀을 흘려야만 하는 것은 아닙니다. 어떤 형태의 움직임이든 도움이 됩니다. 또 즐거울수록 더욱 좋습니다.

- 일주일에 최소한 몇 번이라도 운동을 하고 있나요?
- 몸을 움직일 때 어떻게 느끼나요? 지속적인 아픔이나 통증이 있나요? 또는 움직일 수 없나요?
- 당신의 기분은 활동 수준에 어떠한 영향을 미치나요? 반대로, 당신의 활동 수준은 기분에 어떠한 영향을 미치나요?

약물, 알코올 또는 담배

신경계에 변화를 가져오는 물질들은 우리의 정서 상태에 영향을 미칩니다. 그리고 우리의 정서는 종종 이러한 화학물질의 사용에 영향을 줍니다. 예를 들어, 일과 관련한 스트레스로 마리화나를 사용하거나 알코올을 더 많이 마실 수도 있습니다.

- 당신이 기분 전환용 약물이나 알코올이나 담배를 사용하고 있다면, 당신은 이러한 약물들과 어떠한 관계를 맺고 있다고 말할 수 있나요?
- 힘겨운 정서를 다루기 위하여 이러한 물질들을 종종 사용하나요?
- 그러한 사용이 어떤 문제를 일으키나요, 아니면 다룰 만한가요?
- 누군가가 당신의 물질 사용을 줄이거나 그만두도록 애쓴 적이 있나요?
- 자신의 물질 사용 패턴에 어떤 변화를 주고 싶은 게 있나요?

약물 사용이나 알코올 음용이 당신의 삶에 주요한 영향을 미치고 있다면, 어디서 전문적인 도움을 받을 수 있을지 의사와 상의하십시오. 아울러 이 책의 끝부분에 있는 '자원'들을 살펴보십시오. 255쪽

영양

우리가 몸으로 섭취하는 음식은 우리가 느끼는 방식에 커다란 영향을 미칠 수 있습니다. 요즈음은 모든 이들이 자신만이 선호하는 식단이 ─예를 들자면 석기시대, 글루텐 프리, 호올Whole30, 케톤 생성Ketogenic, 지중해, 사우스 비치South Beach 등의 식단이─ 있는 것 같습니다. 이러한 식단들이 모두 동의하는 한 가지는, 우리가 온전하고 가공되지 않은 음식을─다량의 채소와 과일을 포함하여─섭취하게 되면, 몸과 마음을 건강하게 해준다는 것입니다. 우리가 만약 다량의 설탕, 정제된 탄수화물 그리고 여타의 가공이 많이 된 음식들을 섭취하게 되면, 우리는 결코 최적의 기분을 느낄 수 없을 것입니다.

- 당신의 전형적인 식사 종류에 만족하나요?
- 의사나 영양사나 사랑하는 사람이 당신에게서 어떤 변화가 있기를 바라나요?
- 영양 습관을 바꾸려고 노력한 것은 어떤 게 있나요?

수면

수면과 정서의 건강은 종종 함께 움직입니다. 충실하고 회복적인 수면은 우리의 몸과 마음에 활력을 불어넣습니다. 반면에 부실한 수면은 활력을 앗아갑니다.

- 당신의 수면은 대체로 어떠한가요?
- 매일 밤 적절한 휴식을 취하나요? 아니면 밤늦게까지 깨어 있고 낮 시간 동안 버티기 위해 카페인에 의존하나요?
- 당신의 수면을 반복적으로 방해하는 것들, 예를 들면 애완동물이나 어린아이들이 있나요?
- 잠이 들거나 푹 자는 데 만성적으로 어려움을 겪고 있나요?
- 그렇다면 자신의 수면에 대해 무엇을 바꾸고 싶은가요?

집안일

우리 각자는 가정에서 설거지라든지 청소라든지 해야 할 일들이 있습니다. 집 안에서 해야 할 일들에 대해서 생각해보십시오.

- 뭔가 해야 할 일을 못한 게 있었나요?
- 어떤 일을 시작하려고 했다가 미룬 적이 있나요?
- 일을 하는 데 무언가 방해하는 것이 있나요?

오락 및 여가

인생이란 그저 책임을 다하고 사는 것만은 아닙니다. 우리는 재충전을 하면서 노동에서 얻은 열매를 즐길 수 있는 시간의 여유가 필요합니다.

- 당신이 여유로운 시간에 즐기는 것에는 어떤 것들이 있나요?
- 회사 일과 집안일로 쉴 틈이 거의 없나요?
- 자신의 기분과 싸우느라 자신만의 즐거운 활동들을 하지 못하나요?

여기서 논의된 영역의 모든 목표들을 당신의 목록에 올려놓는 걸 잊지 마십시오.

제프가 완성한 목표 목록을 하나의 예로 살펴봅시다. 운동과 같이 어떤 목표들은 더 나은 직장 구하기와 같은 다른 것들보다 더 구체적이라는 사실에 유의하십시오.

제프가 완성한 목표 목록은 다음과 같습니다.

1. 일주일에 한 번은 친구들과 함께한다.
2. 매일 밤 7~8시간의 수면을 취한다.
3. 최소한 30분씩 일주일에 네 번 정도 운동한다.
4. 내게 더 흥미로운 직업을 찾아본다.
5. 목공 일을 정기적으로 해본다.

문제는 당신이 아니라 당신의 변연계입니다

지난 수십 년간의 연구를 통해서 우리의 정서를 처리하는 영역에서 뇌가 맡은 역할을 이해하는 데 도움을 받아왔습니다. 과학자들은 정서 경험의 밑바탕이 되는 변연계limbic system라 불리는 일군의 핵심적인 뇌 구조를 확인하였습니다. 이 변연계는 해마hippocampus, 편도amygdala, 대상회cingulate gyrus, 후각 망울olfactory bulb(냄새 감각 관여), 시상thalamus, 시상하부hypothalamus와 같은 영역들을 포함합니다.

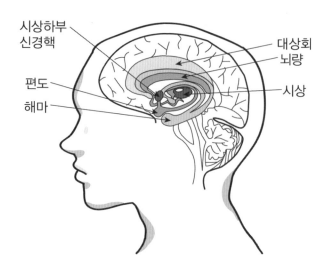

시상하부
신경핵

편도

해마

대상회
뇌량

시상

변연계는 호르몬계를 통제하는 시상하부를 통해 몸의 스트레스 반응
을 활성화하는 데 핵심적인 역할을 합니다. 변연계 덕분에 우리는 강렬
한 감정을 느끼고, 위험을 피하고, 새로운 기억을 형성하고, 즐거움을
경험하고, 그밖의 필수적인 수많은 기능들을 수행할 수 있습니다.

변연계와 전전두엽의 일부는 정서를 생성하고 그러한 정서를 조절하
는 상보적인 역할을 한다고 봅니다. 예를 들면, 우리가 공포에 휩싸였
을 때 편도의 활동이 증가하는 반면에, 우리가 정서를 통제하려고 노력
할 때는 전전두엽의 활동이 증가합니다.

때때로 변연계는 균형을 잃을 수 있습니다. 예를 들어, 외상 후 스트
레스 장애PTSD와 같은 상당수의 정신과 질환들 및 주요우울장애는 편도
의 과잉 활동과 관련이 있습니다.

우리가 정서적 고투를 벌이고 있을 때는 스스로를 비난하기 쉽습니
다. 결국 악영향을 받는 것은 우리의 느낌과 행동입니다. 동시에 우리
는 종종 자신의 뇌 기능에 대한 통제력을 과대평가합니다. 예를 들어,

우리가 주요한 트라우마를 겪게 되면, 우리는 자신의 의지나 성격 강점과 아무런 관련이 없는 해마에서 변화를 경험하게 될 가능성이 높습니다.

우리의 통제권 밖에 있는 많은 요소들이 우리의 뇌와 정서에 영향을 끼칠 수 있습니다. 예를 들어, 뇌의 활동이 유전적 차이, 현재의 기분, 날씨 변화에 의해—그리고 마사 패러Martha Farah의 연구가 보여주듯이 빈곤에 의해서도—바뀐다는 사실을 펜실베이니아 대학의 동료들과 저는 발견하였습니다. 때때로 우리는 무언가에 의해 촉발되었을 때 우리의 신경계가 반응하는 방식에 좌우됩니다.

하지만 우리는 단지 뇌의 상태에 따른 피동적인 수신자는 아닙니다. 우리의 통제권 밖의 경험들이 우리의 뇌에 영향을 줄 수 있듯이, 우리 또한 어떻게 생각하고 행동할 것인지를 선택하면서 뇌에 다시 영향을 줄 수 있습니다. 예를 들면, 우리는 정기적인 명상 훈련을 통하여 자신의 뇌 구조를 정말 문자 그대로 바꿀 수 있습니다. 우리는 또한 과잉 활동하는 변연계를 조용하게 만들 수 있고, 특정한 치료법들을 통해 전전두엽의 핵심 영역의 활동을 증가시킬 수 있습니다.

따라서 좋은 소식이 있습니다. 우리가 태어날 때 뇌를 선택하거나 우리에게 일어나는 모든 일들을 통제할 수는 없지만, 우리의 뇌를 활용해서 우리의 뇌를 고칠 수 있습니다. 당신이 CBT 작업을 하고 있을 때 자신의 뇌를 변화시키고 있다는 사실을 꼭 기억하시기 바랍니다.

2장 요약 및 과제

이번 장은 목표 설정, 즉 당신은 CBT로 어떤 작업을 하려하는가에 대해 초점을 맞추었습니다. 우리는 삶의 주요한 영역들을 검토하였습니다—삶에서 잘 진행되고 있는 것들^{강점 포함} 그리고 향상시키고 싶은 것들을 숙고해보았습니다. 믿음이나 의미와 같은 수준 높은 것들뿐만 아니라 섭식과 수면과 같은 삶의 기본적인 기능들을 아울렀습니다. 각 영역을 분리해서 작업하기는 했지만, 이러한 영역들은 서로 영향을 미칩니다. 예를 들면, 잠을 더 자는 것은 우리의 관계를 개선할 수 있습니다. 안녕^{행복}에는 많은 측면들이 있다는 사실, 그리고 우리의 '최고의 나 best selves'를 지원하는 방식에 대해 전일론적으로 생각할 필요가 있다는 사실이 이번 장에서 분명해졌습니다.

1. 잠깐 시간을 내어 이번 장에서 배운 것들을 복습해보세요. 자신에 대해 무언가 발견한 것이 있나요? 당신에게 중요한 것은 어떤 것인가요?

2. 당신의 목표들이 잘 보이고 기억하기 쉽게 꼭 적어놓기 바랍니다.

3. 당신이 설정하는 목표에 대해 주의 깊게 생각하십시오. 당신의 목표가 행동을 고취하는 것인가요? 충분히 구체적인가요? 난이도는 적정한 수준인가요?

4. 당신의 목표들의 목록을 잘 보이는 곳에 두고 앞으로 며칠 동안 여러 번씩 보시길 바랍니다.

5. 또한 당신을 지지해주는 사랑하는 사람들과 당신의 목표에 대해 이야기를 나누는 걸 고려해보세요. 그들에게서 통찰을 얻을 수 있고, 당신 자신에 대한 설명을 그들에게 해줄 수 있습니다. 단순히 누군가에게 자신의 계획을 알림으로써 그것을 해낼 동기를 끌어올릴 수 있습니다.

6. 끝으로, 어떤 목표든 추가하고 싶다면 당신의 목록에 올려놓도록 하세요.

행동을
활성화하기

행동을 활성화하기

우울이 몰려오면 우리는 에너지와 흥미가 떨어져서 종종 많은 활동에서 철수하게 됩니다. 이러한 반응은 이해할 만하지만, 문제는 더 심각한 우울 증상을 가져올 수 있다는 것입니다.

베스^{Beth}의 우울은 아주 미세하게 시작되어서 전혀 알아차리지 못했습니다. 그녀는 직장에서 새로운 책임을 맡게 되었고, 아이들이 학교에 들어가게 되어 매우 바쁘기 짝이 없었습니다. 그러고 나서 엄마가 아프게 되었는데, 스트레스와 시간 부담이 더욱 커졌습니다. 무력감을 느끼게 되었고, 에너지를 남겨놓으려고 정기적인 운동을 멀리하게 되었습니다. 그녀는 또한 집중하기가 힘들어져서 잠자기 전에 하던 독서를 그만두었고, 친구들과는 거의 어울리지 않게 되었습니다. 일주일에 몇 번은 동료들과 함께 밖에 나가 점심을 같이 하곤 했지만, 이제는 책상을 떠나지 못하고 동료들의 초대도 거절하게 되었습니다.

베스는 주말에 이따금씩 마루에 앉아서 나무와 새들을 바라보았고, 때로는 남편과 함께 TV를 보곤 하였습니다. 그 외에는 직장, 가정 그리고 아픈 어머니를 돌보느라 거의 모든 시간을 쏟았습니다.

베스는 우울 때문에 자신의 세계를 축소시키고 말았는데, 많은 사람들도 그런 경험을 합니다. 즐거운 활동을 거의 하지 않게 되면서 그녀의 기분은 더욱 악화되었습니다. 그리고 스스로를 운동할 줄도 모르고 친구들과 어울릴 줄도 모르는 사람으로 간주하기 시작하였습니다. 여전히 직장 생활을 해나갈 수 있었지만 삶에서는 기쁨이나 즐거움을 거의 누리지 못하였고, 지난 한 해 동안 십 년은 늙은 듯이 느껴졌습니다. 그녀는 앞으로 기분을 회복해서 다시 더욱 활동적으로 살 수 있기를 바라고 있습니다.

베스의 상황은 우울을 위한 완벽한 레시피였습니다. 감정 에너지를 지나치게 쏟고 즐거운 활동은 너무 적게 했던 것입니다. 심리적 건강을 위해서 우리는 즐거운 일과 해야 할 중요한 일 사이에 균형이 필요합니다. 또는 아론 벡 박사의 말처럼 '즐거움과 통제감pleasure and mastery'을 경험할 필요가 있습니다.

우리가 즐거운 일들만 추구하고 책임을 방치한다면, 우리는 성취감에 굶주리게 될 겁니다. 한편 우리는 일과 놀이 사이에 균형을 유지해야 합니다. 운이 좋다면 이 두 가지 모두를 가져다주는 활동을 할 수 있습니다. 예를 들면, 어떤 사람들에게는 요리가 심미적으로 즐거운 경험을 제공할 뿐만 아니라 가족에게 식사를 제공하는 필수적인 과업이기도 합니다.

우리는 왜 활동을 회피하는가?

우리가 베스의 행동의 장단기 결과를 고려한다면 그녀의 회피를 이해할 수 있습니다. 예를 들어, 그녀의 동료가 점심 초대를 하게 되면, 베스는 대화에 집중하기 위하여 쏟아야 할 에너지와 자신이 어떻게 지내는지에 대해 질문할 가능성 있는 것들에 대해 생각하게 됩니다. 사무실 문을 닫고 혼자서 식사를 할 때마다 그녀는 안도감을 느끼고, 이는 그러한 회피 패턴을 강화합니다.

동시에 베스는 직장 동료들과 함께 식사할 때 얻게 되는 긍정적인 것들을 잊고 있습니다. 처음에는 좀 당혹감을 느꼈을 수도 있지만, 과거에 그녀는 단체로 점심을 먹는 걸 즐거하였습니다. 그녀는 종종 오후 시간을 위한 활력을 얻고서 사무실로 돌아오곤 하였는데, 이제 그녀는 동료에게서 받을 수 있는 지원 또한 놓치고 있었습니다.

점심 초대

	단기 효과		장기 효과
거절 ⟶	안도감, 적은 노력	⟶	고립, 우울
수락 ⟶	불안, 많은 노력	⟶	즐거움, 지지

두 가지 강력한 요소가 활동을 회피하게 만듭니다.

1. 우리가 어려울 거라고 생각하는 것들을 재빨리 회피함으로써 얻게 되는 즉각적인 안도감
2. 활동에 참여함으로써 얻게 될 보상을 경험하지 못하게 되어, 활동 동기가 더욱 감소

이러한 패턴들을 깨뜨리기 위하여 행동 활성화를 설계하게 됩니다.

행동을 통해 주도해나가십시오

우리 중 상당수도 베스처럼 예전에 우리가 즐기던 것들을 다시 즐길 수 있을 정도로 기분이 좋아질 때까지 기다립니다. 하지만 비록 하고 싶지 않을지라도 보상을 주는 활동들을 점차적으로 시작하는 게 훨씬 더 효과적입니다. 활동에 대한 흥미는 뒤따라오게 마련입니다. 이러한 접근방식은 우울에 대하여 행동을 활성화하는 토대가 됩니다.

이러한 행동 활성화를 운동 프로그램을 시작하는 것처럼 생각해보십시오. 처음에는 체육관에 갈 동기가 정말 아주 적을 수 있습니다. 신체 활동에 익숙하지 않을 수도 있고, 운동에서 보상감보다 고통을 더 많이 느낄 수도 있습니다. 하지만 운동을 지속하게 되면 균형추는 이동하기 시작합니다. 엔도르핀이 생기면서 운동을 더욱 즐기기 시작할 겁니다. 더욱 활력을 얻는 자신을 알아차리게 될 것이고, 그러면서 운동을 계속할 동기를 얻게 될 겁니다. 체육관에서 새로운 친구를 사귀는 걸 시작할 수도 있습니다. 운동하고 싶을 때까지 기다렸다면 아마도 시작조차 하지 못했을 것입니다. 행동 활성화는 동일한 방식으로 작동됩니다.

"행동이 감정에 이어서 나오는 것처럼 보이지만, 실제로는 행동과 감정은 함께 간다. 그래서 의지will의 더 많은 통제하에 있는 행동을 조절함으로써 우리는 그러한 통제하에 있지 않은 감정을 간접적으로 조절할 수 있다."

― 윌리엄 제임스William James(1911)

목표 달성의 전략

이전 장에서 당신은 주요한 목표를 확인하였습니다. 행동 활성화는 이러한 목표를 달성하는 데 중요한 역할을 할 수 있는 체계적인 계획을 제공합니다.

스티브는 5년 전에 심각한 우울에 빠져 있었는데 CBT를 통해 회복하였습니다. 이제 그는 한꺼번에 많은 도전과제를 마주하면서 다시 우울에 빠져드는 자신을 느낄 수 있었습니다. 스티브는 치료에서 배운 기술들을 활용할 때라는 걸 알았습니다.

1단계: 삶의 각 영역이 지닌 가치를 명확히 합니다

행동 활성화의 첫 단계는 우리가 변화를 가져오고자 하는 특정 영역에서 무엇이 우리에게 중요한지 결정하는 것입니다. 그 영역에서 소중한 것은 무엇입니까? 우리가 소중히 여기는 가치에 대해 분명해질 때 거기서 보상을 주는 활동들을 이끌어낼 가능성이 더욱 커집니다.

스티브는 지난 몇 개월간 자신을 괴롭히던 관계에 대해 몇 가지 목표를 세웠습니다. 이러한 목표에 대해 생각하면서, 자신의 파트너에게 사랑을 표현하는 게 자신에게 정말 소중하다는 사실을 깨닫게 되었습니다. 또한 그는 아이들이 스스로 가치감을 느끼도록 해주는 것과 친구들과 함께 모험을 즐기는 걸 소중히 여겼습니다.

자신의 목표를 살펴보십시오. 그 목표들은 어느 영역에 속하나요? 그리고 그러한 각 영역에서 무엇이 소중한가요? 「가치 및 활동 양식지」^{55쪽}

를 활용하여 삶의 각 영역에서 당신이 가치 있게 여기는 것들을 적어볼 수 있습니다. 우리는 다음 단계에서 활동에 대하여 제안할 예정이므로 여기서는 활동 칸을 빈칸으로 남겨두십시오.

만약 자신이 가치 있게 여기는 것들을 정확히 찾아내기 어렵다면, 이 단계에 붙들려 있지 마세요. 마음 놓고 2단계로 가서 활동들을 제시해 보세요. 때로는 자신이 하고 싶은 것들에 근거하여 가치를 찾아보는 게 보다 쉽습니다. 예를 들면, 내가 목록에 올린 활동들에 기초해서 '새로운 사람을 만나는 게 내겐 중요해'와 같은 사실을 깨달을 수도 있습니다. 그러한 가치를 파악하는 것은 이어서 새로운 사람들을 만나는 여러 방법들을 머리에 막 떠올리게 해줄 수 있습니다.

우리가 품은 가치는 그 가치를 지원해주는 활동들을 제시하도록 도와줄 수 있습니다. 그리고 우리에게 보상을 주는 활동들은 우리가 가치 있게 여기는 게 무엇인지 실마리를 줍니다.

가치 및 활동 양식지

〈인간관계〉
가치: _____
    활동: _____
    활동: _____
    활동: _____
가치: _____
    활동: _____
    활동: _____
    활동: _____

〈믿음/의미〉
가치: _____
    활동: _____
    활동: _____
    활동: _____
가치: _____
    활동: _____
    활동: _____
    활동: _____

〈교육 및 일〉
가치: _____
    활동: _____
    활동: _____
    활동: _____
가치: _____
    활동: _____
    활동: _____
    활동: _____

〈신체 건강〉

가치: _____
   활동: _____
   활동: _____
   활동: _____
가치: _____
   활동: _____
   활동: _____
   활동: _____

〈가정에서의 책임〉

가치: _____
   활동: _____
   활동: _____
   활동: _____
가치: _____
   활동: _____
   활동: _____
   활동: _____

〈오락/여가〉

가치: _____
   활동: _____
   활동: _____
   활동: _____
가치: _____
   활동: _____
   활동: _____
   활동: _____

행동을 활성화하는 데에는
어떤 가치들이 포함될 수 있을까요?

'가치value'라는 단어는 매우 다양한 것들을 의미할 수 있습니다. 행동 활성화에서 가치는 단지 '당신에게 중요한 것들'을 가리킵니다 ― 더 이상의 복잡한 의미는 없습니다. 그것은 당신이 품은 가치들을 삶의 영역들로 나누어서 보다 쉽게 인식할 수 있도록 도와줍니다. 다음 사항들을 명심하세요.

• 가치는 종착점이 없어서, 목표 및 활동들과는 달리 언제까지나 지속됩니다.
• 가치는 '~해나가기/되어가기ing'라는 말로 표현되는 경향이 있습니다. 예를 들면, 좋은 친구가 **되기**, 자연에서의 시간을 **즐기기**, 세상에 대해 **배워가기**. 대조적으로 '식물 생태 수업에 등록한다'는 끝이 있는 활동입니다.
• 가치는 종종 우리의 자기개념과 긴밀한 관계가 있습니다. 우리가 되고 싶은 사람의 특성을 반영하는 것입니다.
• 가치는 당신이 원하는 만큼 웅장할 수도 있고 소박할 수도 있습니다.
• 가치는 개인적인 것이고 각 개인에 따라 상당히 다양합니다.

2단계: 활력을 주는 활동들을 찾아봅니다

스티브는 보다 기분이 좋을 때 파트너에게 사랑을 표현하곤 했던 방식에 대해 생각해보았습니다 ― 저녁에 그녀의 어깨를 쓰다듬어주는 것, 주말에 아침을 만들어주는 것과 같은 것들이죠. 스티브는 더 자주 해주고 싶은 활동들의 목록을 작성하기 시작하였습니다.

자신이 찾아낸 가치마다 그 안에 들어갈 활동들을 생각해보고, 자신의 가치를 적어놓았던 양식지에 활동 항목을 적어보십시오. 당신에게 즐거움이나 성취감을 가져다줄 가능성이 높은 활동이어야만 합니다. 그렇지 않으면 보상이 없게 됩니다. 현 시점에서 당신이 하지 못할 수도 있는 행동들도 주저 말고 목록에 넣으십시오. 성장을 위한 활동들을 포함하여 다양한 어려움들이 있는 활동들을 넣는 게 좋습니다. 당신이 적어놓은 활동들 중 일부가 보잘것없어 보여도 걱정하지 마십시오. 조그마한 진전들 하나하나가 회복에의 길에 도움이 됩니다.

1단계에서 가치를 찾는 데 어려움을 겪었다면, 자신이 적어놓은 활동들에서 단서를 찾아보십시오. 그렇게 당신이 찾아낸 가치를 활용하여 더 많은 활동들을 도출할 수 있습니다.

행동 활성화를 실행할 때 재미를 느끼는 게 중요하다는 사실을 가볍게 여기지 않도록 주의하십시오. 우리는 때때로 즐거움을 하찮게 여기면서 주의를 기울여야 할 뭔가 더 진지한 것들이 있다고 믿습니다. 사실은 즐거움을 찾는 게 진지한 일이고 우울을 줄여주는 최고의 방법 중 하나입니다.

3단계: 각 활동의 어려운 정도를 평가합니다

당신이 적어놓은 활동들 중 일부는 아마도 이미 하고 있는 활동일 수 있고 아주 쉬운 일이라고 느낄 수도 있습니다. 어떤 것들은 현 시점에서는 달성하기 어렵다고 느낄 수도 있습니다. 남은 것들은 이 양극단 사이에 있을 겁니다. 저는 이러한 난이도를 단순히 3점 척도로 평가하는 걸 좋아합니다―쉬운 활동은 1점, 중간 활동은 2점, 어려운 활동은 3점인 거죠. 항목들을 서로 상대 평가하는 게 중요합니다.

스티브는 아이들과 놀아주는 것은 쉬운 반면에 아내와 저녁 데이트를 하는 것은 더 많은 노력이 필요하다는 것을 알게 되었습니다. 가족들과 휴일에 즐길 계획을 세워 준비해야 하는 게 실현 불가능할 정도로 복잡하다고 느낀다는 걸 알게 되었습니다. 스티브는 이러한 활동들을 다음과 같이 평가하였습니다.

활동	난이도
아이들과 놀아주기	1
저녁 데이트	2
가족들과의 주말 여가	3

목록을 살펴보면서 각 활동에 평가 점수를 부여해보세요. 어떤 활동이 얼마나 어려울지 결정하기 어렵다면, 그저 최선의 추정치를 적으세요.

4단계: 완수 순서를 세워보십시오

각 활동이 얼마나 도전적일지 이제 잘 이해하고 있으므로 어떤 활동들로 먼저 시작할지 계획을 세울 수 있습니다. 모든 활동에 순서를 정할 필요는 없지만, 최소한 다섯 개에서 열 개의 활동 정도를 정해보세요. 이런 식으로 앞으로 여러 날에 걸쳐 진행할 로드맵을 세우게 되면, 다음에 무엇을 할지 결정하느라 동력을 잃게 되지도 않을 겁니다. 진행하면서 언제든 조정할 수 있습니다. 삶에서 다양한 영역의 활동들을 포함시켜서 다채로운 보상을 받도록 고려해보세요.

5단계: 활동계획 일지를 작성하십시오

보다 구체적으로 계획을 세우고 실행할수록 계획대로 완수할 가능성이 높아집니다.

- 계획을 세운 각 활동의 실행 시간을 미리 정해서 일지에 기입하십시오. 자신에게 그날 최적의 시간에 해당 활동을 할 수 있도록 목표를 설정하십시오. 예를 들어, 아침의 첫 활동으로 운동을 계획하는 것은 아침형 인간에게는 훌륭하게 작동할 수 있겠지만, 밤 올빼미에게는 성공적일 수 없습니다.
- 최소한 하루 앞서 계획을 세움으로써 아침에 일어났을 때 그날 계획이 무엇인지 바로 알 수 있도록 하십시오.
- 여행을 가는 것과 같이 사전 계획이 필요할 경우 훨씬 앞서서 진행 일정을 계획하십시오.
- 비교적 큰 과제들은 보다 작은 단계들로 나누어서 일정계획을 수립해야 합니다.65쪽 「큰 과제는 잘게 나누십시오」 참조

일정계획을 작성하여 일지에 적는 것이 망설여진다면, 시험 삼아 해 보고 그게 얼마나 효과가 있는지 살펴보세요. 우리 대부분은 과제를 위해 구체적인 시간을 설정하면 과제를 완수할 가능성을 더 높일 수 있습니다. 그렇지 않으면 계속 뒤로 미룰 수 있습니다.

6단계: 활동을 완수하십시오

계획된 활동을 할 시간이 되면, 그러한 활동을 완수할 때까지 모든 노력을 기울이십시오. 동기 수준이 여전히 낮은 시작 초기에는 특히 어려움을 겪을 수 있습니다. 당신이 가치로운 모든 활동을 완수해갈 때

목표에 보다 더 가까이 다가가게 된다는 사실을 기억하십시오.

각 활동을 완수하기 전에, 가능한 한 완전히 현존하겠다는 태도를 가져보세요. 예를 들면, 당신이 체육관에 있다면, 진정으로 체육관 안에 존재해보십시오. 당신 주변에 무엇이 있는지 살펴보고, 당신이 느끼고 있는 것들을 느껴보고, 귀에 들리는 것들을 알아차려 보십시오. 자신이 경험 속에 충분히 존재하도록 허용해보십시오. 이러한 수준의 현존은 당신이 각 활동에서 최대한의 것을 이끌어내도록 도와줄 겁니다. 그리고 강박적인 걱정과 같은 문제적 사고방식에 붙들리지 않게 하는 부가적인 유익도 얻게 됩니다. 우리는 이러한 주제를 6장에서 더 깊이 있게 다룰 겁니다.

행동 활성화를 자신의 목표에 적용하기

행동 활성화는 당신의 목표를 성취하는 것과 긴밀한 연관이 있습니다. 이러한 접근 구조가 당신이 2장에서 수립한 목표들과 어떠한 관련이 있는지 생각해봅시다.

스티브의 가장 중요한 목표는 가장 가까운 관계를 개선하는 것이었습니다. 행동 활성화를 시작하면서 그는 가족들과 가까운 친구들을 포함하는 중간 정도로 쉬운 활동들에 초점을 맞추었습니다. 그 과정에서 스티브는 자신이 마음에 품은 남편, 아버지, 친구가 되기 위해서는 먼저 자신의 욕구를 보살펴야 한다는 사실을 깨달았습니다. 예를 들어, 일주일에 몇 번 체육관에 가고 건강한 음식을 먹었을 때 타인들에게 더 호감을 주는 행동을 한다는 사실을 알게 되었고, 그래서 이러한 활동들을 자신의 목록에 추가하였습니다.

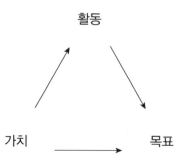

가치는 목표를 세우게 합니다. 그리고 우리는 구체적인 활동을 계획하고 완수함으로써 그러한 목표에 도달하게 됩니다. 자신의 목표가 가치 및 활동과 어떠한 관계를 갖고 있는지 생각해보세요. 당신이 활동을 완수하는 것이 목표를 성취하는 데 어떤 도움을 줄까요?

당신의 목표와 관련한 전략을 수립하십시오

행동 활성화는 목표에 도달하기 위한 단계별 접근방법을 제공해줍니다. 그것은 우승컵을 획득하려는 팀의 목표와 무척 비슷합니다—그들은 자신의 목표가 실제가 되도록 하기 위하여 각 경기마다 계획이 필요할 겁니다. 따라서 당신이 세운 목표는 당신이 활동을 선택하도록 안내할 것이고, 그러한 활동은 당신이 목표를 향해 나아가도록 이끌어 줄 겁니다. 스티브에게 '양육에 참여하는 부모가 되는 것'은 하나의 가치로서 '우리 두 살 아이에게 매일 책 한 권씩 읽어주겠어'라는 목표를 세우게 하였습니다. 그리고 그러한 목표를 다루기 위하여 '두 살이 된 우리 아이에게 매일 밤 잠자기 전에 책을 읽어주겠어'라는 구체적인 활동 계획을 수립하였습니다.

목표를 향하여 점진적으로 꾸준히 나아가십시오

행동 활성화는 일련의 지속적이고 도전적인 단계들을 창출함으로써 당신이 최후의 목표에 보다 더 가까이 가게 만들어줍니다. 예를 들면, 어떤 사람은 하루에 45분씩 주 5회 운동하겠다는 목표를 세울 수도 있습니다. 이러한 길이의 운동은 행동 활성화에서 난이도 3에 해당할 수도 있어서, 중간 정도의 활동은 15분 정도의 가벼운 운동일 수 있습니다. 보다 쉬운 초기 단계에서의 성공이 더 어려운 ─ 그리고 보상을 주는 ─ 활동들의 토대가 됩니다.

전일적으로 생각하십시오 THINK HOLISTICALLY

스티브가 깨달았듯이 우리의 삶의 영역들은 고립되어 존재하지 않습니다. 생각, 감정, 행동이 서로 긴밀하게 연결되어 있듯이, 우리의 삶의 영역들은 서로 교차합니다.

- 일터나 인간관계에서의 스트레스는 우리의 수면을 방해합니다.
- 친구의 굳건한 지지와 관심은 우리로 하여금 의미를 보다 깊게 느끼게 하고 인간에 대한 신뢰를 보다 강하게 해줍니다.
- 중독과의 고투는 우리의 삶의 거의 모든 영역에 영향을 끼칩니다.
- 주말의 휴식은 월요일에 일터에서의 생산성을 높여줍니다.

당신의 목표에 다가가게 도와줄 활동들에 대하여 생각할 때 3차원적으로 생각하세요. 예를 들어, 가정에서의 책임들을 돌보는 것이 당신의 관계에 영향을 미칠 수 있을까요? 식사를 잘 하는 것이 더 생산적인 일꾼이 되도록 해줄까요? 삶의 다양한 영역에서 진전이 이루어지면 영역들 상호 간에 서로 다시 강화해주는 경향이 있습니다.

진행 과정에서의 방해물을 다뤄나가십시오

행동 활성화는 우울을 위한 가장 검증된 치료방법 중의 하나입니다. 부분적으로 그 이유는 매우 단순하다는 것입니다. 하지만 그러한 단순성이 우리가 수행하기에 쉽다는 말은 아닙니다. 이전의 단계들을 수행할 계획을 세웠을 때조차 우리가 계획을 완수하지 못할 때가 있을 겁니다. 그럴 경우 가장 중요한 것은 자신에게 자비compassion로워지는 것입니다. 자신이 인간이고 이러한 작업은 어렵다는 사실을 기억하십시오.

자비롭게 되는 방법의 일부는 우리의 마음이 어떻게 작동하는지 이해하고, 우리가 성공하도록 만들어줄 조건들을 창출하는 것입니다. 물론 우리는 스스로를 비난하면서 더 활동적으로 되기 위하여 억지로 의지를 짜낼 수는 있습니다. 하지만 우리의 계획을 완수하게 해줄 보다 커다란 지렛대를 제공하는 전략들이 있습니다. 가장 효과적인 접근방법들 몇 가지를 함께 살펴봅시다.

과제에서 꼭 보상을 얻도록 하십시오

우리가 과제를 완수하지 않는 흔한 이유는 어떤 만족도 얻지 못하고 있다는 사실 때문입니다. 예를 들면, 지속적으로 달리기를 하겠다고 마음을 먹었을 수도 있는데, 사실 달리기를 언제나 싫어했을 수 있습니다. 또 과거에 즐기곤 했던 활동들을 다시 해보려고 애쓰고 있을 수도 있지만, 이미 관심사가 바뀌었을 수도 있습니다.

만약 스스로 수립한 과제를 시작하지 못하고 있다면, 그것들을 해야만 하는 동기에 대해 생각해보세요. 그 활동이 해볼 만한 가치는 있지만, 그걸 하기 위한 동기를 불러일으킬 수 없었던 것인가요? 또는 그 활동이 당신에게 적당하지 않아서 동기가 낮은 것인가요? 어떤 과제가 보상을 주지 않는다면 그걸 대체할 활동을 선택해보세요―예를 들어, 과거엔 전기물傳記物을 좋아하곤 했지만 이제는 소설에 더 끌릴 수도 있습니다. 자신의 가슴이 이끄는 곳을 향해 가십시오.

큰 과제는 잘게 나누십시오

우리가 계획대로 실행하지 못하게 되는 또 다른 흔한 이유는 쫓긴다는 느낌 때문입니다. 그래서 우리는 어떤 활동에 흥미를 느끼고 그게 보상을 줄 수도 있는데도 그 과제를 추진하지 못합니다.

스티브는 가을을 맞아 정말 정원을 대청소하려고 했지만, 어째선지 계속해서 하질 못했습니다. 그 일에 대해 압도감을 느끼고 있다는 걸 알아차렸는데, 현시점까지 그 일이 점점 더 늘어나서 낙엽을 긁어모으고, 잔디를 깎고, 채소밭을 청소하며, 그 밖의 몇 가지 일들을 더 포함하게 되었습니다. 그는 해야 할 일들의 개별 과제 목록을 먼저 만들기로 결정하였고, 그러고 나서 시작할 일을 단 한 가지만 선택하였습니다. 그는 채소밭을 깨끗이 청소할 수 있었고, 그렇게 일을 해내기 시작하자 목록에 있는 다른 대여섯 항목들을 계속해서 해나갈 마음을 먹을 수 있었습니다.

우리가 더욱 활동적으로 되고자 작업하는 경우 동력은 매우 소중한 가치를 띱니다. 스티브처럼 우리는 과제를 충분히 시작할 수 있을 만큼 잘게 나눌 수 있고, 그렇게 해서 지속적인 성공으로 가는 길을 닦을 수 있습니다. 자신의 활동 목록을 살펴보면서 보다 잘게 나누어야 할 필요가 있는지 검토해보세요. 자신의 직감을 나침반으로 삼으세요—어떤 활동을 해보는 걸 상상해볼 때 저항감이나 불안을 느끼나요? 그렇다면 그 활동을 보다 더 다루기 쉽게 잘게 나누세요. 그 활동을 시작할 수 있게끔 아주 작게 만드는 걸 두려워하지 마세요. 마당일을 위해서는 그게 '작업복 찾기'가 될 수도 있습니다. 중요한 건 앞으로 나아갈 길을 찾는 것입니다. 그 한 걸음이 얼마나 작은지는 중요하지 않습니다.

특정 시기에 대한 활동을 계획하십시오

당신의 과제 중 하나를 완수하는 데 분투하고 있다면, 그 과제를 수행하기 위한 시간을 따로 마련하십시오. 우리는 스케줄이 확정되지 않았거나 유연성을 원하기 때문에 구체적인 계획을 세우는 것에 때때로 저항하게 됩니다. 하지만 때때로 우리는 어떤 활동에 대해 뒤섞인 감정이 있을 수 있어서, 우리가 그 과제를 하고 싶지 않을 경우 시한을 정하지 않은 채로 남겨두어 자신에게 탈출구를 만들어놓기도 합니다. 그 활동을 일지에 기록함으로써 그걸 완수하기 위한 열의를 증진시킬 수 있습니다. 그걸 해야 할 시간이 다가올 때 알려주는 경보를 설정하는 것도 좋은 생각입니다. 또한 당신의 계획들 전반에 걸쳐 시간표를 짜려는 행동은 최대한 피하십시오. 삶으로 되돌아가는 것을 진정 최우선으로 삼으십시오.

스스로 책임감 있게 행동하십시오

당신의 계획을 기록하고 일정계획에 포함시키는 것은 스스로에 대한 책임감을 증진시키는 방법입니다. 우리는 또한 타인들에게 책임감 있게 행동함으로써 우리 활동의 최종 완수를 위한 지렛대를 얻을 수 있습니다. 제가 치료하는 사람들은 종종 말하기를, 제게 '보고'해야 하는 게 자신들의 과제를 완수하기 위한 동기를 북돋워준다고 합니다.

자신이 완수하고자 분투하고 있는 행동에 대해 누군가 이야기할 사람이 있나요? '책임감 부여 파트너'를 신중하게 고르십시오─이상적으로는 당신에게 북돋워주는 사람이고 설사 당신이 무언가를 완수하지 못한다 하더라도 당신을 비난하거나 벌주지 않는 사람일 것입니다. 또한 점심 때 함께 길을 걸어가는 동료처럼 당신과 함께 활동하길 바라는 사람이 있는 게 도움이 될 수 있습니다. 책임감을 통해 여러분은 서로의 지속성을 북돋게 됩니다.

한 번에 하나의 과제를 완수하는 것에 집중하십시오

미리 여러 개의 활동을 계획한다면 그 목록에 압도감을 느낄 수도 있습니다. 첫 활동을 하는 것에 대해 좋은 느낌을 갖기보다는 앞으로 해야 할 아홉 개에 초점을 맞출 수도 있습니다. 앞으로의 과제에 대해 걱정하는 자신을 발견한다면, 정확하게 그 순간에 해야 할 유일한 일은 바로 지금 하고 있는 일이라는 사실을 스스로 상기해보세요. 이렇게 단하나의 과제에 초점을 맞출 때 또 다른 유익이 있습니다─그 경험에서 최대치를 얻어낼 수 있다는 것입니다. 이는 활동에 대한 보상의 가치를 최대화해줄 것입니다.

문제 있는 생각을 다루십시오

CBT 모델이 명료하게 알려주듯이 우리의 행동은 생각 및 감정과 긴밀한 연관이 있습니다. 특정한 생각은 우리가 계획한 과제를 방해할 수 있습니다.

> 스티브는 '오늘은 그냥 체육관에 가는 걸 건너뛰어야 할 거 같아—내 기분이 나아지는 데 전혀 도움이 되지 않을 거 같거든'이라고 생각하고 있는 자신을 알아차렸습니다. 그것에 대해 좀 더 생각해보면서, 체육관 활동이 자신의 기분을 끌어올려주었던 많은 경우들을 기억해냈습니다. 운동을 하면서 그걸 하나의 실험처럼 해보기로, 즉 실제로 도움이 되는지 여부를 살펴보기로 마음을 먹었습니다.

또 어떤 생각들은 우리가 과제를 완수하면서 얻게 되는 성취감을 최소화시킬 수 있습니다예: "그렇게 쉬운 일은 아무것도 아니야. 이 어려운 일을 마칠 때까지 기다리자"—이는 그러한 활동에서 우리가 얻는 보상을 감소시키게 됩니다. 옳은 방향을 향해 걷는 발걸음은 그 모두가 도움이 됩니다. 따라서 가장 작은 걸음조차도 하나의 성취로 받아들이세요.

자신의 생각이 행동 활성화 작업을 방해하고 있다는 사실을 발견하게 되면, 4장 「부정적인 생각 패턴을 파악하고 깨뜨리기」를 읽어보길 바랍니다.

자신의 활동을 추적하기

　행동 활성화를 실행할 때 자신이 시간을 어떻게 사용하고 있는지 지속해서 추적하는 것은 좋은 아이디어입니다. 70~71쪽에 있는 「일일 활동 양식지」를 활용할 수 있습니다. 자신이 하는 일에 대해 기록을 해보는 것에는 몇 가지 이점이 있습니다.

- 자신의 일정계획에 주의를 기울이는 것만으로도 당신은 보다 활동적으로 바뀔 수 있습니다.
- 당신은 아마도 보상을 주는 활동을 추가할 수 있는 시간대를 발견할 수 있을 겁니다.
- 앞으로 몇 주에 걸쳐 자신의 진전을 추적 및 확인할 수 있게 됩니다.
- 당신이 소중히 여기는 활동들의 일정을 계획하고 기록하기 위하여 동일한 양식을 사용할 수 있습니다.

일일 활동

오늘 날짜: _____. ____. ____.

시 간	활 동	즐거움 (0-10)	중요성 (0-10)
오전 5:00-6:00			
6:00-7:00			
7:00-8:00			
8:00-9:00			
9:00-10:00			
10:00-11:00			
11:00-12:00			
오후 12:00-1:00			
1:00-2:00			
2:00-3:00			
3:00-4:00			
4:00-5:00			

시 간	활 동	즐거움 (0-10)	중요성 (0-10)
오후 5:00-6:00			
6:00-7:00			
7:00-8:00			
8:00-9:00			
9:00-10:00			
10:00-11:00			
11:00-12:00			
오전 12:00-1:00			
1:00-2:00			
2:00-3:00			
3:00-4:00			
4:00-5:00			

나의 오늘 기분은 (0-10점): _____

3장 요약 및 과제

　이번 장은 행동 활성화의 원칙들, 즉 우리의 삶과 다시 관계를 맺고 기분을 향상시킬 수 있는 단순하면서도 매우 효과적인 방법을 다루었습니다. 보상을 주는 활동을 우리의 삶 속에 구축하여 우리의 나날들이 더욱 만족스럽고 즐거울 수 있게 해주는 체계적인 계획을 포함합니다. 우리는 또한 당신이 장애물을 만났을 때―누구나 모두 그러한 장애물에 맞닥뜨릴 수 있습니다―행동 활성화가 당신을 위하여 작동할 수 있도록 하기 위한 전략들을 다루었습니다.

　이어지는 장들에서 소개되는 기법들은 행동 활성화와 잘 어울립니다―부정적인 생각 패턴 깨뜨리기, 미루기를 떨치고 나아가기, 그리고 자기돌봄 실천하기와 같은 것들입니다.

　이제 당신은 다음과 같은 사항들에 대해 준비가 되어 있습니다.

1. 「일일 활동 양식지」를 활용하여 자신의 활동들을 추적 및 기록하기.

2. 여섯 단계 계획을 통해 당신의 삶 속에 가치로운 활동들을 구축하기. 이번 주는 1~4단계로 충분하고, 다음 주에 나머지 활동을 하는 게 좋을 수 있습니다.

3. 하루에 1~2개 활동을 선택하고, 보다 쉬운 것들로 시작하기.

4. 완수할 가능성을 높여주는 전략들을 사용하기.

5. 목록에서 활동들을 선택하고 일지에 추진 일정을 세우는 걸 지속하기. 그러한 활동들이 당신의 가치와 일치하는지 정기적으로 확인하세요.

6. 도움이 된다면 활동과 가치를 추가하기.

7. 재미있게 하세요! 당신을 위한 일이니까요.

CHAPTER

04

부정적인
생각 패턴을
파악하고 깨뜨리기

CHAPTER 04

부정적인 생각 패턴을
파악하고 깨뜨리기

이전 장에서 우리는 행동에 초점을 맞추었습니다. 이제 우리는 CBT의 다른 기술, 자신의 생각 돌보기에 주의를 기울여봅니다.

수전Susan은 힘든 한 해를 보냈습니다. 일터에서 책임을 진 과업들은 크게 늘어났고, 동시에 결혼생활에서 커다란 배신을 겪었습니다. 그 결과 상당히 여러 달 동안 짐을 이루지 못했고 이제는 압도감과 우울감을 경험하게 되었습니다.

최근 성과 검토회의에서 자신의 성과가 떨어지고 있다는 지적을 상사에게서 듣게 되자 몹시 심란해졌습니다. 이러한 문제에 대하여 친구인 캐시와 함께 점심시간에 이야기를 나누었는데, 울음이 터져 나와 스스로도 당황스러웠습니다. 수전은 이렇게 말했습니다. "가정생활도 엉망진창이고 직장에서도 형편 없어―완전히 바보가 된 거 같아."

대화를 하면서 캐시는 수전이 그 상황에 대해 생각하지 못했던 측면들을 생각하도록 해주었습니다. 예를 들면, 회사에서는 수전이 일을 매우 잘 처리한다고 보기 때문에 승진을 시켰고, 그 때문에 수전이 책임진 과업이 훨씬 많아졌다는 사실을 상기하게 해주었습니다. 이러한 대화가 새로운 조망을 얻는 데 도움이 되었고 기분을 끌어올려주었습니다.

이번 장에서 저는 당신이 수전의 친구처럼 자신을 대하도록 초대합니다. 당신은 자신이 스스로에게 말하고 있는 것들을 진정으로 경청함으로써 이렇게 할 수 있습니다. 이를 통해 당신의 정서에 강력한 영향을 미치는 거짓말이나 반쪽짜리 진실을 알아챌 기회를 얻을 것입니다.

자신의 생각보다는 남의 생각의 오류를 발견하기가 보다 더 쉽습니다. 앞서의 사례에서 역할을 바꾸었더라면, 수전은 캐시가 스스로 생각하는 것보다 훨씬 더 업무를 잘 수행하고 있다는 사실을 어렵지 않게 지적할 수 있었을 겁니다. 우리는 자신의 생각에 맹점blind spots을 갖는 경향이 있습니다. 따라서 우리의 부정적인 생각 패턴을 감시하고 이에 도전하는 구조적 접근방법을 소개하고자 합니다.

생각의 힘

보거나 듣거나 측정할 수 없는 것들에 대해 생각은 믿기 힘든 힘을 발휘합니다. 하루 종일 우리의 기분은 단 하나의 실망스러운 사건을 어떻게 해석하느냐에 좌우될 수 있습니다. 생각은 또한 우리의 행동―용서냐 복수냐, 참여냐 철수냐, 인내냐 포기냐―에 커다란 영향을 끼칩니다. 어떤 문제로 씨름을 해왔느냐와는 관계없이, 당신의 생각이 정신적 고통을 일으키거나 그걸 오랫동안 끌고 가거나 하는 것에서 어떤 역할을 해왔다는 사실이 기회가 됩니다.

이렇게 정신적 고통을 일으키는 생각을 가리켜 CBT에서는 부정적인 자동적 사고negative automatic thoughts라고 부릅니다. 그것은 우리가 맡은 역할our part에 노력을 기울이지 않게 하기 때문입니다. 그것은 마치 우리의 마음이 그 자체의 마음minds을 지닌 것과 같은 것입니다. 우리의 생각이 불필요한 고통을 일으키는 것과 마찬가지로, 그것은 또한 우리가 치유되도록 도와줄 수도 있습니다―우리가 생각을 통솔하여 원하는 방향으로 일하게끔 할 수 있다면 말입니다. 이러한 맥락에서 '통솔harness'은 완벽한 단어입니다. 통솔은 뭔가를 활용하기 위하여 통제하는 것을 의미하기 때문입니다. 이번 장과 다음 장에서 살펴볼 수 있듯이, 우리는 생각이 우리 자신을 파괴하는 걸 멈추게 할 수 있을 뿐만 아니라, 생각을 활용하여 우리는 발전할 수 있습니다.

수전 이야기로 돌아가죠. 그녀는 어느 날 힘든 하루를 보냈습니다. 비가 오는 길에 귀가하다가 앞차의 후미를 들이받았습니다. 그녀는 끔찍하게도 적대적인 그 운전자와 상황을 정리하고 난 뒤에, 뭔가 심란한 일이 생겼을 때 우리 모두가 하는 일을 차에 앉아서 했습니다. 그녀는 그 일에 대해 생각했던 것입니다.

수전의 첫 번째 생각은, '내가 또 일을 망쳐놓았어. 이제 보험료가 올라가겠군'이었습니다. 그리고 나서 친구 캐시가 생각이 났고, 캐시가 범퍼 손상을 일으키는 사고를 냈다면 자신이 뭐라고 말해줄지 궁금했습니다. 수전은 분명 지금 자신을 향한 내면의 목소리 그대로 캐시에게 이야기하지는 않았을 겁니다. 그녀는 자신의 친구에게 이야기하는 상상을 해보았습니다. '그날은 비가 오고 있었고 너는 직장에서 기나긴 하루를 끝내고 집으로 서둘러 가고 있었어. 너도 사람이야. 스스로를 몰아세우지 마.'

수전은 빗줄기가 흘러내려오는 창문을 내다보며 이마의 주름이 펴지는 걸 느꼈습니다. '캐시 말이 맞을 수도 있겠어.' 그녀는 생각했습니다. '아마도 내가 생각하는 것보다 나는 잘하고 있는 것일 수도 있어.' 자신이 들이받았던 운전자가 얼마나 까다로웠는지 잠시 생각하며 자신에게 살며시 미소까지 지었습니다. 그들이 보험 정보를 교환할 때 그 운전자에 대해 침착함을 유지할 수 있었던 자신에 대해 자부심을 느꼈습니다. 그녀는 자신의 긍정적 태도가 그의 거친 어조를 가라앉혔다고 보았습니다. '내가 그 일을 아주 잘 처리했다고 봐.' 그녀는 집으로 돌아가면서 이렇게 생각했습니다.

생각은 종종 우리를 잘 섬깁니다. 현명한 결정을 도와줍니다. 하지만 어떤 경우에는 생각이 정확하지 않습니다. 심리학자들은 인간의 정신 속에 구축되어 있는 많은 편향들의 증거를 제시해왔습니다. 우리가 분노나 우울과 같은 극단적인 정서 상태를 경험하고 있을 때 우리는 특히 그러한 편향들을 일으킬 수 있습니다.

예를 들어, 사회생활에서 누군가가 나를 의도적으로 곤혹스럽게 만든다고 생각할 수도 있지만, 사실 그 사람은 온전히 친절한 의도에서 그렇게 했을 수 있습니다. 우리가 이러한 종류의 생각 오류를 더 많이 저지를수록, 심각한 불안 상태를 경험할 가능성이 더 높아집니다. 이러한 오류를 파악하고 다루는 작업을 진행해봅시다.

문제 있는 생각을 파악하는 방법

부정적인 생각 패턴들이 자기 스스로 "이봐, 이건 지나치게 부정적인 생각이야. 너무 심각하게 받아들이지 마"라고 공표를 해준다면, 우리가 그러한 생각들을 알아차리는 게 쉬울 겁니다. 하지만 불행히도 우리는 자신의 생각이 현실에 대한 불편부당impartial한 시도를 반영한다고 단정 짓는 경향이 있습니다. "난 생각보다 보잘것없는 사람이야"라는 생각이 "지구는 둥글다"만큼 객관적인 것으로 보입니다.

이러한 이유로 우리는 자신의 생각보다 영리해야 합니다. 감사하게도 우리의 마음은 생각을 만들어낼 뿐만 아니라 생각을 알아차리고 평가할 수 있는 능력도 있습니다. 그런데 우리의 끝없는 생각의 흐름 중에서 어느 것에 주의를 기울여야만 할까요?

문제 있는 생각이 나타날 때 알아차릴 수 있는 몇 가지 단서가 있습니다.

갑자기 부정적인 정서로 전환된다는 느낌을 받습니다. 갑작스레 의기소침해지거나 불안이 급격히 커질 수도 있습니다. 분개하는 마음이 갑자기 커질 수도 있습니다. 우리가 이러한 시점들에 주의를 기울인다면, 정서의 변동을 몰아가는 생각들을 알아낼 가능성이 높아질 겁니다.

부정적인 감정을 제거할 수 없을 것처럼 느껴집니다. 어떤 정서 상태에 갇혀 있다면 거기에는 그러한 정서를 유지하는 생각 패턴들이 있습니다. 예를 들어, 당신은 아침 내내 초조함을 느꼈거나 하루 중 상당 시간 동안 공포감에 짓눌려 지냈을 수도 있습니다. 그런 경우 대부분은 그러한 감정에 에너지를 공급하는 생각들이 있을 가능성이 높습니다.

생각의 오류

정신과의사인 아론 벡과 데이비드 번스 등은 '인지 왜곡cognitive distortions'이라고 불리는 생각의 오류 목록을 개발하였습니다. 흔히 발생하는 생각의 오류 몇 가지를 요약해보았습니다.

생각의 오류	설명	예시
흑백논리 [이분법적 사고] black-and-white thinking	상황을 극단적인 측면에서 바라보는 생각 패턴	"이번 시험을 잘 못 보면 난 완전 멍텅구리야."
당위적 사고 shoulding	우리가 바라는 상황의 존재 방식을 반드시 그러해야 한다고 생각하는 것	"나는 인내심을 더 많이 발휘해야만 했어."
과잉 일반화 overgeneralization	하나의 사례가 모든 상황에 적용된다고 믿는 것	"이번 시험의 첫 문항에 대한 답을 모르겠어. 그러니 아마도 나머지 모든 문항에 대해서도 나는 답을 모를 거야."
파국적 사고 catastrophizing	어떤 상황을 실제보다 훨씬 더 나쁘게 생각하는 것	"오늘 한 고객이 내게 엄청 화를 냈는데, 그 일 때문에 아마도 팀장은 나를 쫓아낼 거야."
긍정적인 측면 깎아내리기 discounting the positive	자신의 부정적인 자동적 사고에 모순되는 증거들의 의미를 최소화하는 것	"내가 데이트 신청한 것에 그녀가 '네'라고 한 건 내게 미안함을 느껴서일 뿐이야."
감정적 추론 emotional reasoning	우리의 감정이 유용한 정보를 알려준다고 단정짓는 것	"내가 비행에 대해 긴장하고 예민해지는 건 내가 탄 비행기가 추락할 가능성이 충분하다는 걸 의미해."

생각의 오류	설명	예시
예언하기 fortune telling	불충분한 정보에 기초하여 예언하는 것	"렌탈 회사에 아마도 남아 있는 차가 없을 거야."
마음읽기 [독심술] mind reading	누군가가 생각하고 있는 내용을 자신이 알고 있다고 단정짓는 것	"내가 발표 자료를 화면에 띄우지 못했을 때 사람들은 아마도 날 바보 같다고 생각했겠지."
개인화 personalization	자신과 아무런 관련 없는 사건들을 자신과 실제로 관련 있다고 생각하는 것	"그녀는 심란한 거 같아― 그건 아마도 내가 저지른 일 때문일 거야."
자격 있음 entitlement	자신의 행동이나 입장에 근거하여 특정한 성과를 기대하는 것	"그렇게 열심히 일했으니 난 승진할 자격이 충분해."
행복의 외주화 outsourcing happiness	자신의 정서에 대한 최종적인 결정 요소를 밖으로 돌리는 것	"내가 받을 자격이 있는 존경심을 사람들이 표명해주지 않는다면 난 행복해질 수 없어."
잘못된 무력감 false sense of helplessness	우리가 지닌 힘이 실제보다 작다고 믿는 것	"구직 활동을 해봐야 소용없어. 도대체 누가 날 뽑으려 하겠어."
잘못된 책임감 false sense of responsibility	우리가 지닌 힘이 실제보다 크다고 믿는 것	"내가 보다 더 흥미롭게 발표를 했다면 내가 발언하는 도중에 아무도 하품을 하지 않았을 거야."

당신은 목표에 맞추어 행동하려고 분투하고 있습니다. 자신이 세운 계획대로 최종적인 완수를 해내지 못하거나, 자신의 두려움을 마주하지 않기 위한 이유를 계속해서 찾을 수도 있습니다. 예를 들어, 어떤 학생이 논문을 쓰는 걸 계속 미루고 있을 때, '논문이 잘 될 일이 전혀 없을 거야'라는 생각에 의한 것일 수 있습니다. 이와 대조적으로 올바른 생각은 우리의 행동에 추진력을 제공해줍니다.

우리가 생각하고 있는 것에 대해 스스로에게 질문을 하는 경우, 때때로 그 대답은 명확할 겁니다. 어떤 경우에는 바로 명백해지지는 않습니다. 우리가 생각하고 있는 것을 파악하기 위한 몇 가지 팁이 있습니다.

1. 생각이 과거, 현재, 미래에 대한 것일 수 있다는 사실을 명심하십시오.
   • 과거: "난 바보처럼 보였어."
   • 현재: "난 지금 면접을 망치고 있어."
   • 미래: "이 모든 스트레스 때문에 난 병에 걸리고 말 거야."

2. 마음속으로 무슨 생각을 하는지 파악하기 위한 여유 공간을 자신에게 허용하십시오. 예를 들면:
   • 잠시 생각하기 위한 조용한 공간을 찾아보기
   • 눈을 감고 방금 무슨 일이 일어났는지 마음에 떠올려보기
   • 느린 호흡을 몇 차례 해보기

3. 생각은 말보다 인상이나 이미지로 나타날 수도 있음을 알아차리십시오. 예를 들면:
   • 생각의 흐름을 잊어버리고 관중을 멍하게 쳐다보는 걸 상상하는 것
   • 운전하면서 사고가 일어나는 걸 머릿속에 그리는 것
   • 웬일인지 모호한 부적절감을 갖는 것

자신의 생각을 기록하기

당신이 만약 CBT를 처음 접하거나 실습을 해본 지 좀 되었다면, 자신의 생각에 도전하기 전에 먼저 그러한 생각과 그 영향에 대해 기록해보는 시간을 어느 정도 가져보기를 권합니다. 단지 당신의 생각을 좀 더 알아차리게 됨으로써 생각하는 방식을 자연스럽게 조정하기 시작했다면, 놀라지 마십시오. 우리의 마음은 스스로에게 전하는 이야기stories를 한번 알아차리기 시작하게 되면, 진실이 아닌 것들을 쉽게 인식하게 됩니다. 우리는 대체적으로 사건이 정서나 행동의 원인이 되는 게 당연하다고 생각합니다. 우리가 수행한 해석을 건너뛰고서 말입니다. CBT에서 우리는 사건과 감정/행동 사이에 있는 생각을 파악하는 작업을 합니다.

수전이 성과 검토performance review 과정에서 실망감을 느꼈을 때, 다음과 같이 생각하고 있었습니다.

<u>사건</u>   <u>감정</u>

비판적 검토 ⟶ 슬픔

하지만 검토 그 자체는 수전의 정서에 영향을 끼칠 힘이 없었습니다. 그 대신에 그녀의 정서적 반응을 몰아갔던 것은 바로 그 검토가 의미하는 것에 대한 수전의 해석이었습니다.

<u>사건</u>   <u>생각(들)</u>   <u>감정</u>

비판적 검토 ⟶ "난 모든 걸 망쳐버리고 있어." ⟶ 슬픔

우리가 수전의 생각이 무엇이었는지 알게 되면 그녀가 느꼈던 정서를 완전히 납득할 수 있습니다. 우리는 또한 생각과 행동 사이의 연결고리를 면밀히 검토할 수 있습니다. 예를 들면, 우리는 밖에 나가려고 애를 많이 쓰면서도 친구가 만나자는 초대를 거절하기도 합니다. 이러한 과정의 진행순서는 다음과 같습니다.

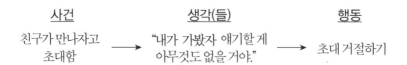

사건	생각(들)	행동
친구가 만나자고 초대함	"내가 가봤자 애기할 게 아무것도 없을 거야."	초대 거절하기

앞으로 정서적 도전과제와 마주쳤을 때 자신의 생각을 기록하기 위하여 아래의 양식을 사용하십시오. QR 코드에서 이 양식을 구할 수 있습니다.

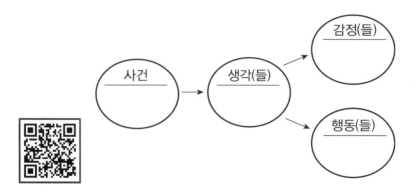

생각을 파악하기 위해서는 실습이 필요하다는 사실을 명심하십시오. 우리는 생각을 파악하는 실력이 빨리 향상될 수 있지만, 우리의 마음이 뭘 하고 있는지 관찰하는 데는 언제나 성장의 여지가 있습니다. 우리가

생각, 감정, 행동에 대한 CBT 모델을 고려한다면, 우리의 생각하는 힘은 더욱 커질 수 있습니다. 이러한 구성요소 각각이 다른 요소에 영향을 끼친다는 사실을 기억하십시오―우리의 생각이 촉진하는 감정과 행동은 방향을 바꾸어 우리의 생각에 더욱 영향을 끼칩니다. 따라서 하나의 부정적인 생각이 주는 영향은 감정과 행동을 통해 반향을 일으키기 때문에 증폭될 수 있습니다.

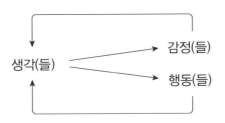

자기 생각의 밑바닥까지 가보기

때때로 우리가 부정적인 자동적 사고를 찾았다고 생각했을 때에도 우리는 왜 그런 생각이 우리를 심란하게 하는지 그 이유를 확실히 모릅니다. 예를 들어, 당신이 아침에 옷을 입는 걸 생각해봅시다. 거울을 보면서 셔츠가 자신에게 너무 작다고 생각합니다. 당신의 기분은 극적으로 가라앉게 되고 옷을 바꿔 입어봅니다. 무슨 일이 일어나고 있는지 알아차리면서 앞서의 사건을 생각하며 적어봅니다.

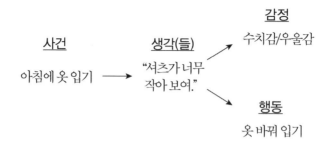

이 생각이 어떻게 수치감과 우울감을 느끼게 만들었는지 이해하기가 어렵습니다. 더욱이 '보다 큰 셔츠가 필요해'라는 생각 과정에 분명한 오류가 없습니다. 생각과 그 결과영향에 불일치가 있어 보인다면, '하향식 화살 기법'을 사용해서 실제의 부정적인 자동적 사고를 찾아볼 수 있습니다. 대부분의 경우 우리를 더욱 심란하게 만드는 신념이 우리의 감정과 행동에 영향을 미치고 있을 가능성이 큽니다.

하향식 화살 기법을 통해 우리 생각의 암묵적 측면들, 즉 '이 생각은 무엇을 의미하는 것일까?'를 탐색해볼 수 있습니다. 이 사례에서 우리는 '셔츠가 작다'는 게 무얼 의미하는지 물을 수 있습니다. 이 기법의 이름은 생각의 흐름을 추적하면서 우리가 그려보는 아래 방향의 화살에서 왔습니다.

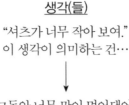

생각(들)

"셔츠가 너무 작아 보여."
이 생각이 의미하는 건…

↓

"그동안 너무 많이 먹어댔어."
이 생각이 의미하는 건…

↓

"난 무질서하게 살고 있어."
이 생각이 의미하는 건…

↓

"내 목표를 결코 달성하지 못할 거야."

각각의 아래 방향 화살이 내려가면서 생각의 고통이 점점 더 커지고 있음을 알아차려보세요. 마지막 두 생각은 정말 용기를 잃어버리게 만들지요. 이제 수치감과 우울감을 이해하기가 더욱 쉬워졌습니다. 당신이 부정적인 자동적 사고를 파악하기 위해 깊게 파고들어가야 할 때는 언제든지 하향식 화살 기법을 활용할 수 있습니다.

우리가 흔히 겪는 생각의 주제들

다양한 사고 유형이 다양한 패턴의 감정과 행동을 가져옵니다. 예를 들면:

주제	사고	감정	행동
절망감 hopelessness	"다시는 좋은 기분을 느끼지 못할 거야."	우울감 무가치감 부적절감 상실감	철수
위협감 threat	"이번 시험은 망치고 말 거야."	불안 위험 불확실성	자기보호
부당함 injustice	"그녀는 나를 불공평하게 대우했어."	불안 불공평/학대 규칙 위반	복수

우리가 느끼는 감정은 우리가 지닌 생각에 대하여 중요한 단서를 제공해줍니다. 예를 들면, 분노의 감정은 자신을 불공평하게 대우했다고 믿고 있음을 알려줍니다. 서로 다른 상태에 대한 전형적인 생각의 사례는 다음과 같습니다.

불안	"아프거나 다쳐서 일을 더 이상 못하게 되면 어떡하지?" "사람들은 내가 얼굴 붉히는 걸 보고 바보라고 생각할 거야." "운전 중에 공황발작을 겪는 건 위험해."
우울	"당장은 아무것도 못 하겠어." "난 모두의 기분을 가라앉게 만들고 있어." "내가 없는 게 사람들에게 더 나을 거야."
분노	"주변 사람들 그 누구도 자기 몫을 다하고 있지 않아." "그녀는 나를 바보처럼 취급해." "나는 굉장히 불공평한 대우를 받아왔어."

부정적인 생각 패턴 깨뜨리기

부정적인 감정들과 긴밀한 관계에 있는 생각들을 알아차리는 데 능숙해지면, 그러한 생각들을 면밀히 살펴볼 때가 된 것입니다.

> 죠지는 심리학을 전공하는 대학원생입니다. 지난 학기에 첫 수업을 진행하였는데, 자신의 강의평가에서 몇 가지 부정적인 언급을 읽고 나서 매우 실망하였습니다. 죠지는 그 평가를 읽고 나서 학생들 대부분이 부정적이라는 인상을 받았습니다. 그 결과 대학교수가 되는 자신의 꿈이 적합한 것인지 의문을 품기 시작하였습니다.

> 하지만 다시 한번 평가를 살펴보았을 때, 긍정 대 부정 평가의 비율이 10:1 정도로 계산되었습니다. 그는 또한 대부분의 부정 평가가 이미 자신이 알고 있던 것이고 개선—예를 들면, 좀 더 활기 있는 발표자가 되는 것—을 할 수 있다는 것을 깨닫게 되었습니다. 죠지는 '아마도 나의 앞으로의 학문 경력은 여전히 희망적일 거야'라고 스스로 생각했습니다.

부정적인 사고 패턴을 깨뜨리는 주요 전략은 자신의 생각을 현실과 비교해보는 것입니다. '나는 지금 자신에게 뭔가 합리적인 걸 이야기하고 있나?' 또는 '내 생각은 실제 상황에 대한 불충분한 반영인가?' 당신이 장밋빛 안경을 쓰고서 상황이 실제보다 낫다는 식으로 믿음으로써 스스로를 바보로 만들 거라는 걱정은 하지 마십시오. 우리는 이제 자신의 생각이 증거와 일치하는지 살펴보고자 합니다.

사실을 따라가십시오

다음에 소개하는 일련의 단계들은 당신으로 하여금 자신의 생각에 있을 수 있는 오류를 파악하도록 해줄 겁니다.

1단계: 자신의 생각을 지지하는 증거를 찾아보십시오

자신의 부정적인 사고를 믿을 만한 참된 이유가 있나요? 죠지는 앞서의 상황에서 자신이 서투른 강사라는 생각을 지지하는 몇 가지 중요한 평가를 받았습니다. 이 단계에서 가능한 한 객관적으로 되기 위하여 주의를 기울이십시오ㅡ활용 가능한 그 어떤 증거를 건너뛰지도 말고 부정적인 렌즈로 증거를 걸러내지도 마십시오.

2단계: 자신의 생각을 지지하지 않는 증거를 찾아보십시오

죠지가 긍정 평가의 우세를 무시했던 것처럼 당신의 생각이 무시하고 있는 게 하나라도 있나요? 또는 죠지가 긍정 평가를 받은 걸 알면서도 그걸 그저 '단지 몇 명'에 불과하고 그들이 '그저 점잖아서'라고 생각했듯이, 당신은 증거가 지닌 긍정적 측면을 인정하면서도 그걸 가볍게 여기고 있지 않나요? 죠지는 긍정 평가와 부정 평가의 숫자를 세어봄으로써 객관적인 측정치를 얻을 수 있었습니다. 당신은 또한 자신과 같은 상황에 처한 친구에게 무어라고 이야기할지 생각해볼 수도 있습니다. 당신은 그들이 무엇을 무시하고 있을 가능성이 있다고 지적해줄까요?

3단계: 자신의 생각에서 있을 수 있는 오류를 찾아보십시오

다음으로 당신의 처음 생각을 자신이 모은 증거들과 비교해보십시오. 80~81쪽의 목록에서와 같은 생각의 어떤 오류를 찾을 수 있나요? 사실을 제대로 파악하고는 있지만 그 의미를 잘못 해석하고 있는지 여부를 또한 알아보십시오. 예를 들면, 죠지는 자신의 교수법을 개선해야 한다는 점에서는 옳았지만, 그 사실이 교수가 되는 경력 과정에 합류하지 못하는 걸 의미한다고 단정지었을 때 파국화 사고를 하였던 것입니다. 따라서 자신의 생각이 무엇을 단정짓고 있는지 스스로에게 자문하십시오. 그것이 사실이라 할지라도 그게 보이는 것만큼 나쁜 건가요? 자신이 발견한 오류를 모두 적어보십시오.

4단계: 상황을 바라보는 보다 정확하고 도움이 되는 방식을 파악하십시오

자신이 처음 했던 생각을 어떻게 하면 현실과 더 부합하도록 바꿀 수 있을까요? 자동적 사고에 대하여 포괄적인 자기확언이나 단순한 반박보다는, 사실에 의해 지지되는 생각을 도출하도록 주의를 기울이십시오. 예를 들면, 죠지는 "나는 정말 굉장한 선생이야"라고 말하면서 자신의 교수법에 대한 부정적인 자동적 사고를 반격하려고 시도할 수도 있었지만, 그러한 생각은 거의 아무런 의미도 없습니다. 왜냐하면 그것은 그저 의견에 불과한 것이고 죠지가 진정으로 믿고 있는 것도 아니기 때문입니다. 스스로 더 나은 생각으로 속일 필요가 없음을 기억하십시오. 그저 사실을 쫓아가면서 대안이 되는 생각 방식을 적어보십시오.

5단계: 자신의 감정과 행동에 대한 새로운 생각의 영향은 무엇이든 알아차리고 기록하십시오

새로운 생각 방식을 실습하면서 우리는 자신의 감정과 행동이 바뀌는 걸 경험하기 시작합니다. 당신이 알아차린 효과는 무엇이든 기록하십시오. 항상 그러하듯 자신에게 정직하십시오—그것이 비록 자신의 감정과 행동에 아무런 개선점도 알아차리지 못했다고 말하게 될지라도 그렇습니다. 무엇이 당신에게 효과가 있고 무엇이 없는지 아는 것은 가치 있는 일입니다.

다음 사례는 아이 넷을 두고 있는 워킹맘 케일러^{Kayla}가 엄마의 65세 생신에 전화하는 걸 잊어버렸을 때 이러한 접근방법을 어떻게 활용하였는지 보여줍니다.

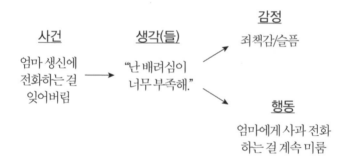

내 생각의 증거	내 생각에 반하는 증거
• 엄마 생신에 전화하는 걸 잊어 버리고 말았다. • 몇 년 전에도 부모님께 기념카드를 보내드리는 걸 잊어버렸다. • 난 친구들의 특별한 행사들을 항상 잊어버린다.	• 난 부모님 생신 때마다 잊지 않고 전화를 드렸다. • 난 친구들 생일에 자주 좋은 선물을 주곤 한다. • 엄마 생신날에 아픈 딸을 의사에게 데려가느라 바빴다. • 난 엄마의 감정을 상하게 했을 수도 있는 것에 대해 현재 많은 생각을 하고 있다. • 난 엄마 생신에 전화할 생각을 했지만, 그때는 그럴 수 없었다.

내 생각에 어떤 오류가 있었나?

과잉 일반화 - 나는 이러한 한 번의 실수가 나라는 인간 전체를 규정한다고 단정지었다.

이 상황을 바라보는 보다 정확하고 도움이 되는 방식은 무엇인가?

나는 직장 일이 많았고 딸이 아파서 돌보느라 바빴어. 그리고 정말 엄마에게 전화할 생각이었어. 앞으로는 쉽게 잊어버리지 않게 일정을 잘 기록해놓을 수 있어. 하지만 어쨌든 요점은, 그런 실수가 세상의 종말은 아니라는 사실, 그리고 내가 마침내 엄마에게 전화했을 때 엄마는 그 상황을 너무나 잘 이해해주셨어.

새로운 생각의 효과는 무엇인가?

나는 더 이상 죄책감이나 슬픔을 느끼지 않아. 그리고 내가 다른 사람들을 위하여 행한 훌륭한 일들을 기억하면 기분이 좋아져.

이러한 작업의 실행 초기에는 기록 실습의 구조를 따라가는 게 최선입니다. 실습을 거듭해서 해가면 우리의 생각에 대한 공식적인 기록행위를 제쳐놓고도 실시간으로 생각의 오류를 잡아내고 수정하는 걸 간단하게 해낼 수 있게 됩니다.

4장 요약 및 과제

이번 장은 우리의 부정적인 생각 패턴들을 알아차리고 깨뜨리는 중요한 기술들을 소개하였습니다. 단서를 찾아내고 주의를 기울여 경청함으로써 당신의 마음이 자신에게 말하고 있는 것들을 찾아낼 수 있는 방법을 배웠습니다. 또한 현실에 반하는 그러한 생각들을 검증하기 위한 계획도 검토하였습니다.

실습을 해나감에 따라 당신의 생각에 반복적인 주제가 떠오르는 걸 발견할 수도 있을 겁니다. 이러한 주제들은 부정적인 자동적 사고들을 일으키는 기저의 신념들이 있다는 증거입니다. 이는 우리가 다음 장에서 논의할 주제입니다.

이제 당신이 다음과 같은 행동 단계를 취하도록 초대하고자 합니다.

1. 부정적인 자동적 사고가 작동하고 있을 수도 있는 단서에 주의를 기울이십시오. 예: 갑작스러운 기분의 저하

2. 부정적인 자동적 사고를 기록하는 실습을 84쪽에 있는 양식지를 활용하여 해보십시오.

3. 실제로 자신에게 고통을 안겨주는 생각들을 깊게 파고들어갈 필요가

있을 경우 하향식 화살 기법을 통해 따라가십시오.

4. 자신의 생각들을 파악하는 것을 편안하게 느끼게 되었다면, 그러한 생각들의 정확성을 검증하기 위하여 5단계 계획을 활용하십시오.

5. 자신의 생각들을 알아차리고 명료화하는 것을 해내면, 그러한 생각의 순간에 그렇게 해가는 걸 시작해보십시오. 양식지에 적을 필요는 없습니다.

6. 보다 더 어려운 생각들에 대해 필요할 경우 또는 당신의 실습을 조정하여 향상시키고자 할 경우 전체 과정을 기록하는 기법으로 돌아가도록 하십시오.

내 생각의 증거	내 생각에 반하는 증거

내 생각에 어떤 오류가 있었나?

이 상황을 바라보는 보다 정확하고 도움이 되는 방식은 무엇인가?

새로운 생각의 효과는 무엇인가?

자신의 부정적인
핵심 신념을
파악하고 바꾸기

CHAPTER 05
자신의 부정적인 핵심 신념을 파악하고 바꾸기

4장에서 우리는 부정적인 자동적 사고를 찾아내고 바꾸는 방법들을 살펴보았습니다. CBT를 처음 접한다면, 이번 5장을 진행하기 전에 반드시 4장을 읽어볼 것을 권합니다. 이번 장에서 우리는 그렇게 부정적인 생각으로 몰아가는 것들이 무엇인지 탐색할 것입니다. 우리의 마음은 왜 그러한 생각 패턴을 그렇게 빠르고 손쉽게 만들어내는 걸까요? 우리는 사고 과정의 성격에 대해 보다 깊게 탐구할 것입니다. 그리고 우리가 매일 생각하는 것들의 아래에 깊숙이 자리하고 있는 믿음[신념]들이 있다는 사실, 그리고 CBT를 통해 그러한 신념들을 조정할 수 있다는 것을 알게 될 것입니다.

"괜찮으시면 지퍼 좀 올려줄래요?" 휴일 파티 준비를 마치고서 모라Maura는 사이먼Simon에게 부탁했습니다. 그는 지퍼를 올리고 후크를 잠그고서 "자, 됐어요"라고 말했습니다. 모라는 거울 앞으로 돌아서서 드레스를 살펴보았는데, 사이몬은 "'고마워요'라고 하면 좋을 텐데"라는 생각이 약간 안달하듯 들었습니다. 사이몬은 모라가 만든 샐러드를 자기가 들어다 줘도 될지 물어보았습니다. "물론이죠"라고 그녀는 대답하였고 사이몬은 짜증이 다시 좀 올라왔습니다. 그녀가 '부탁해요'나 '고마워요'라고 말해야 한다고 고집하는 마음이 커졌습니다. 하지만 사이몬은 모라를 위하여 해준 작은 일이 인정을 받지 못한다고 느꼈습니다. 샐러드를 차로 가져가면서 '기꺼이'라고 냉소적으로 말하고 싶은 충동을 억지로 참았습니다.

사이몬은 평소에 자신이 직장에서 얼마나 열심히 일하고 있는지 또는 그의 일이 얼마나 스트레스가 많은지 아내가 알지 못한다고 느끼고 있습니다. 그는 아내가 세 아이의 삶 속에 완전히 빠져 있고 자신에게는 시간이나 관심을 거의 기울이지 않고 있다고 봅니다. 이러한 생각과 감정들을 더 많이 알아차리게 되면서 사이몬은 직장에서 그러하듯 아이들에게도 비슷한 정서를 갖고 바라보기 시작하였습니다. 어느 날 그에게 그런 일이 일어났습니다. "잠깐만, 다른 사람들도 다 그런가? 아니면 나만 이렇게 대우받아야 한다고 느끼는 경향이 있는 건가?"

사이몬은 핵심 신념core belief의 존재를 알아차리기 시작하였습니다. 심리학자인 주디스 벡Judith S. Beck(아론 벡 박사의 따님)은 핵심 신념을 "가장 근본적인 신념 수준으로서 전반적이고 완고하며 과잉 일반화한 것"으로 정의합니다. 달리 말하면, 핵심 신념은 우리가 세상을 어떻게 바라보는가 하는 것의 토대를 형성합니다.

핵심 신념이라는 개념은 **우리의 부정적인 자동적 사고가 임의적이지 않다**는 사실을 잘 보여줍니다. 우리가 자신의 마음이 실행하고 있는 것들에 주의를 기울인다면, 몇 번이고 반복되고 있는 주제들을 발견할 수 있을 겁니다. 구체적인 주제는 우리 각자마다 변화무쌍할 겁니다. 우리를 촉발하는 상황들에 대한 전형적인 반응에서 우리 자신의 핵심 신념이 드러나게 될 겁니다.

핵심 신념은 라디오 방송국과 같습니다―노래는 다를 수 있지만, 같은 장르에 속하는 거죠. 컨트리, 재즈, 힙합 또는 고전음악. 어떤 방송국을 선택했을 때 당신은 어떤 종류의 노래를 듣게 될지 알고 있습니다. 같은 방식으로 우리의 핵심 신념은 예측 가능한 생각들에 대한 단서를 알려줍니다. 예를 들면, 사이먼이 인정받지 못하는 것에 대해 갖고 있는 핵심 신념은 타인들이 감사를 표하지 않는 것에 대하여 부정적인 자동적 사고를 촉발합니다.

당신의 마음이 종종 연출하는 '음악 트랙tracks'을 알아차림으로써 얼마나 자주 거기에 채널을 맞추는가를 발견하게 됩니다. 실습을 해가면서 그 방송국을 바꾸는 능력을 계발할 수 있게 됩니다.

우리는 왜 핵심 신념을 지니게 되는가?

우리의 뇌는 믿을 수 없이 많은 양의 정보를 처리해야 합니다. 당신이 친구를 만나기로 한 식당을 대도시의 길거리를 걸으면서 찾고 있는 걸 상상해보십시오. 식당에 들어갔을 때 무수한 자극들이―어떤 사람들은 서 있고, 어떤 사람들은 앉아 있고, 여러 형태의 방들이 있는 등―당신의 감각기관들에 퍼부어질 것입니다. 그러한 각각의 자극들을 당신이 의식적으로 처리해야 한다면, 그러한 환경을 파악하기 위하여 막대한 시간이 걸릴 것입니다.

다행히도 우리의 마음은 그 상황을 재빨리 파악하도록 돕는 '지도'를 지니고 있습니다. 우리가 처음으로 식당에 간 게 아니라는 가정을 하는 것입니다. 우리에게 인사하는 사람이 식당 주인이라는 사실을 압니다. 그래서 곧 합석하게 될 친구와 만날 거라는 사실을 설명합니다. 우리가 앉은 다음에 식당 주인이 종이 한 장을 건네주더라도 우리는 전혀 놀라지 않습니다. 그 종이가 요리와 음료수 그리고 가격을 표시하고 있음을 알기 때문입니다. 식당에서의 전체 과정은 모두 예측 가능한 방식으로 진행될 것이고, 음식값을 지불하고 식당 밖으로 나가며 주인에 인사를 건넬 겁니다.

이러한 사례는 우리의 뇌가 이전에 학습한 것에 기초하여 지름길을 만들어간다는 사실을 보여줍니다. 우리가 특정 경험에 대한 지식을 얻게 되면, 우리는 그러한 일을 효율적으로 처리할 수 있게 됩니다. 이러한 능력은 우리가 그러한 경험에 조직화한 지식을 부여하고, 우리의 행동을 안내하는 내적 모델internal model에 의지한다는 것을 보여줍니다.

인지심리학자들은 이러한 내적 모델을 '도식schema' 또는 '각본script'이라고 부릅니다. 하루 전반에 걸쳐 주의를 기울여본다면, 자신이 따르고 있는 그와 같은 각본들이 많이 있다는 것을 알아차리게 될 겁니다. 몇가지 열거한다면 작업을 준비하기, 음식 만들기, 자동차 운전하기, 식료품점에서 계산하기 등과 같은 것들입니다. 이러한 각본들은 종종 의식적인 생각을 필요로 하지 않는 자동적인 반응들을 일으킵니다. 라디오를 경청하면서도 차를 안전하게 운전하고 있는 것과 같은 겁니다.

아주 동일한 방식으로 우리의 마음은 정신적 구조들을 발달시키는데, 이는 거절, 성공, 실패 등과 같이 감정이 수반될 수 있는 상황들을 다루도록 도와줍니다. 예를 들면, 우리가 기차를 놓치거나 모임에 늦는 것과 같은 작은 실패를 경험하게 되면, 자신이 무책임하다고 생각하면서 죄책감과 후회의 감정으로 반응할 수도 있습니다. 우리는 그 모임에 자신감 없이 합류하면서 "미안합니다"만이 아니라 "제가 나쁜 짓을 저질렀어요"라는 의미까지 담은 말과 태도를 드러낼 수도 있습니다. 이러한 생각, 감정, 행동은 '난 미숙해'라는 핵심 신념에서 퍼져 나옵니다. 모임에 늦었다는 사실이 그러한 신념을—"보세요, 제가 얼마나 결함 있는 인간인지 보여주는 또 다른 사례입니다"라고—증명해줄 만한 이유는 되지 못합니다.

다른 핵심 신념을 유지하는 것은 아주 다른 반응의 묶음을 불러일으킬 수 있습니다. 내가 근본적인 수준에서 '난 가치 있는 사람이야'라는 믿음을 갖고 있다면, 늦은 것에 대해 후회는 하겠지만 자신의 전체적인 가치를 나타내는 것이 아님을 아마도 알 것입니다. 한 인간으로서의 나의 가치는 제시간에 도착했느냐 여부에 좌우되지 않기 때문에, 나는 직장 통근에 대해 확실히 스트레스를 덜 받게 될 겁니다. 직상 상사가 내가 늦은 것에 대해 설사 지적한다 하더라도, 내가 스스로에 대해 어떻게 느끼는지에 대해서 주요한 영향을 주지는 못할 겁니다.

때때로 우리의 핵심 신념은 타인들이 우리를 어떻게 보느냐에 대한 우리의 가정을 통해 드러납니다. 이러한 과정은 '투사projection'의 한 유형인데, 우리가 스스로에 대한 신념을 타인에게 투사하기 때문입니다. 예를 들면, 내가 실수를 저질러서 사람들이 나를 형편없는 사람으로 생각할 거라고 단정한다면, 내가 스스로를 형편없는 사람으로 단정하고 있을 가능성이 있습니다. 타인들이 당신에 대해 사실로 믿고 있을 거라고 당신이 단정하고 있는 것들에 주의를 기울임으로써 자신의 핵심 신념을 밝혀낼 수 있을 겁니다.

자신의 핵심 신념 파악하기

종종 당신에게 나타나곤 하는 부정적인 자동적 사고에 대해 생각해 보십시오. 어떤 반복적인 메시지를 알아차릴 수 있나요? 아마도 특정한 감정과 행동으로 이끄는 몇 가지 공통적인 주제를 검토할 수 있을 겁니다. 예: 상실의 감정은 우울한 생각으로 이끕니다. 그리고 4장 88쪽 참조

자신의 자동적 사고를 파악하고 바꾸려는 작업을 해왔다면, 다음의 그림에서 바깥쪽 원에 그러한 자동적 사고들을 적어볼 수 있습니다.

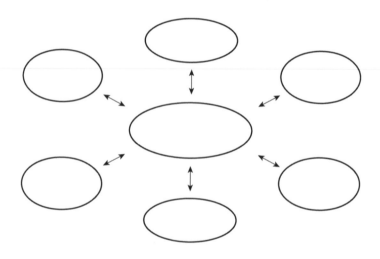

이러한 자동적 사고들을 검토하면서 그러한 생각들을 모두 묶어내는 중심이 되는 신념을 발견할 수 있나요? 그렇다면 중앙의 공간에 그 신념을 적어보세요. 예를 들어:

에스더Esther는 건강에 대해 걱정을 크게 하고 있었습니다. 그녀는 그 핵심 신념을 아래 도표로 완성하였습니다.

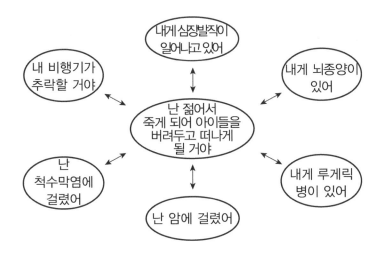

예를 들어, 에스더는 비행기를 타고 가면서 난기류에 의한 동요가 있을 때마다 추락이 임박한 걸로 해석하였습니다. 우리가 수없이 경험했던 안전한 착륙이 그녀의 비행에 대한 두려움에 반대되는 증거를 제공하므로 그 두려움을 약화시키리라 기대할 수도 있습니다. 하지만 핵심 신념은 자신의 믿음에 부합하는 정보만을 받아들이는 필터filter 역할을 합니다. 에스더는 비행을 할 때마다 '우린 추락하고 있어!'와 같은 자동적 사고를 했습니다. 이러한 자동적 사고는 때 이른 죽음을 가까스로 벗어났다는 생각을 하게 만들었습니다. 안전함을 느끼기보다는 다음번에는 그렇게 운이 좋지 않을 수도 있다는 신념을 유지하였습니다.

에스더가 학습한 것처럼, 핵심 신념과 자동적 사고는 스스로 악순환하는 방식으로 작동해서 각각 원인과 결과가 됩니다. 자신의 생각 패턴을 더 잘 알아차리게 될 때, 자신의 핵심 신념이 현실을 객관적으로 받아들이는 걸 방해하는 순간들을 주의해야 합니다. 이러한 과정은 특정한 상황들에서 생각 오류가 존재하는 것에 세심한 주의를 기울임으로써, 우리의 마음이 말하는 것 모두를 그대로 믿지 않도록 주의해야 합니다.

부정적인 핵심 신념은 우리가 기분이 좋을 때는 잠자고 있다가, 강렬한 감정에 사로잡혔을 때 나타난다는 것을 명심하십시오. 우울감을 잘 느끼는 사람들은 특히 부정적인 기분을 경험할 때 부정적인 신념이 증가할 가능성이 높고, 앞으로 우울 삽화episodes가 나타날 위험이 높아집니다. 감사하게도 우리는 자신의 마음을 훈련시켜서 재발을 막을 수 있습니다. CBT를 활용해온 사람들은 저조한 기분을 경험하는 동안에도 부정적인 사고가 약간만 증가한다는 것을 보여줍니다.

　당신은 또한 하향식 화살 기법4장 87쪽을 활용해서 자신의 핵심 신념에 도달할 수 있습니다. 각 단계에서 자신의 생각이 사실이라면 그게 무엇을 의미하는지 스스로에게 물어보십시오.

　에스더는 하향식 화살 기법을 활용해서 암에 걸렸다는 자동적 사고가 갖는 의미를 면밀하게 검토하였습니다.

생각(들)

"난 암에 걸렸어."
이 생각이 의미하는 건…

"이건 치료할 수 없어."
이 생각이 의미하는 건…

"난 이제 곧 죽게 될
거야."

"아이들을 엄마 없이
버려두고
떠나게 되고 말 거야."

핵심 신념을 탐색해볼 수 있습니다.

우리의 핵심 신념은 어디에서 오는 걸까요?

우리 중 어떤 사람들은 단지 물려받은 유전자에 기초하여 부정적인 핵심 신념을 발전시키는 경향이 있을 수도 있습니다. 부정적인 감정을 경험하는 그러한 경향 중 성격 연구자들이 '신경증적 성격 기질neuroticism' 이라 부르는 중대한 부분은 우리의 유전자에 좌우되는데, 핵심 신념이 우리의 신경증적 성격 기질의 수준과 결부되어 있다는 사실을 연구는 보여주고 있습니다. 유전적 차이가 우리가 지닌 **특정한** 핵심 신념을 설명해주는 것 같지는 않습니다. 이러한 특정한 신념들은 우리 삶에서의 경험에 좌우됩니다.

소피Sophie는 어떤 측면에서 자신이 충분히 좋은 사람이 못 된다는 감정과 끝없이 싸우고 있습니다. 유치원과 같은 어린 시절의 비슷한 감정을 기억하고 회상할 때마다 이러한 감정을 경험해왔습니다. 그녀는 어릴 때 ADHD와 분투하였고, 매우 총명하였지만 글을 읽는 건 늦었습니다. 부모님은 소피가 동급생을 따라잡을 기회를 주기 위하여 학군을 옮겨 유치원을 다시 다니게 하였습니다.

소피의 여동생 클레어Claire는 대조적으로 다섯 살이 되기 전에 글을 읽었습니다. 그리고 부모님은 클레어의 조용한 태도와 학교에서 잘 해나가는 것에 대하여 자주 칭찬하였습니다. 소피는 어른이 되어 되돌아보면서, 자신이 미숙하다는 느낌이 부분적으로 부모님에게서 느꼈던 실망감, 그리고 자신보다 클레어를 더 사랑하셨다는 믿음에 바탕을 둔 것이 아닐까 생각해봅니다.

부모의 불만이나 가벼운 놀림이라는 단일 사건이 지속적인 흔적을 남길 가능성은 없습니다. 하지만 부모가 일반적으로 대하는 패턴은 아마도 개인이 세상과 스스로를 바라보는 관점을 형성하게 될 것입니다. 그러한 사건이 충분히 외상적traumatic이었다면, 단 한 번의 삽화episode도 우리의 신념을 형성할 수 있습니다. 예를 들면, 한 번의 공격으로도 세상이 얼마나 안전한가에 대한 우리의 관점을 변화시킬 수 있습니다. 단 한 번의 배신이 타인을 신뢰하는 능력을 바꾸어버리듯 말입니다.

우리는 또한 성장할 때 목격했던 것들에 기초하여 핵심 신념을 발전시킬 수 있습니다. 예를 들어, 아버지가 재정문제와 관련하여 끝임없이 스트레스를 받는 걸 목격했다면, 경제적 어려움에 대한 핵심 신념을 발전시켰을 수 있습니다. 또는 어머니가 계속해서 조심하라는 경고를 하셨다면, 우리는 세상을 한없이 위험한 장소로 바라보는 핵심 신념을 발전시켰을 것입니다.

우리가 인생 초기에 발전시킨 핵심 신념들 중 일부는 당시에는 납득이 갈 수 있는 것이지만 지금은 유용성이 떨어집니다. 예를 들면, 학대하는 부모에게서 성장한 소년은 스스로를 방어하는 게 오히려 더 심한 학대를 초래할 거라는 걸 배웠을 수 있습니다. 그 결과 '나는 무력해'라는 핵심 신념을 발전시킵니다. 자신의 상황에서 어찌할 수 없었음을 반영하는 것이지요. 수십 년이 흘러도 이러한 신념은 지속될 수 있습니다. 비록 더 이상 무력한 어린아이가 아니더라도 말입니다.

자기 자신의 이력history에 대해 생각해볼 시간을 가져보십시오. 자신의 핵심 신념에 기여했을 법한 두드러진 사건들이 있나요? 자신이 성장할 당시 주된 가족 역동은 어떤 것들이었나요? 인생 초기에 그들은 의도적이든 아니든 당신에게 무엇을 가르쳤나요? 그리고 이러한 경험들이 세상과 타인과 스스로에 대한 당신의 관점에 어떠한 영향을 끼쳤을까요? 일지에 당신의 생각들을 적어보는 시간을 가져보십시오.

새로운 핵심 신념 구축하기

자신의 핵심 신념을 파악하고 일지에 기록한 다음에는 어떻게 그러한 신념들을 바꾸어나갈 수 있을까요? 당신이 이미 활용하고 있을 수 있는 도구 몇 가지를 생각해봅시다.

소피는 자신이 근본적으로 결함이 있는 사람이라는 핵심 신념이 전적으로 정확한 것은 아닐 수도 있다는 사실을 깨달았습니다. 그럼에도 불구하고 그게 사실이라는 느낌을 떨쳐버릴 수 없었습니다. 소피는 하나의 실험으로서 자신에 대한 부정적인 관점을 증명하거나 반증하는 데이터를 찾아보기 시작하였습니다. 그 관점을 실험적으로 다룬다는 게 호기심을 더 강렬하게 하였습니다 —그 오랜 세월 동안 그녀는 잘못된 가정을 해왔던 걸까요?

자신의 삶의 이력을 검토해보기

소피는 자신의 과거 경험들을 검토하기 시작하였는데 최소한 자신의 결점만큼이나 강점들이 있다는 증거를 발견하고서 놀랐습니다. 예를 들어, 그녀는 좋은 대학에 입학하는 걸 잘 해냈고고등학교 성적이 뛰어나지는 않았지만, 대학을 우등생으로 졸업하였습니다.

소피는 "내가 아주 열심히 공부했기 때문에" 성적이 잘 나왔을 뿐이라고 말함으로써 대학에서의 뛰어난 성취를 스스로 깎아내리고 있는 자신을 발견하였습니다. 이러한 낡은 부정적 필터를 사용하는 자신을 알아차렸을 때 그녀는 자신의 또 다른 강점을 —자신이 열심히 일하는 사람이라는 강점을— 파악해냈다는 사실을 깨달았습니다.

자신의 삶의 이력을 회상해보시기 바랍니다. 어떤 증거가 당신의 핵심 신념을 뒷받침하나요? 그것과 상반되는 증거가 있나요? 양식지에 자신의 반응을 기록하십시오. 자신의 핵심 신념이 사건들에 대한 기억이나 해석을 편향시키고 있는지 주의해서 알아차려보십시오. 예를 들어, 실패자라는 핵심 신념이 당신으로 하여금 실망스러운 것들을 완전히 당신 자신의 잘못으로 해석하게 만들고 있나요? 이 실습을 가능한 한 최대한 자신의 신념에 대한 공정한 검증이 되도록 해보십시오.

자신이 완성한 양식지를 살펴보면서 자신이 지닌 핵심 신념의 정확성에 대해 어떤 결론을 이끌어낼 수 있나요? 그 어떤 생각의 오류에—흑백논리와 같은[80~81쪽 참조] 것에—기초한 것인가요?

핵심 신념: _____

_____

신념을 지지하는 증거:	신념에 반대되는 증거:
_____	_____
_____	_____
_____	_____
_____	_____

내가 지닌 핵심 신념의 정확성:

_____

_____

_____

대안적인 신념:

_____

_____

_____

자동적 사고와 마찬가지로 더 현실적인 신념을 파악할 수 있는지 살펴보십시오. 과잉 보상 차원에서 '나는 믿기 힘들 정도로 유능해'와 같이 극단적으로 긍정적인 신념을 일부러 내놓으려고 할 필요는 없습니다. 이는 사실에 기초한 것이 아니어서 믿기 힘듭니다. 소피는 '내게는 강점이 많이 있어'라고 제시하였습니다. 그녀에게 이것은 긍정적일 뿐만 아니라 납득할 만한 것으로 보였습니다.

아울러 자신의 대안적인 신념을 사실처럼 느끼기 어려운 때가 있더라도 걱정하지 마십시오. 부정적인 핵심 신념은 끈질길 수 있고, 그것을 수정하는 것은 시간과 반복이 필요합니다.

현재의 증거를 검증하기

현재 시점에서 우리의 부정적인 핵심 신념에 대하여 유사한 검증을 해볼 수 있습니다. 동일한 양식을 활용하여 자신의 신념을 지지하는 증거와 상반되는 증거를 하루 동안 계속해서 기록해볼 수 있습니다. 하루를 마칠 무렵 자신의 기록지를 살펴보고 그 데이터를 면밀히 검토해보십시오―당신의 신념에 대한 증거가 얼마나 강력한가요? 언제나 그렇듯 스스로 그 어떤 것도 믿도록 강요할 필요는 없습니다. 당신의 생각을 새로운 방향으로 훈련하는 데는 시간이 걸립니다.

긍정적인 것들을 실습하기

우리가 파악하는 부정적인 핵심 신념들은 우리의 생각, 감정, 행동을 물들일 무수한 기회들을 가져왔습니다. 이러한 신념들을 바꾸는 것은 정확성을 검증하는 것뿐만 아니라 새롭게 생각하는 방식을 배우는 식으

CBT에서 '퍽 돌리기'cycling the puck'

제가 처음 CBT에 대해 배울 때 심리학자 드루버스 박사가 저의 수련감독자였습니다. 박사님은 독창적인 작업을 통해 CBT와 약물치료가 우울 치료에서 동일한 효과를 보인다는 걸 증명하였습니다.이 책의 추천사도 써주셨습니다 드루버스 박사는 '퍽 돌리기'라고 부르는 은유를 통해 CBT에서 생각이 어떻게 변화하는지를 알려주셨습니다. 하키 선수들은 공격 구역에서 득점 기회를 찾기 위해 퍽을 돌립니다 — 움직임을 유지하면서 서로에게 계속 패스를 합니다.

CBT에서의 '퍽'은 우리의 핵심 신념을 반증하는 증거이고, 우리는 그 핵심 신념이 사실이 아니라는 걸 보여주는 정보를 반복적으로 숙고함으로써 '퍽'을 돌리는 것입니다. 골을 넣는다는 건 우리 마음이 그러한 증거를 받아들이고 그 핵심 신념을 변화시키는 것입니다. 정신적으로 뭔가 번쩍했을 때 — 순간적으로 '아하' 하고 느꼈을 때와 같이 그 증거를 이해하고 받아들이게 될 겁니다.

이러한 순간들은 드루버스 박사와 동료들이 CBT에서의 '급성호전 sudden gain'이라고 불렀던 것과 연관됩니다 — 이때 우울 증상의 심각도가 갑작스레 떨어지는 걸 볼 수 있습니다. 이러한 급성호전은 미래의 재발 가능성이 보다 낮아지는 것과도 연관됩니다. 이는 인지적인 변화가 보호 효과를 발휘한다는 사실을 증명합니다.

로 지속적인 실천을 해나가야 합니다. 자신의 낡은 신념들이 모순으로 가득 차있을 경우 무엇으로 그것들을 대체할까요? 우리는 보다 건강한 핵심 신념을 지지해줄 새로운 생각 방식들을 실천해야 합니다.

긍정적인 것들과 함께 이끌어가세요

우리의 마음이 특정 상황에서 어떻게 반응하는지 알아가기 시작할 때, 우리는 자신의 자동적 사고를 예측할 수 있게 됩니다.

웬디Wendy는 직무의 일환으로서 종종 발표를 하게 되는데, 청중들이 자신에 대해 탐탁치 않게 여길 거라고 항상 예상하곤 하는 자신을 알고 있었습니다. 그녀는 자신의 핵심 신념을 "난 호감을 얻지 못해"로 파악하였고, 이는 그녀가 발표를 할 때 하나의 필터로서 작동하였습니다. 그녀의 마음은 청중의 미묘한 움직임들 모두를 자신을 싫어하는 증거로 해석하였습니다. 예를 들어, 누군가 팔짱을 끼면 청중이 짜증을 내기 시작한 거라고 단정을 지었습니다.

발표를 할 때 자신의 마음이 어떻게 작동할지 알게 되자, 웬디는 자신의 부정적인 자동적 사고가 나타날 때까지 기다릴 필요가 없게 되었습니다. 그 대신 그녀는 주의 깊은 계획을 통하여 자신의 반응을 통제할 수 있게 되었습니다. 웬디는 발표를 하기 전에 아래의 양식지를 완성하였습니다.

상황: 발표하기

관련된 핵심 신념: 난 호감을 얻지 못해

보다 현실적인 핵심 신념: 나를 아는 대부분의 사람들은 날 정말 좋아하는 것 같아

있음직한 자동적 사고	합리적인 반응
그들은 지루해하고 있어.	참여자들은 내 발표가 흥미롭다고 지속적으로 평가하고 있어.
그들은 내가 이 주제에 대해 아무것도 모른다고 말할 수 있어.	내 발표가 견문을 넓혀준다는 이야기를 종종 듣고 있어.
그들이 혼란스러워하는 것 같아.	사람들은 내 발표가 명료한 점에 대해 종종 칭찬하곤 해.
난 무능한 발표자야.	상사는 우리 부서에서 내가 최고의 발표자라고 생각하고 있어.
그들은 [내게서] 배워가는 게 없어.	사람들은 내 강의에서 얼마나 많이 배웠는지를 종종 내게 말해줘.

웬디는 최근에 발표를 하기 전에 자신이 작성했던 기록지를 다시 들여다보았습니다. 그녀는 대안적인 핵심 신념을 상기하였고, 자신의 부정적인 자동적 사고에 대한 합리적인 반응을 읽어보면서, 각 항목에 멈추어서 이러한 정확한 관찰들과 연결해보는 시간을 잠시 가졌습니다. 그녀는 발표를 시작하였을 때, 자신이 사람들이 좋아하는 강렬하고 견문을 넓혀주는 발표를 한다는 사실이 적혀 있는 덧셈 칸plus column, '합리적인 반응'에 집중하였습니다. 그녀는 또한 자신의 핵심 신념이 나타나 고개를 돌려 자신을 바라보아도 자신은 거들떠보지도 않겠다고 마음에 새겼습니다.

당신은 웬디가 자신에게 도움이 되는 생각 패턴을 실습하기 위하여 사용하였던 양식지를 활용할 수 있습니다. 자신이 전반적인 긍정적 확언보다 훨씬 더 많이 정교하게 만들 수 있다는 사실을 명심하세요. 자신을 고통스럽게 해왔던 문제 있는 패턴들에 특정해서 맞춘 생각들을 당신은 만들어낼 수 있습니다.

자신의 부정적인 핵심 신념에 상반되는 증거가 가장 필요할 때—우리의 부정적인 핵심 신념이 활성화하였을 때 그리고 우리에게 부정적인 자동적 사고들이 퍼부어질 때—그러한 증거를 내놓는 게 특히 어렵습니다. 이러한 이유 때문에 자신에게 예상되는 생각들을 다루기 위한 계획을 기록해놓는 것이 중요합니다. 당신의 계획을 색인 카드 또는 주디스 벡 박사가 칭한 '대처 카드'를 작성하는 게 가장 편리합니다.

도전적인 상황에 들어가기 전에, 더 실제적인 핵심 신념의 증거를 검토하십시오. 당신은 이렇게 더 정확한 사고방식을 아침에 일어났을 때와 밤에 잠자리에 들기 전에—이 두 경우가 우리의 마음이 부정적인 자동적 사고를 곱씹을 수 있을 때—시연해볼 수 있습니다. 이러한 선제적인 접근방법은 언제나 방어 역할을 하는 것에 대한 대안이 됩니다. 그리고 핵심 신념을 강화하기보다는 조금씩 약화시킬 수 있는 효과적인 수단이 될 수 있습니다.

잘 진행되는 것들을 계속해서 기록해보세요

우리 삶에서 긍정적인 사건들에 대해 생각해볼 시간을 갖는 것의 유익에 대해서 많은 연구들이 그 증거를 보여주었습니다. 이 실습은 잘 진행된 세 가지를 매일 끝날 무렵에 그저 기록해보는 것입니다. 그리고 나서 그것들이 **어째서** 잘 진행되었는지 적어보는 것입니다. 그저 운이 좋았나? 내가 행한 것 때문인가? 다른 사람이 해준 것 때문인가? 이 실습을 계속해서 완수한다면 행복감을 더 많이 느끼게 되고 우울은 덜 느끼게 됩니다.

이 작업은 또한 당신의 부정적인 핵심 신념에 반대되는 증거를 찾을 수 있는 기회를 많이 제공합니다. 예를 들면, '난 뭐든 제대로 하는 게 없어'라고 믿는 어떤 여성은 어려운 업무 과제를 성공적으로 해결했다는 사실을—그녀의 핵심 신념에 상반되는 사실을—발견할 수도 있습니다.

어깨를 으쓱하고 털어버리세요

우리가 부정적인 핵심 신념을 파악하게 되면, 우리는 여러 유형의 생각들에 대해 상당히 좋은 아이디어를 얻게 될 겁니다. 실습을 해가면서 우리는 부정적인 자동적 사고를 덜 진지하게 여길 수 있게 됩니다. 초기에는 그러한 생각을 깊이 탐구하고, 적어보고, 증거를 찾아보는 등의 작업이 필수적입니다—이에 대해서는 전체적으로 4장에서 다루었습니다.

그리고 나서 우리는 그러한 자동적 사고가 진실을 이야기하지 않는다는 것을 확실하게 알게 되는 시점에 도달합니다. 그 지점에서 우리는 그러한 생각들을 빨리 무시할 수 있게 됩니다. 그 결과 그러한 생각들에 합당한 최소한의 주의만 기울이게 됩니다.

그러한 자동적 사고들에 대해 어깨를 으쓱하고 털어버리기 위해 미리 정해놓은 구절이 있는 게 도움이 된다는 사실을 대부분의 사람들은 알고 있습니다. 당신이 감을 잡을 수 있도록 여기에 몇 가지 사례를 소개합니다. 자신의 목소리와 스타일에 맞는 구절을 찾는 게 중요합니다.

- 오, 다시 왔어?
- 하하, 알았어.
- 오, 아니야, 넌 아니야.
- 난 그 말에 속지 않을 거야.
- 얼마나 바보스러운 생각인가!
- 내가 정말 그걸 믿었다니 웃기는군.

주의 한 가지: 자기 비난이 느껴지는 구절은 사용하지 않도록 조심하십시오. 이러한 실습이 벌 받는 것으로 느껴져서는 안 됩니다.

부정적인 생각을 덜 진지하게 받아들이기 시작하면서 우리는 자신의 생각들과 다른 관계를 형성해가기 시작합니다. 다음 장에서는 마음챙김에 대한 원칙과 실행에 대해 알아가면서 그러한 개념에 대해 보다 더 자세하게 다루게 됩니다.

5장 요약 및 과제

이번 장에서 우리는 4장에서의 실습을 토대로 핵심 신념들을 파악하고 이에 도전하는 작업을 하였습니다. 우리는 이러한 신념들이 이중 임무를 띠고 있다는 것을 알았습니다―부정적인 자동적 사고를 초래할 뿐만 아니라 그러한 자동적 사고를 객관적으로 평가하는 우리의 역량을 방해할 수 있는 정신적 필터를 만들어낸다는 것입니다. 우리의 핵심 신념들을 바꾸는 게 쉬운 일은 아니고, 그러한 작업을 위해서는 끈질긴 실천이 필요합니다. 이렇듯 깊숙이 박혀 있는 신념들을 바꾸어가는 과정에서 스스로에 대해 인내심을 발휘해주세요.

이번 장의 과제는 당신의 핵심 신념들을 파악하고 바꾸는 여러 기법들을 활용해보는 것입니다.

1. 자신의 부정적인 자동적 사고에서 반복되는 주제들에 대해 주목하세요.

2. 하향식 화살 기법을 활용하여 자신의 자동적 사고를 탐색해보세요.

3. 자신의 핵심 신념을 만들어냈을 수도 있는 과거의 여러 측면들을 검토해보세요.

4. 자신의 핵심 신념을 지지하거나 지지하지 않는 자신의 과거와 현재의 증거를 검증해보세요.

5. 자신의 핵심 신념과 관련된 자동적 사고를 촉발할 가능성이 높은 상황에서 긍정적인 생각과 신념으로 주도하는 실습을 해보세요.

6. 잘 진행된 것들 세 가지와 그 이유를 매일 기록해보세요.

7. 시간이 지나면서 마침내 당신은 부정확한 생각들에 대해 그저 어깨를 으쓱하고 자신의 길로 계속해서 나아가는 방향으로 바뀌어갈 수 있습니다.

CHAPTER
06

마음챙김
유지하기

마음챙김
유지하기

이번 장에서 우리는 마음챙김mindfulness을 깊이 있게 다룹니다. CBT에서 '제3의 물결'인 마음챙김은 인지 및 행동과 함께 중요합니다. 마음챙김은 우리가 힘든 감정을 다룰 때 균형을 잡아주는 강력한 방법으로서 지난 수십 년 사이에 떠오르기 시작하였습니다.

매트Matt는 이 이상으로 어떻게 더 할 수 있을지 몰랐습니다. 지난 며칠 밤 동안 갓난아기인 딸을 흔들어주기보다는 침대에 뉘어 잠들게 하려고 노력했지만 바라는 대로 잘 되지는 않았습니다.

'얘는 이제 자야할 때야'라고 마음속으로 생각했지만 아기는 끝없이 옹알거렸습니다. 딸이 다시 진정되어 아기 방에 들어갔고 방을 나올 때쯤에는 거의 잠들었다고 생각했습니다. 하지만 잠시 후 아기 모니터를 통해 분명히 깨어난 소리를 들었습니다. 몇 분 후 옹알거림은 울음으로 바뀌었습니다. 매트는 딸을 다시

달래야 했습니다.

머리를 흔들며 딸의 방으로 들어가면서 딸이 자신의 초조함을 알아채지 못하길 바랐습니다. 마침내 평화로운 가운데 TV 쇼를 시청할 수 있기를 고대하면서, 매트는 어둠 속에서 딸의 등을 다독이는 가운데 초조하게 눈을 굴리며 이를 갈았습니다.

마음챙김이란?

당신의 마음이 하고 있는 것에 주의를 기울이게 되면 두 가지 유력한 경향을 알아차릴 수 있습니다.

1. 마음은 지금 현재 일어나고 있는 일들보다 다른 것들에 집중하고 있습니다. 우리는 대부분의 시간 동안 이미 일어났던 일이나 앞으로 일어날 일에 대해 생각하고 있습니다. 따라서 종종 우리의 안녕감well-being은 현재의 순간과 거의 관련 없는 것들에 의해 영향을 받게 됩니다.

2. 마음은 우리의 현실을 좋거나 나쁜 것으로 끝없이 평가합니다. 우리가 원하는 상황이냐 아니냐에 따라 평가하는 것입니다. 우리가 좋아하는 상황에 매달리려 하고 싫어하는 상황은 밀어내려 합니다.

이러한 경향은 인간으로서 존재하는 현실의 일부입니다. 이러한 경향은 또한 우리에게 문젯거리와 불필요한 고통을 일으킵니다. 미래에 집중하는 것은 걱정과 불안을 초래할 수 있고, 그러한 것들 대부분은 결코 일어나지 않을 일들입니다. 과거의 일들을 되새김질함으로써 더 이상 우리가 통제할 수 없는 것들에 대하여 정신적 고통distress을 겪게 되고 후회를 하게 될 뿐입니다.

그러한 과정에서 우리는 매 순간 제공되는, 일생에 한 번뿐인 경험들을 놓치게 됩니다. 바로 지금 여기에 존재하는 우리 주변의 사람들을, 주위의 자연이 지닌 아름다움을, 또는 눈에 보이는 것들, 들리는 소리, 몸의 느낌들을 진정으로 받아들이지 못하게 됩니다.

우리에게 이로운지 아닌지 지속적이고 자동적으로 판단을 내리고자 하는 노력은 또한 불필요한 고통을 만들어냅니다. 우리는 종종 싫어하는 것들에 저항하게 됩니다―그러한 저항이 효과가 없을 때조차 그렇습니다. 날씨에 대해 분노를 표출하는 게 그 완벽한 사례입니다―아무리 저주를 퍼부어도 비는 그치지 않을 것이고, 우리는 그 과정에서 좌절을 경험할 뿐입니다.

마음챙김을 실천하는 것은 이러한 두 가지 습관 모두에 대한 해독제가 됩니다.

현존_{presence}

마음챙김은 우리가 현재를 알아차리는 것처럼 단순합니다. 그게 전부입니다. 당신이 개를 산책시키고 있다면 개와 함께하는 경험에 주의를 기울이십시오. 점심 식사를 하고 있다면 점심을 먹는 것에 집중하십시오. 파트너와 말다툼을 하고 있다거나 또는 나중에 파트너와 포옹을 하게 된다면 그러한 경험 속에 온전히 존재하십시오.

마음챙김을 배울 때 사람들은 때때로 이렇게 말하곤 합니다. "개를 산책시키고 있다는 건 이미 **알고** 있어요. 내가 점심을 먹고 있다는 걸 알고 있다니까요. 그게 어떻게 도움이 된다는 건가요?" 하지만 마음챙김은 우리가 무언가를 하고 있다는 **사실을** 아는 것 그 이상입니다. 그것은 보다 깊이 들어가는 것이고, 의도적으로 자신의 경험과의 연결을 촉진하는 것입니다. 우리는 **단지** 개를 산책시키는 게 아닙니다—하늘의 색깔, 발 아래 대지가 우리에게 주는 느낌, 우리 집 개가 내는 소리, 그리고 이따금씩 끈이 당겨지는 감촉을 우리는 알아차립니다. 마음챙김은 우리가 보통 놓치곤 하는 경험의 요소들에 의식을 열어주는 것입니다.

동시에 마음챙김 접근은 우리가 참여하고 있는 것들에 그 어떤 것도 추가하는 것을 필요로 하지 않습니다. 우리가 달리고 있다면, 우리는 달리고 있는 것입니다. 우리가 운전하고 있다면, 운전하고 있는 것입니다. 사람들은 때때로 특정 상황에서 마음챙김하게 되면 주의가 산만해지고, 심지어 위험해진다고 항변을 합니다. 사실은 그 반대가 진실입니다—우리가 지금 하고 있는 것에 주의를 기울일 때 더 안전하고 덜 산만해집니다.

우리가 삶에서 그저 현존할 때 즉각 두 가지를 성취할 수 있습니다. 첫째, 현재 일어나고 있는 것에서 더 많은 것을 얻을 수 있게 되어서, 삶을 몽유병자처럼 살지 않게 됩니다. 우리의 현실 속에서—아주 평범한 활동들 속에서조차 풍요로움을 발견해낼 수 있게 됩니다. 둘째, 우리가 현존하게 되면, 과거를 되새김질하거나 미래를 두려워하거나 하지 않게 됩니다—이는 마음챙김을 실천하는 것이 어째서 불안이나 우울을 감소시키는지에 대하여 많은 부분을 설명해줍니다.

그래서 우리가 느끼는 불행감의 많은 부분은 지금 이 순간에 실재하는 것과는 아무 상관없는 것들에서 생겨납니다. 예를 들면, 어느 날 저는 기차역에서 집으로 걸어가고 있었는데, 아이들의 건강에 대해 생각을 하기 시작하였습니다. 미처 알아차리기도 전에 저는 아이 하나가 무척 아프게 되는 비극적인 시나리오를 상상하기 시작했는데, 그게 이미 일어나고 있는 일인 양 불안해지고 슬퍼지기 시작했습니다. 갑자기 생각을 멈추고 현재로 돌아오게 되자, 저는 무엇이 실제 현실인지 알아차리게 되었습니다. 해는 길어졌고, 새는 날아다니고, 잔디는 초록빛을 띠고, 하늘은 푸르렀습니다. 제가 알고 있는 한 우리 아이들은 건강했습니다. 아이들을 보기 위해 집으로 향하면서 그러한 깨달음에 미소를 아니 지을 수 없었습니다.

"현재를 경험하는 방법은 삶에서 바로 지금 이 순간이, 바로 이 시점이 언제나 중요한 순간이라는 사실을 알아차리는 것이다."

― 초감 트룽파 『샴발라: 전사의 신성한 길』 중에서

받아들임[수용]acceptance

마음을 챙기는 알아차림의 두 번째 핵심 사항은 수용 또는 받아들임입니다. 이는 펼쳐지는 경험들에 대하여 우리가 열려 있는 상태를 의미합니다.

매트는 이틀 밤을 매우 힘들게 지내고 나서 딸의 취침 시간에 대하여 새로운 관점이 필요하다는 사실을 깨닫게 되었습니다. 다음 날 밤에 이전과 다른 접근을 해보기로 하였습니다 ― 그날 밤이 어떤 식으로 펼쳐지든 그대로 두면 어떻게 될까? 자신이 저항한다고 사태가 개선되지는 않는 것 같았기 때문입니다. 즉, 그런 방식은 매일 밤 아기를 향하여 좌절감만 느끼게 할 뿐이었습니다. 그는 아기가 잠들도록 최선을 다하되, 잠드는 시점을 통제하려는 강렬한 집착을 놓아버리기로 하였습니다.

딸이 울기 시작한 처음 시점에 매트는 아이 방에 들어가기 전에 숨을 가다듬었습니다. 마음속으로 "짜증나" 또는 "한심해"라고 말하는 대신, '이건 바로 지금 일어나고 있는 일이야'라고 생각했습니다. 그리고 나서 그러한 진술이 무슨 의미인지 생각해보았습니다 — 그는 지금 딸아이의 침대 옆에 서 있었고, 더할 나위 없이 딸을 사랑하고 있습니다. 그는 자신의 손바닥만 한 딸의 작은 등을 토닥이고 있었습니다. 그는 딸의 호흡이 느려지는 것을 들을 수 있었습니다. 자신이 그 순간에 그 어떤 것에 대해서도 전혀 불평하지 않고 있음을 깨달았습니다. 그는 춥거나 갈증을 느끼거나 위험을 느끼지도 않았습니다. 딸아이는 건강했습니다. 그저 아직 잠들지 않았을 뿐입니다. 상황은 마땅히 있어야 할 그대로 정확히 존재하는 것으로 보였습니다.

매트의 사례는 마음챙김하는 수용의 중요하면서도 당연한 결과 corollaries를 보여줍니다. 첫째, 사태가 어떻게 전개될지에 대한 선호를 우리가 갖지 않는다는 걸 의미하는 건 아닙니다. 매트는 물론 여전히 아기가 빨리 쉽게 잠들기를 바라고, 긴장을 풀 수 있는 저녁시간을 더 많이 갖길 바랍니다. 받아들임은 그러한 선호를 보다 가볍게 여기는 걸 의미하며, 자신이 원하는 시간에 딸이 잠들지 않는다고 크게 잘못된 것처럼 여기지 않는 것입니다.

따라서 매트는 아내와 함께 합의한, 딸이 자기 침대에서 자도록 정한 시간을 따르는 걸 포기하거나 중단하지 않았습니다. 딸의 수면 시간을 통제할 수 없음을 알면서도 자신의 계획을 밀고 나가 예측 가능성과 일관성을 제공하였습니다.

실제의 상황에 맞서 싸우는 걸 멈추게 되면, 우리가 받는 스트레스의 상당 부분을 줄일 수 있습니다. 저의 경력 초기에 매우 까다로운 수련감독자가 있었는데, 그녀가 얼마나 비합리적인가라는 관점을 스스로 정당화하려는 생각에 빠져 있는 자신을 종종 발견하곤 했습니다. 마침내 저는 그녀가 그저 이해하기 곤란한 사람일 뿐, 거기에 뭔가 덧붙일 필요가 없다는 사실을 받아들이기에 이르렀습니다. 저의 수용이 그녀의 행동을 바꾸지는 못했지만, 그녀가 뭔가 놀라운 일을 저지르고 있는 양 제가 행동하는 것에서 자유롭게 되었습니다. 그녀는 그저 예상되는 방식대로 존재하고 있었습니다.

받아들임은 우리 앞에 놓여 있는 사실facts에 대해 적정하게 반응할 수 있도록 해준다는 점에서 중요한 역할을 합니다. 제가 감독자의 기질을 수용하고 나자 제가 다른 일자리를 찾아야 한다는 사실이 명확해졌습니다. 그리고 이것은 수용과 무관심을 구분하는 것의 중요성을 보여줍니다.

마음챙김이 주는 유익

마음챙김을 훈련하게 되면 광범위한 정신 건강 영역에서 도움을 얻을 수 있습니다. 그중 일부를 열거하면 불안, 주의력 결핍/과잉행동 장애 ADHD, 만성 통증, 우울, 섭식장애, 과도한 분노, 불면증, 강박장애OCD, 대인관계 문제, 흡연 중단, 스트레스가 있습니다. 많은 치료 프로그램들이 마음챙김을 CBT와 통합하는 방식으로 개발되었습니다. 최초의 프로그램은 우울을 위한 마음챙김 기반 인지치료mindfulness-based cognitive therapy(MBCT)로서 심리학자들인 진델 시걸Zindel Segal, 존 티즈데일John Teasdale 그리고 마크 윌리엄스Mark Williams에 의해 개발되었습니다. 이들은 마음챙김의 도구들이 우울에 기여하는 몇 가지 요소를 치유하는 데 매우 적합하다고 추론하였습니다. 예를 들면, 자신의 내면 경험에 주의를 기울이는 실습을 하게 되면 우울을 경고하는 사인—부정적인 자동적 사고와 같은 것—들을 일찍 탐지할 수 있는 역량을 키울 수 있다는 것입니다.

MBCT에는 우울을 위한 전통적인 CBT의 요소들을 포함하고 있고, 마음챙김을 통합하여 재발을 방지합니다. 훈련의 대부분은 문제 있는 생각을 알아차리기 위하여 마음챙김하는 자각에 초점이 맞춰져 있습니다. MBCT는 또한 우리가 자신의 생각과 관계를 다르게 맺도록 배울 것을 강조합니다. 우리는 무언가에 반응해야 한다기보다는 그저 생각으로서 알아차리도록 배울 수 있습니다.

여러 연구에 따르면 MBCT는 이러한 목표를 달성하였습니다. 예를 들어, 티즈데일, 시걸, 윌리엄스와 그의 동료들은 한 연구에서 우울이 재발하는 사람들 가운데 MBCT 훈련을 받은 사람들은 MBCT 이외의 치료작업을 한 비교집단예: 항우울제, 기타 유형의 심리치료에 비하여 재발 위험이 거의 절반 정도 감소하였다는 사실을 발견하였습니다.

수용참여치료수용전념치료, Acceptance and Commitment Therapy(ACT)[3]는 스티븐 헤이즈Steven Hayes에 의해 개발되었는데, 이 또한 연구를 통해서 우울, 불안, 만성 통증과 같은 몇 가지 상태를 치료하는 데 효과가 있다는 지지를 강력하게 받았습니다. 명칭에서 알 수 있듯이 ACT는 우리의 경험을 수용하면서 자신이 소중히 여기는 가치들을 지지해주는 행동에 참여전념할 것을 강조하고 있습니다. 수용 기반 행동치료Acceptance-Based Behavioral Therapy는 ACT와 긴밀한 연관이 있는데, 범불안장애를 치료하기 위하여 수전 오실로Susan Orsillo와 리자베스 뢰머Lizabeth Roemer에 의해 만들어졌습니다.

---

3 'ACT'의 개발자는 '액트'로 발음해달라고 요청하고 있다. -옮긴이

그리고 경계선 성격장애경계성 인격장애 ─ 사람을 쇠약하게 만들고 치료하기 어려운 정신 건강 상태 ─ 에 대해 가장 잘 검증된 치료는 이러한 진단의 일부인 강렬한 감정을 처리하기 힘들어하는 문제를 다루기 위하여 강력한 마음챙김 요소를 포함하고 있습니다. 마음챙김은 분명 많은 심리적 문제들에 대해 유익한 효과를 제공합니다. 마음챙김 접근이 어떻게 정신 건강을 향상시키는 것일까요?

마음챙김의 역할

마음챙김 실행이 유익을 가져오는 몇 가지 방식이 있습니다.

우리의 생각과 감정에 대한 보다 많은 알아차림. 우리의 현실에 대해 개방적으로 더 많은 주의를 기울일 때 우리 스스로를 더 잘 알 수 있습니다. 우리 자신이 어떻게 생각하고 느끼고 있는지를 알아차리기 위하여 필요한 공간을 확보할 수 있게 됩니다. 그리고 현실을 있는 그대로 받아들이게 됨으로써 우리 자신의 경험을 부정하지 않게 됩니다.

우리의 감정에 대한 보다 나은 통제. 자신의 내면 경험에 대하여 보다 많이 자각하게 됨으로써 되새김질이나 원한과 같이 도움이 되지 않는 생각의 연쇄를 중단할 수 있게 됩니다. 또한 현재에 초점을 맞춤으로써 평온해지는 경향이 있는데, 이는 통제하기 힘든 감정의 장악력을 느슨하게 해줄 수 있습니다.

우리의 생각과 다른 식으로 관계맺기. 우리 마음은 계속해서 생각을 만들어냅니다. 마음챙김을 실천하면서 생각들이 오고 가도록 허용한다면 그러한 생각들을 보다 가볍게 여기기 시작하게 됩니다. 그러한 생각이 그저 우리 마음에 의해 만들어진 관념ideas이고, 반드시 어떤 의미 있는 것의 반영으로 여길 필요가 없다는 사실을 배우게 됩니다.

무조건적인 반응의 감소. 생각과 우리의 관계가 진전됨에 따라 종종 최선의 유익을 주지 못하는 경향, 즉 습관적으로 반응하는 그런 경향이 줄어들게 됩니다. 마음챙김은 우리가 처음의 충동에 따라 행동하기 전에 잠시 멈춤을 할 수 있게 해주고, 이는 우리가 품은 목표와 가치에 걸맞은 반응을 선택할 충분한 시간을 얻게 합니다.

마음챙김을 어떻게 실천할 수 있을까요?

다른 모든 습관과 마찬가지로 마음챙김을 더욱 잘 할 수 있기 위해서는 실습이 필요합니다. 주요한 마음챙김 실습 범주에는 두 가지가 있습니다. 마음챙김하는 자각에 관여하기 위하여 특별히 설계된 활동들, 그리고 우리의 일상 활동에서 마음챙김을 적용하기가 그것입니다.

공식적인 마음챙김 실습

가장 흔히 활용되는 공식적인 마음챙김 기법은 앉아서 하는 명상입니다. 그것은 일정 시간 동안 집중할 무언가를 선택하는 것, 그리고 경험이 순간순간 펼쳐질 때 그러한 경험에 개방적으로 있는 것을 포함합니다. 가장 흔히 사용되는 집중 대상은 우리의 호흡입니다—호흡은 언제나 우리와 함께 있고 언제나 현재에서 일어나고 있기 때문입니다. 불가피하게 우리의 주의는 다른 시간 다른 장소로 미끄러지거나, 우리가 마음챙김을 하는 방식이나 우리가 명상을 좋아하는지 여부에 대하여 판단을 개입시키기 시작할 수 있습니다. 우리가 초점을 잃었을 때, 목표로 했던 것으로 단순히 다시 돌아가는 것이 이 실습의 의도입니다. 우리 마음이 방황하는 것을 비난하지 않고 우리의 현재 순간으로 되돌아오는 것에 초점을 두는 것이 명상의 본질입니다.

다른 흔한 명상 유형들은 몸의 감각바디스캔body scan 명상, 주변의 소리 또는 자신과 타인을 위한 건강과 행복의 소망자애loving-kindness 명상에 초점을 두는 것입니다.

공식적인 실행은 또한 요가와 태극권과 같은 더욱 활동적인 운동을 포함합니다. 예를 들어, 요가의 경우 우리는 여러 자세에 대한 신체 감각에 주의를 기울일 수 있는데, 여기에는 우리의 움직임과 동시에 일어나는 호흡이 포함됩니다. 우리는 또한 어려운 자세에서 때때로 느끼게 되는 불편함을 수용할 수 있습니다―이때 우리는 그 자세에 머물면서 불편함 속에서 호흡을 할 수도 있고, 필요시 자세를 바꿀 수도 있습니다. 알아차림과 받아들임은 선택을 촉진합니다.

"명상에서 발견하게 되는 주요한 것들 중 하나는 우리가 현재 순간으로부터 얼마나 계속해서 달아나고 있는가, 여기서 그저 우리 자신으로 존재하는 것을 얼마나 회피하고 있는가를 알게 된다는 것이다. 어떤 문제인가가 중요한 게 아니다. 중요한 것은 그것을 바라보는 것이다."

―페마 초드론, Pema Chödrön 『출구 없음의 지혜 그리고 자애의 길
The Wisdom of No Escape and the Path of Loving-Kindness』

명상을 시작하는 방법

명상의 개념은 단순하지만 명상을 실행하는 것은 대체로 쉽지 않습니다. 명상을 하기 위해 앉았을 때, 마음은 종종 다른 뭔가를 하려고 작정을 합니다. 우리가 명상을 시작하려고 할 때 흔히 겪게 되는 반응은 다음과 같습니다.

- 약간 좀 지루해짐
- 좌절감
- 그만두고 싶음
- 하고자 했던 다른 일들이 갑자기 생각남
- 당신의 주의를 극성스레 요구하는 무수한 생각들이 떠오름

이러한 경험들 그 어떤 것도 당신이 지금 뭔가 잘못하고 있거나 명상을 할 수 없다는 걸 의미하는 게 아닙니다. 따라서 계속 나아가십시오. 명상 실습을 하는 동안 다음의 사항들을 명심하시면 도움이 될 겁니다.

당신은 명상을 제대로 하지 못하고 있는 게 아닙니다. 우리는 명상을 하는 동안 초점을 잃고 또 잃을 겁니다. 만약 자신이 명상을 제대로 못하고 있다고 생각한다면, 다시 생각하십시오—명상은 그저 우리가 초점을 잃는 만큼 다시 초점을 맞추는 걸 의미합니다. 우리가 명상을 하는 동안 침입해 들어오는 자기 비난의 생각들에 동조할 필요가 없습니다.

'명상을 훌륭하게 하는 것'이 목표가 아닙니다. 자신의 마음챙김 실습을 판단하는 습관을 들이기 쉬운데, 이렇게 되면 명상을 벌을 주거나 실망시키는 것으로 여길 수 있습니다. 명상의 요점은 단지 현재에 초점을 두면서 심판하는 마음을 떠나보내는 것입니다.

특정한 결과에 대한 집착을 떠나보내십시오. 당신은 아마도 명상이 어떠할 것이라는 기대를 갖고 있을 수도 있습니다―예를 들어 분명하고 확고한 마음을 갖는 것이죠. 그리고 당신은 명상 경험이 당신이 기대한 것과 부합하도록 애쓸 수도 있습니다. 하지만 실제로는 당신이 명상을 하는 동안 무엇을 경험하게 될지 결코 알 수 없습니다. 우리는 명상을 하는 특정 시간에 무엇이 일어나든 열린 마음으로 실습을 할 수 있습니다.

명상을 하는 방법은 많습니다. 명상의 간단한 시작 방식은 다음과 같습니다.

1. 당신이 깨어서 명료한 상태로 머물 수 있을 때 명상을 실습하십시오.
2. 당신이 방해를 받지 않을 조용한 장소를 찾은 다음, 휴대폰과 같이 당신의 주의를 흐트러뜨릴 수 있는 것들을 치우십시오.
3. 바닥이나 의자나 어디든 편안히 앉을 수 있는 곳을 선택하십시오. 바닥에 앉았다면, 좀 더 편안한 자세를 위하여 담요나 요가 매트를 사용해서 자신의 엉덩이를 높일 수 있습니다.
4. 원한다면 눈을 감거나 눈을 뜬 채로 자신의 몇 발자국 앞의 바닥에 시야를 고정합니다.
5. 실습을 하면서 녹음된 자료를 사용할 수도 있고 하지 않을 수 있습니다. 녹음된 것을 사용하지 않는다면 타이머를 설정하십시오. 5분은 실습 초기에 충분한 시간입니다. 타이머는 시야 밖에 두십시오.
6. 호흡의 감각을 알아차리는 것으로 시작하십시오. 들숨과 날숨을 하면서 그 모든 순간에 주의를 기울이십시오.
7. 자신의 마음이 흐트러졌을 때는 언제나 다시 호흡으로 주의를 다시 돌리십시오.
8. 안내되는 명상을 선호한다면 활용 가능한 앱과 무료 온라인 명상들이 많이 있습니다. 예를 들어 오라Aura와 통찰타이머Insight Timer는 iOS와 안

드로이드 체제에서 활용 가능한 무료 명상 앱입니다.

끝으로, 다른 무엇보다도 가볍게 실행하는 걸 유지하십시오. 명상 실습은 당신을 위한 것이므로, 자신의 할 일 목록에서 하나씩 체크해야 할 지루한 일로 만들지 않도록 주의하십시오.

마음챙김의 실행

마음챙김 실습의 다른 범주는 우리의 일상 활동에서 실천하는 것에 있습니다. 매트는 딸의 취침 시간에 대한 문제 있는 대처 방식을 바꾸기 위하여 정확히 이러한 접근방식을 활용하였습니다. 우리는 무엇을 행하고 있든지 가능한 한 그러한 경험에 열린 마음으로 우리의 주의를 기울일 수 있습니다.

벤Ben은 자신이 살고 있는 곳 주변을 자전거를 타고 도는 걸 좋아합니다. 그곳은 매우 언덕진 곳인데, 그는 상당히 많은 시간 동안 그 큰 언덕을 오르내리곤 합니다. 이어지는 언덕의 정상에 오르지 못할까 걱정이 되어, 자전거를 타는 내내 경사 타는 걸 몹시 싫어하고 있다는 사실을 어느 순간 깨달았습니다. 이런 일은 자전거를 타는 지난 10년 동안 한 번도 없었습니다. 자전거 타는 시간의 절반 정도를 그렇게 좀 더 어려운 코스에서 힘든 마음이 드는 것 같았습니다ㅡ이는 보다 쉬운 코스에서의 즐거움을 반감시켰습니다.
다음번에 벤은 그 경험에 저항하기보다는 자전거를 타고 있는 매 순간에 주의를 기울이고 호기심을 갖겠다고 마음을 먹었습니다. 자전거를 타면서 다음 언덕을 덜 두려워하게 되었기에 쉬운 코스를 즐길 수 있게 되었습니다. 그리고 언덕을 올라가는 것에 저항하기보다는 어렵고 도전적인 것으로 받아들일 수 있게 되었습니다. 그는 언덕 정상에 오르지 못하리라는 불안한 생각을 계속해서 했지만 덜 심각하게 받아들일 수 있었는데, 그것은 그러한 생각들이 그저 생각일 뿐 정확한 예측이 아니라는 사실을 깨달았기 때문입니다.

당신이 일상 활동에서 마음챙김하는 알아차림을 실행할 때, 다음의 원칙들을 마음에 새겨두시기 바랍니다.

1. 자신의 주의를 생각, 감정, 신체의 느낌들뿐만 아니라 감각기관의 경험들(광경, 소리 등)에도 기울이십시오.
2. 그 순간에 일어나는 것들에 대하여 마음을 여십시오. 저항을 넘어 경험과 함께 머물도록 하십시오.
3. '초심자의 마음'으로 활동에 참여하십시오―마치 당신이 그 활동을 처음 해보거나 목격한 것처럼 하는 것이죠. 그 경험이 어떻게 전개될 것이라는 선입견을 떠나보내십시오.
4. 경험이 지속되는 동안 그 경험에 머물도록 하십시오―그 경험을 빨리 해치우고 다음으로 넘어가려고 하지 마십시오.
5. 자신이 좋아하는 경험의 측면들을 붙잡고 있으려는 충동, 그리고 자신이 좋아하지 않는 경험의 측면들을 밀어내려는 충동을 알아차리십시오.
6. 생각이 오고 가는 걸 허용하십시오―생각은 그저 생각일 뿐임을 알아차리십시오. 생각 속에서 길을 잃지도 않고 생각에 저항도 하지 않는 것, 그것을 실천하십시오. 그저 생각이 흘러가는 걸 허용하십시오.

일상의 습관적인 일들을 할 때 마음챙김하는 알아차림

우리는 무엇을 행하고 있든지 그것에 주의를 기울일 수 있습니다. 우리의 일상에서의 사례 몇 가지를 들어 보면 다음과 같습니다.

샤워할 때. 샤워할 때 우리가 주의를 기울일 수 있는 감각 경험이 많이 있습니다 — 물이 몸에 떨어지는 느낌, 물이 떨어지는 소리, 공기의 따뜻함과 축축함, 욕조에 발이 닿는 느낌, 그리고 비누와 샴푸의 냄새.

일상생활을 할 때. 면도, 머리 빗기 또는 이 닦기와 같은 활동들을 지루한 일상처럼 느낄 수 있습니다. 하지만 구강 수술 후에 이 닦기와 같은 것을 하게 되면, 일상적인 것들 중 어떤 것을 할 수 없게 되었다가 마침내 다시 할 수 있게 되었을 때 느끼는 기쁨을 알게 됩니다. 일상의 활동을 그것이 마치 처음인 양 시간을 들여서 실행해보십시오.

바깥에 나갔을 때. 자신이 지구를 방문하고 있는 사람인 양 행동하거나 생각해보십시오. 하늘을 바라보고, 공기를 느껴보고, 새들의 지저귐을 들어보고, 나무를 관찰하십시오 — 마치 이 모든 것들을 이전에는 한 번도 경험해보지 못했다는 듯이.

식사할 때. 자신이 먹고 있는 음식에 주의를 기울여보십시오 — 음식의 색깔과 향, 입속에서 느껴지는 맛과 질감, 씹고 삼키는 느낌에 주의를 기울이십시오. 그 음식을 예전에 한 번도 먹어본 적이 없는 듯 맛보십시오.

책을 읽을 때. 책이 주는 촉감과 냄새, 무게, 종이의 질감과 넘길 때 나는 소리에 주의를 기울여보십시오. 어떤 책에 익숙해질 때 갖게 되는 느낌을 알아차려보십시오.

누군가 하는 말에 귀를 기울이기. 누군가 이야기할 때 그 사람의 시선, 말하는 억양, 감정의 변화를 알아차려 보십시오. 이 사람을 마치 처음 만난 듯 듣고 보는 걸 실행해보십시오.

잠자리에 들 때. 우리는 잠자리에 들 때 지나간 경험들을 떠나보냄 letting go으로써, 그리고 이 밤이 우리에게 무엇을 가져다주든 열린 마음으로 하루를 마칠 수 있습니다. 자신의 몸이 이부자리를 누르는 것과 이부자리가 당신을 떠받쳐주는 걸 느껴보십시오. 베개에 머리를 뉘인 것, 덮고 있는 담요나 이불, 방 안과 바깥의 소리, 숨이 몸에 들어왔다 나갔다 하는 움직임에 주의를 기울여보십시오.

마음챙김에 대한 신화

마음챙김을 처음 배울 때 많은 사람들이 마음챙김이라는 아이디어에 반감을 갖습니다. 그리고 이러한 반감은 실습에 참여하는 걸 방해하게 됩니다. 이러한 반감의 대부분은 마음을 챙긴다는 것의 의미에 대한 오해에서 비롯되는 것으로 보입니다. 다음과 같은 통념들이 흔히 있습니다.

마음챙김은 종교적이거나 컬트cult적인 수행이다. 마음챙김이 일부 종교 전통들의 본질적인 부분을 이루기 때문에, 본래부터 종교적인 활동인 것으로 여길 수도 있습니다. 하지만 우리가 삶 속에 머물면서 자신이 행하는 것들을 제대로 행하는 것은 그 어떤 특정한 종교나 영성에 속하는 것이 아니고, 그 어떤 특정한 종교나 영성신비주의 또는 뉴에이지 영성 포함을 지지하지 않으면서도 실행할 수 있는 것입니다. 여전히 마음챙김은 종교와 모순되지 않습니다. 우리가 소중히 여기는 믿음과 가치가 무엇이든, 마음챙김 접근방식을 통해 더욱 온전하게 포용할 수 있습니다.

마음챙김은 비과학적이다. 사람들은 때때로 "사실과 과학의 영역에서 살아가는 걸 선호하기" 때문에 마음챙김이라는 개념에 반대하기도 합니다. 당신이 마음챙김이 주는 유익에 대한 분명한 증거를 필요로 한다면, 당신은 운이 좋습니다—마음챙김이 불안 및 우울과 같이 폭넓은 정신 건강 영역에 도움을 준다는 사실을 분명히 밝혀주는 연구 결과가 많이 있고, 또 계속해서 늘어나고 있습니다. 심지어 우리의 뇌를 바꾼다[4]는 사실도 밝혀졌습니다. 마음챙김의 실행은 과학에 의해 확실하게 지지되고 있습니다.

마음챙김은 우리 머리에 엄청난 시간을 쏟아 붓는 걸 의미한다. 언어는 불완전한 도구입니다. 그래서 마음챙김이 의미하는 것을 오해하기 쉽습니다. 마음챙김은 우리의 마음에 안주하기보다는 기본적인 경험들과 연결되면서 경험을 둘러싼 이야기를 놓아버리는 것입니다. 마음챙김을 한다는 것은 알아차림을 하면서, 우리가 발견하는 것들에 대하여 열린 마음으로 머무는 상태를 의미합니다.

마음챙김은 우리가 사는 세상을 더 낫게 만들려는 모든 노력을 포기하는 걸 의미한다. '받아들임수용'이라는 단어는 "난 프로스포츠에서 활동하지 못하게 될 거라는 걸 받아들였어"라고 말할 때처럼, 무언가를 변화시키려는 노력을 하지 않겠다는 걸 의미할 수 있습니다. 마음챙김의 맥락에서 수용은 현실이 현실임을 부정하지 않는 것을 의미합니다. 우리는 어떤

---

4 이를 가리켜 '신경가소성(neuroplasticity)'이라고 한다. –옮긴이

상황을 있는 그대로 바라보고자 합니다. 이러한 방식의 받아들임은, 우리의 공동체 안에 매우 심각한 빈곤이 도사리고 있음을 받아들이고 이를 개선하고자 하는 행동을 우리가 취하기로 결심할 때처럼, 실제로는 변화의 촉매가 될 수 있습니다.

마음챙김은 우유부단한 것이다. 마음챙김이 어떤 입장을 결코 취하지 않는 걸 의미한다고 가정하게 된다면, 마음챙김은 자연스레 일종의 겁쟁이의 수행이 될 것입니다—특히 우리가 투쟁과 저항을 강함과 동일시한다면 말입니다. 하지만 그런 생각과는 달리, 놓아버림letting go은 어렵습니다. 해당 작업을 열심히 해야 하고, 과거에 대하여 이상한 행동을 반복하고 미래를 두려워하는 우리의 습관들을 떠나보내는 것은 결단을 요구합니다. 마음챙김은 우리가 지닌 힘을 우리에게 복무시키는 방향으로 움직이도록 도와줍니다.

마음챙김은 결코 목표를 갖지 않는 것을 의미한다. 우리가 현재에 초점을 맞추고 수용을 실행하는 것에 집중한다면, 어떻게 미래에 대한 목표나 계획을 세울 수 있을까요? 역설적으로 보일 수도 있겠지만, 미래를 위한 계획을 세우고 목표를 설정하는 것은 마음챙김의 실행과 완전한 조화를 이룹니다. 앞서 보았듯이 현실을 받아들이는 것은 상황을 변화시키려는 노력을 불러일으킬 수 있습니다. 예를 들면, 집이 너무 덥다는 사실을 받아들임으로써 에어컨을 구입하기로 마음을 먹을 수도 있습니다. 그리고 우리는 목표를 설정하거나 계획을 수립하는 가운데서도 현존presence을 실천할 수 있습니다. 즉, 앞을 내다보는 활동이라는 현실에 깊숙이 참여할 수 있는 것입니다.

마음챙김은 명상과 같은 것이다. '마음챙김'이라는 단어는 종종 다리를 꼬고 앉아 명상을 하는 어떤 사람의 이미지를 떠올리게 합니다―이는 명상이 아주 흔한 마음챙김 실천 방식의 하나라는 사실에서 볼 때 납득할 만합니다. 하지만 명상만이 우리가 마음챙김 상태를 실행할 수 있는 유일한 방법은 아닙니다. 무수한 활동들이―친구들과 긴장을 푸는 것 [이완]에서부터 울트라 마라톤을 달리는 것에 이르기까지―우리의 경험에 대한 개방성을 개발할 기회들을 제공합니다. 명상과 같은 형식의 수행이 가져다주는 이점은, 마음을 현재에 초점을 맞출 수 있도록 훈련하는 집중 수련의 기회를 제공한다는 것입니다. 그리고 나서 우리는 그러한 훈련을 우리 삶의 모든 순간에 가져올 수 있습니다. 명상 수련을 함으로써 매일매일의 활동에 자연스럽게 마음챙김하는 현존을 더욱 많이 경험하게 해준다는 사실을 저는 발견하였습니다.

마음챙김에 근거한 스트레스 완화 프로그램
MINDFULNESS-BASED STRESS REDUCTION(MBSR)

당신은 마음챙김 훈련에서 유익을 얻기 위하여 심리적인 장애를 다루어야만 하는 것은 아닙니다. 우리들 대부분은 삶을 살면서 겪게 되는 일상적인 스트레스를 다루는 도구들을 통해서 도움을 충분히 받을 수 있습니다. 존 카밧진은 MBSR이라 불리는 잘 알려진 8주 프로그램을 개발하였고, 수많은 사람들이 이 프로그램에 참여하였습니다. 이 프로그램에는 다음과 같은 것들이 포함됩니다.

• 마음챙김의 원리에 대한 교육
• 명상 훈련
• 몸에 대하여 마음챙김하는 알아차림
• 부드러운 요가 동작
• 활동하는 가운데 마음챙김하기

MBSR 프로그램은 불안을 감소시키고 스트레스를 다룰 역량을 증진시키는 신뢰할 만한 방법입니다. MBSR에 대해 좀 더 알고 싶다면 카밧진 박사의 『마음챙김 명상과 자기치유Full Catastrophe Living』를 읽어보시길 권합니다. 아울러 MBSR에 대한 온라인 강좌나 마음챙김 기반의 수업을 주변에서 찾아보실 수 있습니다.

마음챙김하며 걷기 | MINDFUL WALKING

당신이 마음챙김을 실천할 준비가 되었다면, 시작하기 쉬운 방법은 마음챙김하며 걷기를 하는 것입니다. 이러한 실습을 통해서 보통 때보다 더 많은 주의와 호기심을 자신의 경험에 기울일 수 있게 됩니다. 다음과 같은 것들을 알아차릴 수도 있습니다.

- 당신의 발아래 땅의 단단함
- 균형을 잡으면서 걷기 위해 필요한 움직임과 근육의 수축: 팔을 흔들기, 한 발씩 떼기, 다리 및 등 아래 근육의 수축 등
- 호흡, 발소리 등과 같이 자신이 내는 소리
- 새, 자동차, 나무를 스치는 바람과 같은 주변의 소리
- 주변 광경 ─ 예전에 수없이 지나치면서도 제대로 알아차린 적이 없는 광경들을 포함
- 공기에서 나는 냄새
- 피부를 스치는 공기의 느낌과 태양의 따스함
- 빛의 질적인 측면들 ─ 빛의 경사도, 강렬함, 색상
- 머리 위 하늘의 특이함

이러한 접근방식은 당신이 선택하는 경험 어디에나 ─ 가장 평범한 것에서부터 가장 웅대한 것에 이르기까지 ─ 적용이 가능합니다.

6장 요약 및 과제

이번 장에서 우리는 자신의 경험에 그저 온전히 머물며 보다 많은 개방성을 갖는 것이 주는 강력하고 중요한 효과에 대하여 탐색해보았습니다. 요가와 명상과 같은 것들을 제대로 실행하게 되면 일상 활동에서 마음챙김하는 순간들을 보완해줍니다. 우리는 또한 이러한 실습들이 어떻게 CBT와 통합되어 왔고, 많은 정신 건강 문제를 어떻게 효과적으로 치료하는지 연구가 증명해온 것을 살펴보았습니다. 행동 활성화 그리고/또는 자신의 생각을 변화시키는 것에 대해 작업을 하고 있다면, 마음챙김의 원칙들은 그러한 실천들과 완벽하게 들어맞습니다. 이어지는 장들에서는 CBT의 세 가지 기둥 모두를 포함하는 실습들을 진행합니다.

마음챙김에 대해 염려하는 것은 정상적입니다. 하지만 이것은 종종 마음챙김 실습이 의미하는 것에 대한 잘못된 인상에서 비롯됩니다. 마음챙김을 처음으로 시도해볼 준비가 되어 있다거나 자신의 실행을 보다 깊이 있게 해보길 바란다면, 다음의 단계에 따라 실습을 해보시길 권합니다.

1. 자신의 마음이 하루 동안 무엇에 길러 있는지 알아차리는 것으로 시작합니다. 마음이 초점을 맞춘 곳이 과거인가요, 현재인가요, 미래인가요? 자신의 경험에 대해 개방적인가요 아니면 저항하고 있나요? 단지 알아차리는 것에 주의를 기울이고, 자신의 마음이 행하는 것에 대한 판단은 가능한 한 놓아버리십시오.

2. 마음챙김하는 알아차림을 실습하기 위하여 하루 동안의 활동 중 적은 수를 선택하시고, 이번 장에서 제시한 여섯 가지 원칙을 적용하십시오.

3. 명상 수행을 시작하십시오. 명상이 자신에게 새롭다면, 하루에 그저 몇 분 동안만 해보는 걸로 시작하십시오. 이 책의 뒷부분에 있는 '자원'란에서 무료 명상 안내를 제공하는 링크를 찾으실 수 있습니다.

4. 마음챙김에 대한 도서를 읽어봄으로써 이번 장에서 소개한 개념들을 보강할 수 있고, 실습을 굳건히 해낼 수 있습니다. 「자원」란에서 시작해볼 수 있는 방안들을 확인해보세요.

5. 마음챙김의 원칙들을 행동 활성화와 결합하는 것, 그리고 자신의 사고를 재훈련하는 것을 실습해보십시오. 예를 들어, 자신이 계획한 활동들에 대한 알아차림을 증진시킴으로써 성취감과 그 기쁨을 최대한 느껴보십시오.

계속해서
밀고 나가기:
미루기를 떨치고
나아가기

계속해서 밀고 나가기:
미루기를 떨치고 나아가기

이번 장에서는 우리가 해야 할 일을 뻔히 알면서도 왜 자주 미루게 되는지 하는 문제를 다루어볼 겁니다. 우리 모두가 알고 있듯이, 미루기를 초래하는 몇 가지 요인이 있습니다. 우리가 이러한 요인들을 이해하고 나서, 미루기 습관을 떨치고 나아가기 위해 CBT가 제공하는 여러 도구들을 검토해보겠습니다.

알렉Alec은 다음 날 다섯 시가 마감인 마지막 과제를 시작해야 한다는 것을 알고 있었습니다. "아직 24시간이 남았어"라고 스스로에게 말하면서 한 무더기로 쌓여 있는 참고도서를 바라보았습니다. 과제가 어떻게 될지 걱정되면서 불안이 갑자기 몰려와 뱃속이 댕겼습니다. 그러고 나서 '가장 재미있는 애완동물 동영상 10' 목록에서 또 하나의 동영상이 컴퓨터에서 자동으로 돌아갔습니다. "이거 하나만 봐야겠어. 어쩌면 하나 더 봐야 할지도." 스스로에게 혼잣말을 하면서 자신의 노트북으로 몸을 돌렸습니다. 약간의 죄책감을 느꼈지만 잠시 안도하는 기분도 들었습니다.

자신에게 미루기 문제가 있나요?

사람들은 미루는 경향도 다르고, 실행을 미루게 되는 과제들의 종류도 모두 다양합니다. 자신이 처리해야 할 일들을 알고 있으면서도 어떤 방식으로 미루게 되는지 잠시 시간을 내어 생각해보세요. 다음과 같은 상황에서처럼 반복적으로 미루게 되는 습관이 있습니까?

- 마감시간까지 과제를 끝낼 충분한 시간을 자신이 확보하지 않았다는 사실을 깨닫는다.
- 회의를 위한 준비를 적절하게 하지 못했다는 느낌이 든다.
- 어떤 과제를 하기 위하여 스스로를 몰아붙이려고 애쓴다.
- 약속에 맞춰 서두르게 되면서 시간 때문에 스트레스를 받는다.
- 과제에 대한 작업을 해오지 않았다는 사실을 숨기려고 애쓴다.
- 자신이 해낼 수 있는 것보다 빈약한 성과를 낸다.
- "나중에 처리할 거야"라고 스스로에게 말한다.
- 과제를 해내기 위하여 고취감을 느끼거나 동기가 더 생길 때까지 기다리고 있다.
- 자신이 할 일을 하기보다는 시간을 낭비할 방법을 찾고 있다.
- 과제를 완수하기 위하여 막바지 순간의 압박에 의존한다.

우리가 왜 미루는지에 대하여 우선 검토를 해보고 나서, 미루기를 극복하는 방법들을 찾아보도록 합시다.

무엇 때문에 미루게 되나요?

누구나 미루기를 한 적이 있습니다. 작성해야 할 과제, 다녀와야 할 심부름, 집에서의 프로젝트 또는 다른 무수한 과업들을 우리는 미루곤 합니다. 이렇게 지체해서 좋을 거라곤 거의 없습니다. 예를 들어, 미루기는 보다 부실한 학업 성취도, 그리고 보다 심각한 질병을 연상시킬 수 있습니다. 그럼에도 불구하고, 우리는 종종 제시간에 일을 해내려고 분투합니다. 다음은 우리의 미루기 경향에 기여하는 요인들입니다.

불쾌해질 거라는 두려움. 우리가 어떤 과제를 하는 것에 대해 생각할 때, 우리의 마음은 종종 자동적으로 그 과제의 가장 즐겁지 않은 부분들로 향하게 됩니다. 우리가 빗물 배수관을 청소하는 상상을 하게 되면, 사다리와 씨름하는 걸 생각하게 됩니다. 과제 작성을 생각할 때 우리는 종종 자신의 생각을 명확하게 표현해야 한다는 생각으로 분투하며 시간을 끌게 됩니다. 이렇게 부정적인 측면들을 상상하면 할수록 시작할 동기는 줄어들게 됩니다.

잘 해내지 못하리라는 두려움. 우리가 한 일이 어떤 성과를 가져올지 확실히 아는 건 드물지요. 그러한 불확실성 때문에 그걸 잘 해내지 못하리라는 두려움이 생길 수 있습니다. 예를 들어, 알렉은 과제를 작성하는 것에 대해 생각하면서, 지성적으로 보이지 못할까 봐 걱정하였습니다. 자신이나 타인을 실망시킬 가능성이 있다는 것에 대한 두려움 때문에 우리는 아예 시작을 하지 못할 수도 있습니다.

허용적인 생각들. 우리는 때때로 스스로에게 잠시 쉴 자격이 있다고 말하거나, 미래의 어느 시점에 더 잘해낼 거라고 스스로를 설득하기도 합니다. 이런저런 방식으로 자신의 미루기를 정당화합니다. 이러한 생각들이 납득할 만한 때가 있습니다―예를 들면, 때로는 쉬는 시간을 갖는 것이 실제로 우리 활동의 최선책이 됩니다. 하지만 종종 이러한 자기진술은 회피라는 건강하지 못한 습관으로 몰고 갑니다.

부정적인 강화. 불쾌한 경험을 하게 될 거라고 생각하는 과제를 미룰 때마다 우리는 안도감을 경험하게 됩니다. 우리의 뇌는 그러한 안도감을 보상으로 해석하게 되고, 우리는 보상을 가져오는 행동을 반복하게 될 가능성이 더 높아집니다. 이런 식으로 우리의 미루기는 강화됩니다. 심리학자들은 이를 가리켜 '부적 강화negative reinforcement'라고 부르는데, 유해한 것으로 보이는 것을 **치워버리는** 식으로 하기 때문입니다. 이와 대조적으로 '정적 강화positive reinforcement'는 우리가 좋아하는 무언가를 얻는 것은 어떤 행동을 강화하는 것입니다―예를 들어, 임금을 받는 것은 우리가 직무를 수행하는 행동을 강화합니다. 어떤 과제를 회피하는 부적 강화는 극복하기가 매우 어려울 수 있습니다.

당신이 해내고자 했거나 연기하고자 해왔던 어떤 과제가 있습니까? 아니면 반복적으로 지연하는 행동이 있습니까? 앞서의 요인들 중 어떤 것이 자신의 미루기 경향에 적용되나요? 자신의 일지나 일기장에 당신이 미루기를 해왔던 방식들과 무엇이 그렇게 몰아갔는지에 대해 적어보십시오.

미루기는 언제나 나쁜 것일까요?

어떤 연구자들은 미루기의 유익한 측면들이 간과되어서는 안 된다는 사실을 보여주었습니다. 예를 들어, 미루기는 해법을 도출할 시간을 더 많이 얻게 해주고, 아울러 마감시한의 압박을 이용하여 우리의 노력에 활력을 불어넣을 수 있습니다. 경영학 교수인 애덤 그랜트Adam Grant는 자신의 저서 『오리지널스Originals』에서 미루기가 창조성 측면에서 유익함이 있다는 것을 예증하였습니다. 그랜트 박사에 따르면, 우리의 초기 아이디어는 관습적인 경향이 더 많습니다. 자신에게 시간을 더 허용하게 되면 보다 혁신적인 해법을 얻게 된다고 합니다. 우리가 그 과제를 최대한 빨리 끝냈다면 결코 도출할 수 없었을 해법을 얻게 되는 것이죠. 이러한 잠재적인 이점은 그로 인한 스트레스, 마감시한의 초과, 미루기에 따른 빈약한 작업 성과와 비교 검토되어야만 할 것입니다.

미루기를 깨뜨리는 전략들

미루기의 원인을 이해하게 되면 미루기를 어떻게 떨치고 벗어날 것인지에 대한 단서를 얻을 수 있습니다. 미루기를 초래하는 요소가 여러 가지 있기 때문에, 이를 극복하기 위해서도 다양한 도구들이 필요합니다. 이러한 도구들은 세 가지 영역으로 나뉠 수 있습니다.

- **생각하라**(인지)
- **행동하라**(행동)
- **존재하라**(마음챙김)

점진적으로 이러한 세 가지 영역에서 자신에게 효과가 좋은 전략 조합을 발견할 수 있습니다.

어떤 정신 건강 상태는 미루기를 일으킬 가능성이 특히 높습니다. 우울은 우리의 에너지와 동기를 약화시키고, 일을 해나가기 어렵게 만듭니다. ADHD가 있는 사람들은 과제에 집중하기가 어렵고 그걸 완수할 동기가 적기 때문에 마감시한에 맞추기 위하여 고투를 하게 됩니다. 불안장애 또한 미루기를 초래할 수 있습니다ー예를 들어, 어떤 사람은 뭔가 바보 같은 말을 하게 될까 봐 이메일 쓰는 걸 미룰 수도 있습니다. 이번 장에 소개하는 전략들은 누구에게나 유용할 수 있지만, 미루기로 끌고가는 원인일 수도 있는 기저의 진단을 다루는 것에 신경을 써야 합니다.

생각하라: 인지 전략

대다수의 미루기는 과제에 대해, 그리고 과제를 완수할 용의와 역량에 대해 우리가 어떻게 생각하는가에서 비롯됩니다. 우리가 품고 있는 생각을 전략적으로 변화시킴으로써 미루기로 끌고가는 힘을 약화시킬 수 있습니다. 도움이 되지 않는 생각에 대응하는 보다 구체적인 방법에 대해서는 4장 및 5장을 참조하십시오.

진실을 왜곡하는 허용적인 생각을 알아차리십시오

미루기를 정당화하기 위해 스스로에게 말하는 것들, 또는 목표과제 외에 다른 것들을 하는 데 실제로 쓰는 시간을 가볍게 여기는 것에 대하여 조심하십시오. 예: "동영상을 딱 한 편만 보고 시작하지 뭐" 이러한 생각을 알아차리게 되면, 도움이 되지 않는 자동적 사고를 다루듯이 이러한 허용적인 생각을 다룰 수 있습니다. 4장 참조

자신이 미루기를 원치 않는 이유를 스스로 상기하십시오

뭔가 미루는 것은 지체 또는 빈약한 성과를 초래할 뿐만 아니라, 우리가 하지 못하고 있는 과업에 대한 두려운 감정과 죄책감으로 우리의 여가 시간을 오염시키게 됩니다. 시작할 동기가 필요할 때에는 이러한 부정적인 결과를 스스로 상기해보십시오.

'회피의 합리화'를 경계하십시오

어떤 과제를 회피하도록 하는 동기가 생겼을 때, 다른 방식으로 자신이 생산적이라는 느낌을 갖는 방안을 찾을 수도 있는데―캐비닛 정리하기, 친구 도와주기, 바쁘기만 하고 쓸모없는 일 하기 등―이는 우리에게 '최소한 지금 좋은 일을 하고 있잖아'라는 느낌을 가질 수 있습니다. 이러한 믿음은 보다 쉽게 미루기를 할 수 있는 강력한 합리화를 제공합니다.

시작하겠다는 결심을 하십시오

우리는 종종 과제를 정확히 어떻게 해야 할지 몰라서 미루기도 합니다. 예를 들어, 업무상 어려운 이메일을 써야 하는데 뭐라고 써야 할지 몰라서 작성하지 못하고 있을 수도 있습니다. 실제로는 과제를 어떻게 해야 할지 파악하는 것이 과제의 일부입니다. 시작하겠다는 결심을 하게 되면 방법을 찾게 될 거라는 사실을 스스로에게 상기시키십시오.

하고 싶은 마음은 아마 나중에도 생기지 않을 것임을 인정하십시오

과제를 하고 싶은 마음이 들게 되면 과제에 착수할 거라고 생각할 수도 있습니다. 하지만 진실은, 아마도 우리는 나중에도 지금보다 더 그

시간 지키기

지각하는 것은 미루기의 구체적인 유형 중의 하나입니다 — 한 장소에서 다른 장소로 이동하는 데 지정 시한을 넘기는 것이죠. 시간 엄수를 위해 개선을 바란다면 다음의 원칙들을 따라해보십시오.

요구되는 시간에 대해 현실적으로 되십시오. 목적지에 도착하는 데 얼마나 걸릴지 시간을 확인해보십시오. 가족들에게 작별인사를 하는 것과 같은 부수적인 일들에 대한 시간을 계산에 꼭 넣으시고, 예상치 못한 일들에 대한 여유시간을 둠으로써 실제로 요구되는 시간을 과소 판단하지 않도록 하십시오.

도착해야 할 시간에서 역산을 해보세요. 목적지에 도착하는 데 얼마나 걸릴지에 기초하여 출발해야 할 시간을 계산하십시오. 예를 들면, 오후 6시까지 도착해야 하고 소요시간이 45분 여유시간 포함이라면, 5시15분보다 늦지 않게 출발할 계획을 세우세요.

알람을 설정하세요. 늦지 않을 충분한 시간을 고려 기억을 상기시켜줄 것을 설정해서 시간 가는 걸 잊어버리는 것을 방지하세요 — 그리하면 출발할 시간이 되었을 때 당신에게 알려줄 것이므로 느긋하게 있을 수 있습니다.

시간을 지키기 위해 알람 시간을 앞당겨 설정하는 것은 주의하세요. 이러한 전략은 종종 오히려 문제를 일으킬 수 있는데, 시계가 빠르다는 것을 우리가 알고 있어서 그걸 아주 무시해버리고 말 수 있기 때문입니다.

출발할 시간이 가까이 되어서 새로운 활동을 시작하지 마세요. 목적지를 향해 떠나기 전에 또 다른 활동을 하나 더 해내려고 애쓰지 마세요 — 비록 그 일이 '아주 잠깐이면 돼'라고 생각된다 하더라도요. 당신에게 남은 시간보다 더 걸려서 지각할 가능성이 충분히 있기 때문입니다.

일찍 도착할 것 같은 경우 무언가를 가져가세요. 만약 일찍 도착해서 아무것도 하지 않으며 시간을 낭비할 것 같다면, 시간을 보낼 수 있는 책이나 어떤 즐기는 것 또는 생산적인 것을 가져가세요.

이러한 전략들을 이번 장에 소개된 다른 CBT 원리들과 함께 결합하여 시간을 지킬 가능성을 최대화하십시오. 예를 들면, 5분 늦는 것보다 5분 일찍 도착한다고 알려주는 GPS 알림을 보는 게 얼마나 훨씬 더 산뜻한 일인지 자신에게 상기시켜주는 인지기법들을 활용해보세요.

일을 하고 싶게 되지는 않으리라는 것입니다. 장래에 그 과제를 손쉽게 해내는 그런 마법의 시간을 기다리는 것을 우리는 그만둘 수 있습니다.

무언가를 '완벽하게' 해야 한다는 신념에 도전하십시오

우리는 종종 어떤 과제를 얼마나 잘 해내야 하는지에 대하여 비현실적으로 높은 기준을 설정해서 시작을 미루게 됩니다. 완전할 필요가 없음을, 그저 수행되면 된다는 사실을 명심하십시오.

당신에게 공명하는 '생각하라' 전략을 선택하십시오. 그리고 자신의 일지에 과제를 수행할 시점을 기록하십시오.

행동하라: 행동 전략

미루기를 떨치고 나아가기 위하여 순전히 의지력에만 의존하면 할수록, 미루기의 손아귀에서 벗어날 가능성은 더욱 줄어들게 됩니다. 우리는 힘으로 밀고 나아가려고 애쓰기보다는 회피를 극복할 더 큰 지렛대를 찾아볼 수 있습니다. 우리 행동에 몇 가지 단순한 변화를 가져옴으로써 생산적으로 될 수 있는 가능성을 보다 크게 향상시킬 수 있습니다.

주변에 상기시켜주는 것들을 두십시오

어떤 과제를 시작하는 걸 무시하기 힘들게 만들어서 성공 가능성을 높이십시오. 알람을 설정하거나, 쪽지를 붙여놓거나, 칠판에 목표를 적어놓거나, 자신이 할 일을 상기시켜주는 곳에 무언가를 두십시오. 지금 당장 그렇게 할 수 없다면, 상기시켜줄 또 다른 조치들을 꼭 해놓으세요.

주의집중 구역을 만드십시오

시간을 낭비하게 만드는 것들을 쉽사리 이용할 수 없는 환경을 만들어놓으면, 더 이상 미루기 어렵게 됩니다. 가능하다면 인터넷 브라우저를 닫아두고, 핸드폰을 무음으로 해놓거나 다른 곳에 치워두고, 주의를 산만하게 할 수 있는 것은 무엇이든 제거하십시오. 과제에 대해 불안감또는 불편감을 느낄 때는 습관적으로 이러한 것들에 손길이 너무나 쉽게 가게 됩니다.

일정표를 사용하십시오

자신의 계획에 대해 구체적일수록 그것을 완수할 가능성이 더 높아집니다. 자신의 일정표에 하고자 하는 일들을 적어놓고, 그 일을 수행할 시간을 확보하기 위하여 할 수 있는 모든 노력을 기울이십시오. 그 일과 부딪혀야 한다면, 가능한 한 빨리 그 일을 할 시간을 잡아놓으세요.

과제의 규모가 크다면 다룰 만한 작은 크기로 나누십시오

3장에서 논의하였듯이 압도감을 주는 과제들을 잘게 나눔으로써 시작하는 걸 쉽게 만들 수 있습니다. 실행할 수 있겠다 싶을 만큼 단계를 작게 만들도록 하십시오. 각각의 작은 과제들에 대해 마감시한을 정해서 자신이 제대로 진행하고 있다는 것을 알 수 있도록 하십시오.

일단 시작하십시오

우리 앞에 놓인 일 전체를 바라보면 쫓기는 마음이 들 수 있습니다. 단순히 그 과제를 시작하겠다고 마음을 먹으세요. 그리고 짧은 시간 동안 그 일에 대해 작업을 하겠다고 결심하세요. 예를 들면, 작성해야 할 이메일의 윤곽을 잡기 위해 5분 정도를 배정할 수도 있습니다. 아마도 작은 목표를 넘어서 계속 작업을 해나갈 수 있는 가능성이 있을 겁니다.

비록 어렵더라도 과제를 마치십시오

프로젝트의 다른 끝에서, 결승선이 눈앞에 보일 때 계속해서 나아가십시오. 나중에 다시 돌아와서 끝내려고 할 때 비활동 상태에서 새롭게 시작해야 하는 어려움을 겪게 되는데, 그렇게 하기보다는 현재 자신이 가진 동력을 활용하는 것이 보다 더 나을 수 있습니다.

과제를 불완전한 상태로 시작하겠다는 결단을 내리십시오

미루기는 종종 완벽주의에서 비롯됩니다―우리는 완벽할 수 없기 때문에 완벽주의는 우리를 마비시킬 수 있습니다. 완벽주의에 대한 해독제는 불완전함을 포용하는 것입니다―예를 들어, 우리는 첫 문단을 불완전하게 쓰겠다고 결단할 수 있습니다. 이러한 결단은 우리의 시작을 도와줄 수 있고, 매우 소중한 동력을 제공해줍니다.

작업하고 있는 사람들 옆에서 작업을 하십시오

이미 작업을 하고 있는 사람들 주변에서 느끼게 되는 긍정적인 사회적 압박을 활용해서 자신의 작업에 박차를 가해보세요. 우리 주변의 사람들이 과제를 수행하고 있을 때 우리는 시간을 덜 낭비하게 되는 경향이 있습니다.

보다 짧지만 중단되지 않는 작업시간을 활용하십시오

우리가 제한된 시간 동안 작업을 하게 되리라는 걸 알고 있을 때 작업을 시작하기가 보다 쉬워집니다. 소프트웨어 개발자인 프란치스코 시릴로Francesco Cirillo에 의해 만들어진 뽀모도로Pomodoro 기법을 고려해보세요. 이 기법은 25분 간격으로 매우 집중된 작업을 하면서 그 사이에 짧은 휴식을 갖는 것입니다. 이러한 접근방식을 활용하기 쉽게 해주는 앱이 많이 있습니다―물론 누구나 타이머를 갖고 있습니다만. 저는 실제로 글 쓰는 작업을 모두 이러한 방식으로 하고 있습니다.

작업할 방식을 구체화하십시오

관련 지식이 부족해서 미루고 있다는 사실을 알게 되었다면, 그와 관련된 학습을 자신이 작업하려고 하는 과제의 하위과제로서 추가하십시오. 예를 들어, 특정 유형의 스프레드시트를 어떻게 만들지 잘 모를 때는 이러한 주제를 다루는 온라인 학습을 해보는 계획을 세워보세요.

자신에게 작은 보상을 해주십시오

미루기에 대한 부정적인^{부적} 강화를 극복하기 위하여 긍정적인^{정적} 강화를 활용하십시오. 연구에 따르면 우리가 아무것도 바꾸지 않는다 하더라도, 작업을 하기 위한 인센티브를 스스로에게 주는 것은 자신의 행동을 크게 변화시키게 됩니다. 50분 동안 작업을 한 다음에 자신이 바라는 걸 무엇이든 할 수 있는 시간 15분을 줄 수도 있고, 책을 다섯 쪽 읽을 때마다 약간의 간식을 먹을 수도 있습니다. 다만 보상 때문에 과제로 다시 돌아갈 수 없게 되는 걸 조심하십시오—예를 들면, 중독성 있는 비디오 게임이 그럴 수 있습니다.

자신이 이루어낸 진전을 확인하십시오

자신에게 보상을 주는 한 가지 간단한 방법은 목표를 향한 자신의 진전을 알아차리는 것입니다. 알렉은 자신의 과제에 대한 골격을 잡을 수 있었고, 각 항목을 완성해갈 때마다 줄을 그어 지워나갔습니다. 자신의 진전을 바라보는 만족감은 작업을 계속해나갈 동기를 제공할 것입니다.

존재하라: 마음챙김 전략

CBT의 세 번째 기둥은 미루기를 떨치고 나아가기 위한 전략을 몇 가지 제공하는데, 그것은 현존과 수용의 원칙들을 활용하는 것입니다.

불편감을 수용하십시오

우리는 종종 불편감을 이유로 뭔가 해야 할 일을 미루곤 합니다. 하지만 우리가 안락함보다 더 관심을 갖는 무언가를 작업하면서 겪는 불편감이 생각보다 그렇게 나쁜 것은 아닐 수도 있습니다. 우리가 불편감에 대해 기꺼이 감수하고자 한다면, 과제에 대해 시작을 하면서 그러한 불편감을 극복해나갈 수 있습니다.

현재로 돌아오십시오

미루기는 종종 잘 해내지 못할 거라는 두려움에 기초하고 있습니다—이는 미래를 향한 것입니다. 우리의 주의를 현재에 집중할 때, 성과에 대한 걱정을 놓아버릴 수 있고, 우리의 에너지를 작업하고 있는 과제의 어느 부분에든 쏟아 넣을 수 있게 됩니다.

의도했던 초점으로 돌아가십시오

우리의 마음이 표류한다는 사실을 깨달았을 때 명상은 우리가 의도했던 초점으로 다시 돌아오도록 가르쳐줍니다. 그러한 원칙이 우리 작업에도 동일하게 적용됩니다. 즉, 우리가 미루기에 빠져들기 시작하더라도, 우리는 스스로를 알아차리고 자신이 작업하던 것으로 되돌아올 수 있습니다.

자신이 최고로 작업하는 방식을 알아차리고 인정하십시오

무엇이 자신의 생산성을 촉진하는지 주의를 기울이면 미루기가 발생할 가능성을 낮출 수 있습니다. 자신에게 효과가 있기를 바라는 어떤 것이 아니라, 실제로 어떤 게 효과를 내는지 알아차리십시오. 예를 들면, 당신은 집에서 작업하는 방안에 대해 좋아할 수도 있겠지만, 실제로 작업해보면 결코 생산적이지 않을 수 있습니다.

인터넷을 이용한 미루기를 떨쳐버리기

인터넷이 생기기 전에는 미루기를 극복하는 게 그리 어렵지 않았습니다. 심리학자이자 ADHD 전문가인 아리 터크먼Ari Tuckman은 "인터넷은 링크에서 링크로 끊없이 영원히 계속되는 것 같습니다"라고 말합니다. 당신을 옆길로 새게 만드는 온라인에서의 시간 낭비를 방지하기 위하여 아래의 방법들을 제안합니다.

자신이 아마도 항상 하나 더 보길 원할 거라는 사실을 인정하십시오. 인터넷 내용물은 우리가 계속해서 클릭을 하고, 시청하고, 읽어보게끔 의도적으로 설계되어 있습니다. 따라서 우리가 처음에 의도했던 것보다 더 많은 시간 동안 머물기 쉽습니다. 인터넷에는 언제나 읽어볼 또 다른 기사, 시청할 또 다른 동영상, 또 다른 사회관계망 게시물이 있을 겁니다. 어느 시점에선가 물러서야 한다는 사실을, 그리고 나중보다는 지금 하는 게 좋다는 사실을 스스로에게 상기시키십시오.

여흥을 즐기기 전에 작업을 하십시오. 컴퓨터에서 작업을 해야만 한다면, 사회관계망 같은 것들을 하기 전에 자신의 일을 하십시오. 그렇지 않으면 자신의 모든 시간을 불필요한 활동에 사용하게 될 위험이 있습니다.

인터넷에 열중하는 걸 중단할 시간을 설정하십시오. 다른 맥락에서와 마찬가지로 타이머는 여기서 두 가지 이득을 가져다줍니다. 작업으로 돌아갈 것을 상기시켜주고, 휴식시간이 제한되어 있다는 사실을 알기 때문에 그 시간을 즐길 수 있게 됩니다.

시간이 없다면 인터넷을 시작하지 마십시오. 인터넷을 하는 시간을 처음에 피하는 것이 낫지 하던 중간에 멈추는 것은 더욱 어렵습니다. 따라서 시간이 별로 없다면 차라리 시작하지 않는 것이 더 낫습니다.

할 일 목록이 자신에게 도움이 되도록 만들기

할 일 목록은 사용하기에 따라 효과가 더 나기도 하고 덜 나기도 합니다. 할 일 목록의 유용성을 최대화하기 위하여 심리학자 아리 터크먼이 제시하는 아래의 지침을 고려해보세요.

1. 단일 목록을 만드십시오. 여러 개의 목록은 중복되고 혼란스럽게 만듭니다. 단일한 대표 목록을 만들고 그것을 중점으로 실행하십시오.예: 특별 일지
2. 이 목록을 지속적으로 사용하십시오. 필요할 때마다 자주 사용할 경우에만 목록은 유용합니다.
3. 일지에 기록한 각 항목에 구체적인 시간을 부여하십시오. 목록에 있는 것을 곧바로 작업하려고 하지는 마십시오. 우리의 시간표에 작업에 대한 여유를 둘 수 있을 때, 우리는 무언가를 해낼 가능성이 훨씬 더 많아집니다.
4. 시작도 해보지 않을 항목들은 제거하십시오. 현실적으로 무언가를 결코 하지 않을 것 같다면 그것은 당신의 할 일이 아닐 것입니다. 그러한 과제들을 삭제함으로써 정신적 에너지를 보존하고 스스로를 죄책감에서 구하도록 하고, 자신의 목록에서 혼잡스러움을 제거하십시오.
5. 자신의 목록을 주기적으로 갱신하십시오. 목록에서 항목을 지우고 추가한 경우에는 목록을 새로 작성해서 순서 있게 만드십시오. 목록을 갱신하는 데 드는 시간은 보다 큰 효율성으로 보답을 받게 될 것입니다.
6. 목록에 있는 항목들을 우선시하십시오. 어느 항목이 중요성이 높은지 지정함으로써 우선 처리해야 할 일을 분명히 할 수 있고 후순위 항목들을 당장 하지 않는 것에 대해 긴장을 풀 수 있게 됩니다.

이러한 원칙들을 적용하여 당신 자신의 할 일 목록을 만들 준비가 되었나요? 아래 양식을 사용하여 자신이 완수해야 할 활동들을—기한을 포함하여—적어보시기 바랍니다. 그리고 나서 각 과제에 대하여 우선순위를 부여하십시오. 예: 저/중/고 또는 0-10 끝으로 각 활동을 완수해갈 일정을 자신의 일지에 기입하십시오. 이 양식의 사본은 QR 코드에서 구할 수 있습니다.

우선순위	과제	시한

7장 요약 및 과제

이번 장에서 우리는 미루는 이유에 대해 검토해보았습니다－대체로 뭔가 일이 잘못되거나 불쾌하게 될 거라는 두려움에서 지연하게 됩니다. 부정적인^{부적} 강화와 부적응적인 생각들 또한 해야 할 일을 미루게 합니다.

생각하라－행동하라－존재하라의 틀은 미루기를 깨뜨릴 수 있는 많은 전략들을 알려줍니다. 이러한 전략들을 개별적으로 실행할 경우 효과가 적을 수도 있습니다. 예를 들어, 연구에 따르면 생산성에 대해 스스로에게 보상해주는 것 자체로는 작은 이득만 가져다준다고 합니다. 우리는 이러한 전략들을 결합시킴으로써 성공의 가능성을 높일 수 있습니다. 자신에게 가장 알맞은 전략 조합이 무엇인지는 시행착오를 거쳐야 할 것입니다. 실행을 해가면서 우리는 미루기를 부추겼던 습관들을 대체하는 새로운 습관들을 개발할 수 있습니다.

당신이 미루기를 떨치고 나아가기로 마음을 먹었다면, 여기에 시작할 수 있는 계획이 있습니다.

1. 미루기가 자신의 삶에 어떠한 영향을 주고 있는지 주의 깊게 생각해보십시오.

2. 자신이 해내고자 마음먹었던 과제를 확인해보십시오. 또는 신속하게 해내려고 습관적으로 애쓰는 과제가 있는지 확인해보십시오. 이번 주에 그러한 과제를 작업하기 위한 계획을 세우십시오.

3. 각 영역(생각하라－행동하라－존재하라)에서 하나 내지 두 개의 전략을 선택해서 자신의 과제를 완수하도록 해보십시오. 너무 많은 전략을 선택해서 다룰 수 없게 되거나 비생산적으로 되지 않도록 주의하십시오.

4. 자신이 이루어내는 진전과 무엇이 도움이 되고 있는지 계속해서 확인하십시오.

5. 필요할 경우 전략을 추가하십시오.

6. 필요할 경우 의지할 수 있는 전략 목록을 갖고 계십시오.

7. 자신에게 효과가 있는 전략들을 당신이 미루는 경향이 있는 영역들에 적용해보십시오.

그리고 두말할 나위 없겠지만, 과제를 제시간에 해내는 데서 오는 보다 커다란 성공과 낮은 스트레스를 즐기십시오! 마감시한을 지켜낼 때마다 스스로 축하하십시오. 그리고 끝내지 못한 일 때문에 초조해할 필요가 없을 때 자신이 얼마나 더 긴장을 풀고 이완할 수 있는지 알아차려보십시오.

걱정/두려움/불안 다루기

걱정/두려움/불안
다루기

강력한 두려움은 주체할 수 없는 감정 중의 하나입니다. 우리가 두려움에 사로잡혀 있을 때, 우리의 신경계는 극도의 경계 상태가 되고 우리의 몸은 행동을 대비하고 있기 때문에, 어떠한 것에도 집중을 하기가 어렵습니다. 이번 장에서는, 두려움의 다양한 징후와 그것들을 극복하는 데 필요한 다양한 도구들을 고려해봅시다.

켄드라는 다시 한번 한숨을 쉬고 있는 자신을 발견하고는 긴장성 두통이 시작됨을 느꼈습니다. 아침 내내 그녀는 어머니의 수술에 대해 걱정을 했고, 아버지가 어떤 소식 때문에 전화했는지 알아보기 위해 한 번 더 전화기를 확인할 생각이었습니다. 만약 조직검사에서 어머니가 암이라는 것이 밝혀지면 어쩌지? 잠시 후 전화벨이 울리자 그녀는 깜짝 놀랐고, "아빠?"라고 말을 더듬으며 대답했습니다. 그녀는 미리 녹음된 신용카드사의 마케팅 음성을 듣고는 화가 난 듯 전화기를 큰 소리를 내며 끊었습니다. 그녀는 머리가 쿵쾅거리기 시작함을 느꼈습니다.

켄드라처럼 우리 모두는 어떠한 지점에서 두려움에 사로잡히게 됩니다. 우리는 결코 일어나지 않을 일들에 대해 자주 걱정하거나, 여러 사람 앞에서 말할 때 공황발작[엄습]panic attack을 경험하기도 합니다. 이러한 경험들을 이해하기 위해 CBT를 고려해봅시다.

용어 설명

심리학자들은 때때로 다음과 같이 두려움과 관련된 단어들을 구분합니다.

- 두려움fear은 사람을 무섭게 하는 어떤 것이 현존할 때 생겨납니다.
- 이와 반대로, 불안anxiety은 구체화될 수도 있고 아닐 수도 있는 상상 속의 위협과 관련됩니다.
- 걱정worry은 불확실성이 수반된 상황에서 두려운 결과에 대하여 반복적으로 생각하는 특정한 유형의 불안입니다.

예를 들어보면, 피터가 출근길에 개와 마주칠지 모른다고 **걱정**했고, 길 건너편의 개를 보고 **불안**을 느꼈으며, 공원에서 커다란 개가 자신에게 달려올 때 극심한 **두려움**을 경험했다고 말할 수 있습니다. 우리의 일상에서는 이러한 단어가 정확하게 사용되지는 않고 있지만, 이 장에서 저는 이 용어들의 일반적인 사용에 충실하도록 하겠습니다.

불안은 무엇인가?

너무 심한 불안은 우리를 쇠약하게 만들지만, 너무 적은 불안 또한 좋지는 않습니다. 우리의 문제들을 처리하기 위해 동기를 제공하는 어느 정도의 불안은 필요합니다.

> 피터는 침대에 누워서 한 번 더 잠을 청할까 고민하고 있습니다. 그는 시계가 오전 6시 9분임을 확인하였습니다. 그가 타려던 기차는 한 시간 후에 떠납니다. 피터는 나중에 일어날 결과를 상상해보았는데 그의 첫 번째 미팅에 늦게 될 것 같았습니다. 그의 상사는 분명히 좋게 받아들이지 않을 것입니다. 피터는 한숨을 쉬며 알람을 껐고, 간신히 몸을 침대에서 일으켰습니다.

피터는 적절한 정도의 불안을 경험하고 있습니다. 즉, 그 불안은 그가 제시간에 일어나기에 충분하지만, 압도감을 느끼거나 수행에 방해를 줄 정도가 아닙니다. 피터와 같이 우리는 자신의 행동에 따라 좌우되는 미래의 결과를 상상할 수 있는 능력을 가지고 있습니다. 그것이 일이든, 첫 데이트든, 취업 면접이든, 경쟁하는 일 또는 다른 어떠한 것이든 우리는 자신의 행동이 무언가 어떤 결과를 가져온다는 사실을 알고 있습니다. 이러한 앎은 우리가 최고의 성과를 내기 위한 에너지와 동기를 높은 상태에 있게 만들어줍니다. 1장에서 CBT는 생각, 감정, 행동 사이의 연관성을 고려한다는 것을 다시 생각해보세요. 불안감을 느낄 때 생각은 위협에 집중하게 되고, 초조함과 두려운 감정을 느끼게 되며, 두려운 결과를 막기 위한 행동을 하게 됩니다.

켄드라가 그의 어머니의 소식을 기다리면서 불안해했던 경험은 다음과 같이 나타낼 수 있습니다.

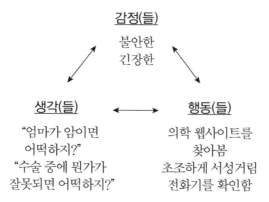

어머니의 건강에 대한 켄드라의 걱정은 그녀의 불안과 긴장에 기름을 끼얹고 그것은 더욱 걱정스러운 생각을 야기합니다. 그녀의 감정과 행동은 유사한 상호작용을 하면서 서로를 강화하여 걱정스러운 우려로 팽팽하게 휘감긴 상태를 만듭니다.

켄드라의 불안은 강렬한 걱정으로 나타났지만, 우리의 삶에서 불안이 나타나는 방식은 여러 가지입니다.

불안의 최적 수준

100여 년 전에 동물실험을 한 로버트 예크스와 존 도슨은 감정과 동기 사이의 연관성에 대해 명확히 입증하였습니다. 그들은 쥐가 실험실 과제를 얼마나 빨리 학습하는지 검증하였습니다. 쥐가 잘못된 답을 누르면 다양한 정도의 충격을 받게 하였습니다. 그 결과 쥐들은 가장 낮은 자극을 주었을 때 상대적으로 느린 학습 수준을 보였고, 약한 처벌로 인해 학습할 충분한 동기를 부여받지 못한 것처럼 보였습니다. 가장 높은 자극을 주었을 때도 유사하게 느린 학습 수준을 보였고, 쥐들은 학습에 방해될 정도로 높은 상태의 각성 상태에 다다른 것처럼 보였습니다.

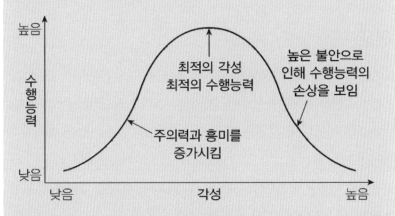

심리학자들은 이것을 "역U자" 패턴이라 부릅니다. 왜냐하면 그래프를 그리면 그러한 모양을 나타내기 때문입니다.

인간도 불안의 함수에 대해 비슷한 역U자 패턴을 보입니다. 즉, 불안이 너무 적거나 너무 많으면 우리의 수행능력을 해치고, 보통 수준의 불안이 우리의 성공을 극대화합니다. 예를 들어, 적당한 양의 커피와 같은 자극제는 에너지와 집중을 증가시킬 수 있지만, 많은 양의 커피는 안절부절못하고 지나친 흥분 상태로 만듭니다.

두려움의 여러 측면들

불안장애는 넓은 범위의 상태를 아우르는 가장 흔한 정신의학적 진단입니다. 정신질환의 진단 및 통계편람DSM의 가장 최근 개정판DSM-5에서, 집필자들은 강박장애와 외상 후 스트레스 장애를 불안장애의 범주에서 제외하고 각각의 범주를 새로 만들었습니다. 이러한 변화에는 여러 가지 이유가 있지만, 이러한 두 상태 모두 강한 수준의 불안감을 나타낼 수 있다는 것은 널리 알려져 있습니다. 외상 후 스트레스 장애와 강박장애 또한 다른 불안장애와 같이 유사한 치료방법에 반응하기 때문에 이 장에서 다루겠습니다.

특정공포증Specific Phobia

어떤 자극에 대한 과도한 공포는 특정 공포증을 나타낼 수 있습니다. 그러한 사람들은 두려움이 너무 과도해서 쉽게 털어내기가 어렵다는 것을 깨달을 것입니다. 두려운 대상이나 상황을 회피하는 것은 매우 흔한 일입니다.

두려운 대상은 어떠한 것이든 될 수 있으며, 특정한 것들은 매우 전형적입니다. 그것들은 다음과 같습니다.

- 특정 상황 (예: 엘리베이터 타기, 비행기 타기)
- 자연 환경 (예: 천둥번개, 높은 장소)
- 동물 (예: 거미, 뱀)
- 피, 주사, 부상 (예: 헌혈하기, 주사맞기)

사회불안장애Social Anxiety Disorder

사회적 상황, 특히 발표를 하거나 시험을 볼 때 어느 정도의 불안감을 느끼는 것은 정상입니다. 극도의 스트레스를 야기하거나 스트레스를 유발하는 상황을 피하게 만들 만큼 사회적 불안이 강할 경우 장애가 될 수 있습니다. 전형적으로 두려운 상황은 다음과 같습니다.

- 연설을 하거나 발표를 할 때
- 여러 사람과 대화를 할 때
- 다른 사람과 마주하고 식사를 할 때
- 파티에 갈 때
- 이목이 집중될 때
- 누군가와 의견이 다를 때
- 새로운 사람을 만날 때

이러한 각각의 상황에서, 창피한 일을 저지르게 될까 봐 또는 다른 사람이 자신을 좋지 않게 생각할까 봐 두려워합니다. 두려움을 논리적으로 무시하기가 어렵다는 생각이 사회적 불안을 지속시키게 되는 요인입니다. 예를 들어, 우리가 진행한 결혼 주례사를 사람들이 싫어하지 않았다는 것을 어떻게 알 수 있을까요? 비록 그들이 사회적으로 기대되는 행동을 보이고, 주례사가 훌륭했다고 말해주었을지라도 말입니다. 사회적 상황에 내재된 불확실성은 우리의 두려움을 지속시킬 수 있습니다.

공황장애Panic Disorder

공황발작은 강렬한 불안의 또 다른 발현인데, 대체로 발한, 심장 두근거림, 호흡곤란 같은 신체적 증상들을 동반합니다. 공황은 종종 사물이 실제가 아닌 것 같은 느낌^{비현실감derealization} 또는 자기경험[체감]에서 분리되어 있는 느낌^{이인증depersonalization}과 같이 현실감각의 변화를 수반하게 됩니다.

대부분의 사람들은 살면서 적어도 한 번의 공황발작을 경험하게 됩니다. 공황은 어떤 끔찍한 일이 일어나고 있다는 두려움^{예: 내게 뇌졸중이 온 건가}이나, 다음에 찾아올 발작에 대한 두려움이 강력할 때 발생하는 장애의 하나입니다.

공황발작은 매우 불쾌한 경험이어서 공황장애를 가진 사람들은 대개 공황에 빠지기 쉬운 어떤 상황, 특히 벗어나기 어려운 상황을 피하기 시작합니다. 사람들이 흔히 기피하는 상황은 다리, 영화관,^{특히 좌석 열의 한가운데 앉을 때} 기차 등이 있습니다. 이러한 회피의 형태는 광장공포증이라는 진단이 추가로 내려질 가능성이 높습니다.

"미래를 예측하는 것과 그 불확실성을 받아들이는 것 사이의 균형을 유지하는 것은 삶의 일부분이다. 걱정은 그러한 균형이 깨졌다는 신호이다."

　　　　－수전 M 오실로, 리자베스 로머, 『불안을 치유하는 마음챙김 명상법』

범불안장애^{Generalized Anxiety Disorder(GAD)}

공황장애는 바로 앞에 닥친 위험에 대한 감지를 나타내지만, 범불안장애는 미래의 일에 대한 더욱 광범위한 불안을 수반합니다. 범불안장애의 핵심은 광범위한 것들^{'범'이 의미하듯}에 대한 지속적인 걱정입니다. 내가 아는 어떤 사람은 범불안장애를 기말고사 기간의 스트레스로 비유했지만 인생의 모든 상황에 적용할 수 있습니다. 범불안장애에서의 과도

하고 조절하기 힘든 걱정은 집중의 어려움, 수면장애, 근육 긴장, 안절부절못함 등의 증상을 유발합니다.

외상 후 스트레스 장애Post-traumatic Stress Disorder(PTSD)

우리가 끔찍한 트라우마적인 사건을 겪었을 때, 불안은 자연스러운 반응입니다. 자연 재해, 자동차 사고, 강도, 성폭행, 전투 등을 포함한 우리의 신체적 안녕에 위협이 될 수 있는 어떠한 것도 외상 후 스트레스 장애를 유발할 수 있습니다. 누군가에게 끔찍한 일이 일어나는 것을 목격하거나 가까운 누군가가 경험했던 외상에 대해 알게 되는 것만으로도 우리는 외상 후 스트레스 장애에 빠질 수 있습니다.

끔찍한 외상을 겪은 후, 대부분의 사람들은 다음과 같은 증상을 보일 것입니다.

1. 재조명 또는 재경험: 이것은 사건을 떠올리게 하는 침습적인 기억, 악몽, 강한 감정적 반응을 포함합니다.
2. 회피: 이것은 외상에 대해 생각하지 않으려고 노력하는 것뿐만 아니라, 그 사람에게 일어난 일을 상기시키는 사람, 장소, 사물들을 피하는 것도 포함합니다.
3. 사고와 기분의 변화: 예를 들어, 세상을 매우 위험한 곳으로 보거나, 우리 스스로를 외상적 사건에 무기력하다고 보기 시작할 수 있습니다. 다른 사람을 신뢰하기 어려워질 수도 있고, 역설적으로 위험한 행동을 시작하려 할 수도 있습니다. 또한 긍정적인 감정을 경험할 가능성이 낮아지고 부정적인 감정을 경험할 가능성이 높아집니다.
4. 과다각성: 이것은 우리 신경계가 매우 긴장하고 있음을 의미합니다. 우리는 잠을 자거나 집중하는 데 어려움을 겪을 수 있고 계속해서 위험하지는 않은지 주변을 확인할 수도 있습니다.

이러한 반응은 외상을 경험한 후 거의 모든 사람들에게 매우 전형적으로 나타납니다. 외상 후 스트레스 장애의 진단기준을 충족하려면, 1개월 이상 지속되는 다소 임의적인 기준을 만족해야 합니다.

강박장애Obsessive-Compulsive Disorder(OCD)

우리의 뇌는 위험의 가능성을 감지하고 그것을 피하도록 배선되어 있습니다. 이 필수적인 기능의 결함 때문에 강박장애가 발생할 수 있습니다. 강박장애에서 **강박사고**obsessions는 병에 걸리거나, 신에게 죄를 짓거나, 불을 지르거나, 다른 사람을 해치는 등 어쩌면 일어날 수도 있는 나쁜 일에 대한 반복적인 생각입니다. 사람은 당연히 이러한 두려운 결과를 피하고 싶어 하며, 이것이 저항하기 힘든 충동을 유발하여 그러한 강박적인 두려움을 **강박행동**compulsions을 통해 중화시키게 됩니다.

강박사고-강박행동의 순환은 다음과 같은 예를 들 수 있습니다.

병에 걸리는 것에 대한 두려움 ⟶ 손을 씻는다.

보행자를 칠 것 같은 두려움 ⟶ 백미러를 확인한다.

신성모독을 범했다는 두려움 ⟶ 의례적인 기도를 한다.

강박행동은 7장152쪽에서 언급했던 부적 강화를 통해 강력하게 강화됩니다. 동시에 강박장애를 가진 사람들은 강박행동을 하고 난 뒤에도 불편함을 느낍니다. 왜냐하면 그들이 두려워하는 일이 일어나지 않을 것이라는 것을 확신할 방법이 없기 때문입니다. 그 결과 강박장애를 가진 사람은 강박행동을 반복하게 되고, 강박사고-강박행동 순환에 갇혀 많은 시간을 낭비합니다.

다양한 종류의 심리치료로 여러 가지의 정신 건강 상태가 호전될 수 있겠으나 강박장애는 특별한 치료가 필요합니다. 가장 잘 검증된 치료는 CBT 방식의 하나인 노출 및 반응 방지 요법입니다. 이름에서 알 수 있듯이, 강박장애와 관련된 두려움에 자신을 노출시킨 가운데 장애를 지속시키는 강박행위를 그만두게 하는 것입니다. 효과적인 강박장애 치료를 찾고 있다면, 이 책의 부록 중 「자원」 부문을 확인하십시오.

그 밖의 증상들

비록 당신이 이러한 DSM-5 불안장애 조건에 충족되지 않는다 하더라도, 두려움은 여전히 당신의 삶에 도움이 되지 않는 역할을 할 수 있습니다. 예를 들어, 우리가 두려움을 바탕으로 결정을 내리는 미묘하고 일관된 방식은 우리의 삶의 방향에 현저한 영향을 미칠 수 있습니다. 게다가 이러한 두려움의 발현은 우리가 그것들을 인식하지도 못할 정도로 만연해 있을 수도 있습니다. 이는 우리를 쇠약하게 만드는 장애가 아니라 반쪽짜리 삶에 가두고 계속해서 살아가도록 만드는 그러한 두려움입니다.

당신은 다음과 같이 두려움이 끼치는 영향들을 관찰할 수 있습니다.

- 성공에 대한 두려움으로 스스로를 억누름
- 실패에 대한 두려움으로 합리적인 위험을 감수하지 않고 회피함
- 우리가 원하는 방식대로 살지 않고, 다른 사람들이 우리에게 기대하는 방식대로 살아감
- 진정한 친밀감에서 오는 취약성을 회피함

- **두려움에서 발생하는 분노를 경험함**예: 사랑하는 사람이 늦게 온 것에 대해 그들의 안전을 걱정했던 것 때문에 화를 내게 됨

당신의 삶에서 두려움이 어떻게 나타나는지 시간을 가지고 생각해봅시다. 두려움은 우리의 안전을 위하여 만들어진 것이지만, 두려움이 우리의 행동을 좌우하도록 맡겨버리면 우리가 자유롭고 충만하게 살아가는 것을 방해할 수 있습니다.

이제 불안을 완화시키는 데 도움을 줄 수 있는 도구들을 생각해봅시다.

걱정/두려움/불안을 다루는 전략

압도감을 주는 걱정, 두려움, 불안을 다루는 여러 가지 도구들이 있는데, 여기에는 인지, 행동, 마음챙김 기술 등이 포함됩니다.

생각하라인지

우리는 두려움이 활성화되면, 우리를 더욱 두렵게 만드는 생각을 하려는 경향이 있습니다. 예를 들어, 우리가 비행기 안에서 두려움에 사로잡히게 되면, 비행기가 추락할 것이라고 확신을 하게 될 수도 있는데, 이것은 우리의 두려움을 더욱 고조시키고 거기서 계속 맴돌게 만듭니다.이 장 초반에 소개된 불안에 대한 CBT 모델 참조 불안한 생각에 도전함으로써 우리는 이 피드백 고리를 중단할 수 있습니다.

불안과 당신의 뇌

당신이 숲을 거닐며 멋진 산책을 즐기고 있을 때 땅 위에서 뭔가 미끄러지는 것을 발견했다고 상상을 해봅시다. 그 대상에서 반사된 빛은 당신의 눈으로 들어가서 당신의 망막에 맺힐 것이고, 뇌의 중계소시상를 지나 당신의 뇌 뒤쪽에 위치한 1차 시각 영역으로 이동하는 신호로 이어질 것입니다. 그다음에 그 정보는 '뱀'이라는 개념의 대상과 일치하는 기억 영역이 포함된 뇌의 다른 부분으로 전달됩니다.

당신이 뱀을 보고 있다는 사실은 뇌 속 깊숙한 곳에 있는 편도체를 포함한 다른 영역을 지나게 되는데, 이곳은 공포와 다른 감정들을 느끼고 표현하는 데 중심이 됩니다. 어떻게 당신의 뇌는 당신의 발 옆에 있는 뱀을 두려워하고, 동물원에 있는 유리관 뒤의 뱀은 두려워하지 않아도 된다는 것을 알고 있을까요? 편도체는 또한 해마로부터 입력을 받는데, 이것은 전후사정을 파악하는 데 결정적인 역할을 합니다. 해마 때문에 다음번에 숲을 걸을 때는 설사 뱀과 마주치지 않더라도 두려움을 느끼기 시작할 수도 있습니다.

그다음 편도체의 신호는 시상하부라고 불리는 뇌 영역을 활성화시켜서, 에피네프린아드레날린과 같은 스트레스 호르몬의 분비를 통해 교감신경계의 싸움-도망 반응을 활성화시키게 됩니다. 시상하부는 또한 뇌하수체가 당신의 혈류로 호르몬을 방출하도록 유발하는데, 그것은 당신의 부신신장의 상부에 위치으로 이동하는 호르몬을 분비하게 하여 코르티솔과 같은 추가적인 스트레스 호르몬을 분비하게 합니다. 이 행성에서 우리의 존재는 뱀으로부터 도망가는 것과 같이 위협을 인식하고 대응할 수 있도록 해주는 이러한 조정된 반응에 의존해왔습니다.

생존을 위해 어떤 자극에 대한 두려움을 학습하는 것이 중요한 것처럼, 위험이 아주 적을 때는 과도하게 두려워하지 않는 걸 학습하는 것 역시 적응이라 할 수 있습니다. 이러한 새로운 학습은 불안감이 배제시킬 수 있는 새로운 정보를 우리의 뇌에 제공하는 것에 달려 있습니다. 예를 들어, 어렸을 때 큰 개가 나에게 상처를 입힌 적이 있어서 개를 항상 피하게 된다면, 초기의 그런 만남이 개에 대한 전형적인 경험일 수는 없다는 사실을 결코 깨닫지 못하게 될 것입니다. 우리가 두려움과 불안을 다루기 위해 명상과 인지행동치료를 하게 될 때, 우리를 두렵게 하는 것들에 대한 반응을 바꾸기 위해 이러한 뇌의 영역들을 재훈련하는 것입니다.

주의사항: 우리가 불안감에 압도될 때, 이성만으로 스스로를 안정시키는 것은 어렵거나 심지어 불가능합니다. 이러한 기술들은 불안으로 장악되기 이전에 행동요법 및 마음챙김 기법들과의 조합을 통해 가장 효과적으로 활용될 수 있습니다.

불안은 위험하지 않다는 것을 기억하세요. 우리는 종종 너무 불안하면 위험하다고 믿기에 불안 그 자체를 두려워하게 됩니다. 그러나 불안은 불편할 수는 있어도, 그 자체로 해롭지는 않습니다. 게다가 불안한 상태에 대한 두려움은 더 많은 불안을 초래할 뿐입니다. 심지어 아주 심한 불안 속에 빠진 가운데 일어나는 신체, 정신, 정서의 증상들이 당신에게 상처를 입히지는 않는다는 사실을 명심하세요.

위험의 가능성을 재평가하십시오. 두려움은 우리가 두려워하는 일이 실제로 일어날 것이라는 걸 우리로 하여금 믿도록 만들 겁니다. 그러나 정의에 의하면 불안장애는 실제 위험에 비하여 비현실적인 두려움을 수

반하기 때문에 실제로 그것들이 실현될 가능성은 상당히 낮다는 것을 명심하세요. 만약 두려움이 당신에게 정말 나쁜 일이 일어날 것 같다고 말한다면, 당신은 이 신념을 검증하기 위해 제5장(111쪽)의 핵심 신념 양식을 사용할 수 있습니다. 그것을 뒷받침하는 증거가 얼마나 강력합니까? 그것에 반대되는 증거가 있습니까? 전에도 그런 일이 있었습니까? 그렇다면 어떤 빈도로 그런 일이 있었습니까? 만약 당신의 생각에서 오류를 발견한다면, 당신이 두려워하는 것이 실제적인 증거를 통해 일어날 가능성을 다시 평가해보십시오.

위협의 심각성을 재평가하십시오. 때때로 우리가 만드는 생각의 오류는 부정적인 결과가 나타날 가능성이 있는지에 대한 것이 아니라, 그것이 얼마나 나쁘게 될 것인가에 대한 것입니다. 예를 들어, 조는 자신이 이야기하는 동안 사람들에게 자신이 불안해한다는 것을 들키게 되면 끔찍할 거라고 생각합니다. 그는 이 생각을 검토하면서, 그의 목소리나 악수하는 손에서 그가 불안해한다는 것을 사람들이 정말로 알고 있을 수도 있다는 것을 깨달았지만, 별일이 아닐 거라는 것도 깨달았습니다. 결국 그는 이전에 긴장한 것처럼 보이는 발표자의 발언을 들은 적도 있고, 그들의 불안감은 그 사람에 대한 전반적인 인식이나 발표의 질에 영향을 주지 않았습니다.

왜 걱정을 합니까? 우리는 특히 걱정해야 한다고 믿기 때문에 걱정은 깨기 어려운 습관입니다. 우리는 스스로 걱정이라는 것에 대해 다음과 같이 알고 있을 수도 있습니다.

- 걱정은 문제에 대한 해결방법을 생각할 수 있도록 도와준다.

- 걱정은 갑자기 나쁜 소식을 접하게 되는 것을 막아준다.
- 걱정은 우리가 신경 쓰는 것을 나타낸다.
- 걱정은 상황을 좋게 만들 수 있다.
- 걱정은 우리에게 동기를 불러일으킨다.

이러한 믿음들은 일반적으로는 사실이 아닙니다. 예를 들어, 실제로 그런 일이 일어난다면 속상할 수도 있는 최악의 상황을 상상함으로써 우리는 잠재적인 고통을 피하지 못합니다. 게다가 우리는 결코 실현될 수 없는 수많은 걱정을 함으로써 불필요한 고통을 느낍니다. 우리의 걱정이 아무 쓸모없음을 알게 되면, 생각의 방향을 바꾸게 될 가능성이 더 많아집니다.

당신의 예측을 검증해보십시오. 이 기술은 인지적인 접근과 행동적인 접근의 교차로에 있습니다. 어떠한 상황이 어떻게 전개될 것인지에 대한 두려움을 확인하였다면, 당신은 자신의 예측이 옳았는지 여부를 확인할 방법을 고안할 수 있습니다.

릴리^{lily}는 직장에서 사회불안에 자주 직면하였습니다. 그녀는 자신이 회의에서 목소리를 높이면 동료들이 자신의 생각을 무시하고 비판하게 될 거라고 확신하였습니다. 그녀는 회의 전에 이런저런 예상되는 생각들을 적어놓고 위험을 무릅쓰고 자신의 생각을 말했습니다. 그녀가 말을 꺼내자 사람들이 약간 놀라워하는 것 같았지만, 아무도 그녀의 생각을 비판하지 않았습니다. 사실 그녀의 상사는 그녀의 제안을 발전시킬 하위그룹을 이끌어달라고 부탁했습니다. 회의가 끝난 후 릴리는 자신의 예상과 대비되는 실제 결과를 적었습니다.

5장에서 살펴보았듯이 우리의 핵심 신념은 기억을 왜곡할 수 있고, 따라서 다시 그 신념을 강화할 수 있습니다. 우리의 예상이 틀린 것으로 나타났을 때 기록하는 것은 중요합니다. 왜냐하면 우리의 예상과는 반대되는 정보를 기록하고 기억하도록 해주기 때문입니다. 우리의 예측을 검증하는 것은 노출과 밀접하게 관련이 있으며, 이번 장의 후반부에서 살펴볼 것입니다.

행동하라_{행동}

우리를 불안하게 만드는 상황에 대처하는 방법을 바꿀 때, 우리는 두려움을 감소시키는 새로운 행동을 배울 수 있습니다. 불안과 싸우기 위해 우리의 행동을 활용하는 몇 가지 전략을 검토해봅시다.

자신이 두려워하는 것에 다가가십시오. 우리의 두려움에 정면으로 맞서는 것은 CBT에서는 '노출 치료^{exposure therapy}'라고 불리며, 불안감을 지속시키는 회피에 대한 해결책이 됩니다. (물론 이것은 우리가 두려워하는 것이 실제로는 별로 위험하지 않다는 것을 가정하는 것입니다. 예를 들어, 물어뜯을 수 있는 개와 마주해서는 동물에 대한 공포증을 고치지는 못할 것입니다.) 우리를 두렵게 하는 것들에 노출하게 되면 우리의 불안감은 다음과 같은 기제에 의하여 줄어들게 됩니다.

- 위험이 과장되었다는 사실을 우리의 신경계가 학습하도록 허용함
- 두려움에 압도당하지 않고 직면할 수 있다는 자신감을 얻게 됨
- 불안이 위험하지 않다는 사실에 대한 우리의 인식을 강화함

수백 개의 연구를 통해 노출이 과장된 불안감에 맞서는 강력한 무기

라는 것이 확인되었습니다. 우리는 이번 장의 후반부에서 노출 시행을 위한 단계별 계획을 살펴볼 것입니다.

두려움의 신체적 발현에 대해 직면하십시오. 자신의 불안에 대한 불안은 추가적인 도전과제를 나타내는 것일 수 있습니다. 특히 공황장애는 공황과 관련된 신체 감각에 대한 두려움이 그 특징입니다. 예를 들어, 숨이 차고 심장이 두근거리는 것이 공황 동안의 느낌과 비슷하기 때문에 달리기를 피하려 할 수 있습니다. 신체 감각을 피하려는 것은 우리의 두려움을 강화시키고 감각을 더 예민하게 만들 뿐입니다. 노출 치료는 신체적인 불안 증상에 대한 두려움을 감소시킬 수 있습니다. 예를 들어, 거수 도약 운동jumping jacks을 해서 숨이 차게 만들어보거나, 의자에 앉아 회전해서 현기증을 유발해보거나, 따뜻한 옷을 입고서 땀을 흘려볼 수 있습니다. 이런 일들을 반복적으로 해봄으로써 신체 감각에 대한 두려움을 줄이게 됩니다.

안전판 행동safety behaviors**을 떠나보내십시오.** 우리가 두려움을 느끼는 어떤 일을 해야 할 때, 우리는 종종 두려워하는 일을 방지하기 위한 행동들을 포함시킵니다. 예를 들어, 우리가 강연을 하는 동안 까맣게 잊어버리는 게 두려워서, 전체 발표 내용을 써놓고 그대로 읽게 될 수도 있습니다. 그 외의 예시는 다음과 같습니다.

- 사회적 상황에서 손이 떨릴 경우를 대비하여 호주머니에 손을 넣어두기
- 다른 사람의 기분을 상하지 않게 하기 위해 지나치게 조심하기
- 단지 불안감 때문에 누군가와 같이 여행 가기
- 이메일을 보내기 전에 실수할까 봐 세 번을 확인하기

안전판 행동에는 크게 두 가지 문제가 있습니다. 첫째, 안전판 행동은 우리가 그것을 하지 않으면 상황이 정말 좋지 않게 되고 말 거라고 가르치고, 따라서 그런 행동과 두려움을 지속적으로 반복하게 됩니다. 둘째, 그러한 행동들은 실제로 우리의 수행능력에 손상을 줄 수 있습니다. 능력 있는 연설자가 지나치게 노트에 의존을 하게 될 때, 청중들과 소통하는 것을 방해할 수 있습니다.

실제로는 우리의 안전판 행동 중 상당수가 쓸모없지만, 항상 그러한 행동을 (우리가 버리기 두려워하는 미신적인 관행들처럼) 하고 있으면서도 우리는 그러한 사실을 결코 알아차리지 못합니다. 우리는 예측 검증과 안전판 행동 떠나보내기를 함께 실행하여 그러한 행동들이 우리에게 정말 필요한 것인지 아닌지 직접 확인해볼 수 있습니다.

존재하라|마음챙김

마음챙김은 현재에 집중하기 그리고 받아들임^{수용}이라는 요소들 둘 다를 활용하여 우리의 두려움을 관리하기 위한 여러 가지 방법을 제공합니다. 아직 제6장을 읽지 않았다면, 이 부분을 진행하기 전에 읽어보실 것을 권해드립니다.

호흡 훈련을 해보세요. 우리의 호흡은 불안과 밀접하게 연관되어 있습니다. 우리가 편안하게 있을 때는 호흡이 느리고 고르지만, 우리가 두려워할 때는 가파르고 빠릅니다. 당신은 우선 빠르게 또는 느리게 들이쉬고 내쉬는 것으로 바로 그 차이를 느낄 수 있습니다. 느낌이 어떤지 확인해보세요. 그리고 천천히 숨을 들이쉬고 더 천천히 내쉬어 보세요. 차이가 느껴지세요? 우리가 불안할 때 종종 우리의 호흡이 우리의 불안감을 반영하고 있다는 것을 잘 알지 못합니다. 일단 호흡의 질에 대해 잘 이해하게 되면, 우리는 좀 더 편안한 호흡을 연습할 수 있습니다.

1. 부드럽게 숨을 들이마시면서 둘까지 세십시오.
2. 천천히 숨을 내쉬면서 다섯까지 세십시오.
3. 날숨 다음에 숨을 멈추고 셋까지 세어보십시오.
4. 1단계부터 5~10분, 하루에 1~2회를 반복하십시오.

이와 같이 호흡에 주의를 집중했던 시간들은 당신이 가장 절실하게 이완된 호흡이 필요할 때 그것을 실행하기 더 쉽게 만들어줄 것입니다. 자신의 불안이 증가하기 시작하는 걸 느낀다면, 호흡으로 돌아오는 걸 실행하십시오.

현재에 집중하세요. 불안은 우리의 주의를 사로잡고서 미래로까지 이어지게 할 것입니다. 연습을 통하여 우리는 현재로 돌아오도록 훈련할 수 있습니다. 우리가 미래를 향한 두려움에서 분리되면서, 불안의 통제에서 느슨해지도록 합니다. 현재의 순간으로 데려다줄 수 있는 당신의 감각들을 사용하여, 당신이 보는 것, 느끼는 것 등에 주의를 기울이세요. 불안을 밀어내려고 할 필요가 없음을 명심하세요. 어차피 그것은 효과가 없습니다. 지금 당면한 경험에만 당신의 의식을 사용하십시오. 그리고 당신이 걱정으로 방황할 때는 다시 의식을 현재로 가져오세요.

주의를 바깥에 두세요. 특정한 불안 상태, 특히 공황, 사회불안 그리고 질병에 대한 불안을 느끼게 되면 우리는 자신의 불안 증상, 심박 수, 걱정스러운 신체 감각, 상대방과 대화하기 위해 어떻게 다가갈지 등등 우리 자신에게 몰두하게 만듭니다. 이런 몰두는 우리의 불안과 불편함을 강화시킬 뿐입니다. 마음챙김은 나머지 세상에서 일어나고 있는 일에 대해 우리의 주의를 바깥쪽으로 훈련시킬 수 있는 가능성을 제공합니다. 예를 들어, 우리 주변의 사람들이 무엇을 하고 있는지, 지금 이 순간 하늘은 어떻게 보이는지, 나무의 모양 등 우리가 수천 번을 보았지만 전혀 알아차리지 못했던 것들을 알아차릴 수 있습니다. 우리는 불안감을 부채질하는 자신으로의 몰두를 멈출 뿐만 아니라 더 풍부한 삶의 경험에 발을 들여놓게 되는 것을 발견하게 될 수도 있습니다.

당신이 두려워하는 일이 일어날 수 있음을 받아들이세요. 우리의 두려움이나 걱정을 지속시키는 것 중의 일부는 우리가 두려워하는 것이 일어날지 모른다는 것에 대한 정신적 저항입니다. 우리는 일이 어떻게 될지 확실히 알 수는 없지만 결과를 통제하기 위해 어떤 방법으로든 계속 노력을 합니다. 우리가 무슨 일이 일어나는지 통제할 수 없다는 것을 받아들일 때, 우리는 그 긴장에서 벗어날 수 있습니다. 우리는 대화가 정말 나쁘게 흘러갈 수도 있고, 건강을 잃을지도 모르고, 사고를 당할 수도 있고, 사랑하는 사람에게 비극적인 일이 닥칠 수도 있음을 인정할 수 있습니다. 이러한 종류의 수용은 처음엔 불안을 증가시킬 가능성이 높지만―그것이 아마도 우리가 수용을 회피하는 이유일 것입니다―우리가 애초에 전혀 가지지 못했던 통제를 포기함으로써 평화의 느낌이 더욱 크게 우리에게 찾아올 수 있습니다.

불확실성을 받아들이세요. 수용과 같은 맥락에서, 우리의 삶에 내재된 불확실성을 우리는 인정하고 심지어 받아들일 수 있습니다. 일이 어떻게 될지 그 누가 알겠습니까? 그러한 미스터리는 특히 우리가 모든 것을 언제나 통제하고 싶어 할 때, 끔찍한 것이 될 수 있습니다. 동시에 유동적이고, 놀랍고, 예측할 수 없는 삶의 특성에 자신을 맞추어가는 것은 우리를 해방시켜줍니다. 이것이 바로 우리가 살고 있는 세상인데, 환영하지 못할 이유가 있습니까?

노출 치료 실행

자신이 지닌 두려움에 맞서길 바라는 것과 실제로 두려움에 맞서는 것은 전혀 다릅니다. CBT가 노출 치료에서 제공하는 구조적인 접근법을 취하는 것은 도움이 크게 됩니다. 효과적인 노출의 원칙은 다음과 같습니다.

- 의도적: 우리가 우연히 두려움과 접촉하게 되었을 때 단순히 도망치지 않는 정도에 그치는 게 아니라, 더 나아가 의도적으로 두려움에 접근했을 때 우리는 자신의 뇌에 중대한 가르침을 주게 됩니다.
- 점진적: 우리는 보다 쉬운 것부터 시작을 해서 좀 더 도전적인 것들로 점진적으로 상향시켜갑니다.
- 장기적: 우리는 새로운 것을 배우기 위해서는 두려움에서 도망치기보다는 머물러 있을 필요가 있습니다.
- 반복적: 우리의 두려움에 대해 여러 번 반복하여 맞섬으로써 그것들을 누그러뜨릴 수 있습니다.

이러한 원리를 마음에 두고, 다음 단계에 따라 두려움을 극복해보십시오.

1. 두려움에 맞서는 방법을 모아놓은 목록을 만들어보세요. 실행의 어려운 정도가 다양한 항목들을 당신의 목록에 포함시키세요. 당신의 두려움을 유발할 수 있는 다양한 상황을 제시할 수 있도록 가능한 한 창의적으로 생각하세요.

2. 각 항목이 얼마나 어려울지 평가해보세요. 각각의 상황이 당신을 얼마나 고통스럽게 할지 추측해보세요. 0~10 척도는 효과가 좋은 편이지만, 원한다면 다른 척도를 사용해보십시오. 뒤에 나오는 사례를 살펴보세요.

3. 항목들을 어려운 정도가 강한 순서로 배열하세요. 노출 목록을 순서화하는 생각은 당신의 '위계hierarchy'라 부를 수 있습니다. 이 작업을 쉽게 하기 위해 스프레스시트에 위계를 구성할 수도 있습니다. 목록을 검토할 때, 숫자 2에서 7로 점프하는 것과 같이 큰 차이를 발견했나요? 만약 그렇다면, 중간에 항목을 추가할 수 있도록 더 쉽게 또는 더 어렵게 항목을 변경할 방법을 찾아보세요. 예를 들어, 힘든 활동을 사랑하는 사람과 함께하는 것은 그것을 더 감당할 만하게 만들 수 있고, 당신 혼자서도 할 수 있도록 변화를 촉진할 수 있습니다.

제이슨은 운전하는 것에 대한 두려움을 극복하기로 결심하였습니다. 그의 노출 위계의 간단한 형태는 다음과 같습니다.

활동	불편한 정도(0~10)
고속도로에서 혼자 운전하기	9
고속도로에서 친구를 태우고 운전하기	7
운전해서 출근하기	6
운전해서 식료품점 가기	5
집 근처에서 운전하기	4
주차된 차의 운전석에 앉기	2

4. 초기 노출 계획을 수립하고 완수하십시오. 당신의 위계 목록에서 항목을 선택하고 노출을 할 특정시간을 미리 정하세요. 낮은 난이도부터 중간 정도의 난이도 사이에서 하나를 선택하는 것이 가장 좋습니다ㅡ성취할 수 있을 만큼 충분히 쉽고, 해냈을 때 기분이 좋아질 만큼 충분히 어려운 것이 좋습니다.

효과적인 노출의 네 가지 원칙을 반드시 지켜야 합니다ㅡ특히 불편함을 견뎌내는 원칙이 지켜져야 합니다. 불안이 완전히 사라질 때까지 기다릴 필요는 없지만, 적어도 줄어들기 시작하는 시점에 도달하는 것이 좋습니다. 노출로부터 도망가는 것은 우리의 두려움을 더 강화시킬 가능성이 높습니다. 또한 안전판 행동에 의지하지 않도록 주의하십시오ㅡ만약 강박장애OCD를 앓고 있다면 강박행동도 여기에 포함됩니다.

5. 단계를 다듬는 과정을 계속하십시오. 각 활동을 더욱 쉽사리 해낸다고 느끼기 시작할 때까지 반복하세요. 노출 회기들은 새로운 학습 그 자체로 기반이 구축될 정도로 충분한 빈도로 진행되어야 합니다. 예를 들어, 매일 연습하는 것이 일주일에 한 번 연습하는 것보다 나을 것입니다. 그러나 같은 날 4회의 노출 회기를 갖는 것이 4일간 연속으로 노출 회기를 갖는 것보다 효과적이지 않을 수 있으므로 빈도가 높다고 항상 더 좋은 것은 아니라는 것을 명심하세요.

준비가 되었다면 더 어려운 단계로 올라가십시오. 그 과정은 사다리를 오르는 것과 같으며, 낮은 단계에서 성공함으로써 더 높은 단계로 오르는 게 가능해질 것입니다. 만약 힘든 훈련을 완료할 수 없는 경우에는 더 어려운 훈련을 다시 시도하기 이전에 더 낮은 단계로 돌아가 추가 훈련을 하십시오. 종종 아무 이유 없이 연습 회기들 사이동안 두려움의 수준이 달라지는 걸 알아차릴 수 있는데 그러한 현상은 정상적입니다. 따라서 일시적인 후퇴를 느꼈다고 멈추지 마십시오. 그냥 자신의 계획을 계속해서 실행해나가십시오.

노출을 실행하는 동안 필요하다면 앞서의 원칙들을 다시 확인해보십시오. 당신은 또한 '불편함을 받아들이기'와 같은 **생각하라 - 행동하라 - 존재하라** 전략 중 그 무엇이든 노출과 결합하여 실행할 수 있습니다. 노출 치료의 과정은 두려움을 낮춰줄 뿐만 아니라 의지를 북돋우고 불편함을 견뎌낼 능력을 키워줄 것입니다.

8장 요약 및 과제

만약 두려움을 그대로 내버려 둔다면 그것은 우리의 삶에 다양한 방식으로 영향을 미칠 것입니다. 이 장에서 일반적인 불안 상태, 그리고 불안이 우리의 경험에 영향을 미칠 수 있는 다른 방식들에 대해 검토해보았습니다. 우리는 또한 압도적인 불안과 두려움으로부터 당신의 삶을 되찾기 위하여 **생각하라 - 행동하라 - 존재하라**의 많은 전략들을 다루었습니다.

이러한 각각의 전략들은 함께 결합할 경우 좋은 효과를 냅니다 ─ 예를 들어, 노출하는 동안 우리가 두려워하는 결과에 대한 수용을 연습하고, 그것이 어떻게 진행될 것으로 예상하는지에 대한 우리의 예측을 검증해봅니다. 체계적인 노출 프로그램을 따름으로써 두려움을 극복하려는 결심을 진정한 발전으로 바꿀 수 있습니다.

당신이 두려움과 마주할 준비가 되었다면, 시작하는 방법은 다음과 같습니다.

1. 자신의 두려움에 대한 CBT 도표를 완성하고서 관련된 생각, 감정, 행동과 그것들 사이의 관계를 파악하십시오.

2. 직접적으로 명백하게 나타나지 않는 두려움이 자신에게 어떻게 영향을 미치는지에 대해 자세히 찾아보세요.

3. 앞으로 며칠 동안 연습하기 위해 생각하라 – 행동하라 – 존재하라의 범주에서 전략을 선택하십시오.

4. 만약 자신에게 노출 치료를 적용하기에 적합한 특정한 두려움이 있다면, 계획을 세워서 1단계부터 시작하여 꾸준히 노력해 나아가십시오.

5. 두려움에 직면하는 힘든 작업 그리고 지속적인 자기관리10장 참고 그 사이에서 균형을 잡으십시오. 스스로를 잘 챙긴다면 이 과정을 잘 통과하는 데 도움을 받을 것입니다.

평온함 유지하기: 과도한 분노 다루기

평온함 유지하기:
과도한 분노 다루기

분노는 그것이 좋든 나쁘든 간에 강력한 감정적 경험이 될 수 있습니다. 이 장에서는 문제가 될 수 있는 분노와 이를 효과적으로 관리하는 방법에 대해 살펴보겠습니다.

앨런Alan은 잠시 기다리다가 거울에 잠깐 비친 자신의 모습을 보고 깜짝 놀랐습니다. 거기에 비친 상기된 얼굴과 화가 난 표정은 그를 웃게 만들었습니다. '내가 미치광이 같아 보이네'라고 혼자 생각했습니다. 그의 불쾌한 경험은 45분 전에 그가 주문한 상품을 교환하기 위해 전화했을 때 시작되었습니다. 자동 응답 시스템이 계속 그를 기다리게 만들다가 몇 분 후에 통화가 끊기고 말았기 때문에 그는 여러 번 통화를 해야 했습니다. 담당자와 통화하게 되자 그는 몹시 화가 나기 시작했습니다.

앨런이 통화 연결이 어렵다고 불평하였을 때 담당자는 그다지 공감하는 것 같지 않았고, 그가 교환 요청을 하였을 때 그녀는 "반환이나 교환이 가능한 기간은 14일이고, 안타깝게 예외는 없습니다"라고 회사 방침을 인용했습니다. 앨런은 이를 악물고 자신의 참작할 만한 상황을 설명했습니다. 14일이 지나도록 주문한 것을 받지 못했다는 것, 최근에 이사를 했다는 것, 주소 업데이트가 등록되지 않았다는 것 등등…. 담당자는 짜증이 났으나 침착하게 "고객님, 고객의 주소 기록을 업데이트하는 것은 고객의 책임입니다"라고 대답했습니다.

화가 뻗친 앨런은 "말귀를 알아먹을 수 있는 사람과 통화하고 싶습니다"라고 대꾸했습니다.

"바꿔드릴 때까지 잠시 기다리세요." 5분 동안 연결음을 듣고 나서 통화는 끊어졌습니다. 앨런은 전화기를 벽에 던지고 싶은 충동을 참기가 힘들었습니다. 20분 후, 그는 비슷한 대화를 나누었고 "빌어먹을 고객 서비스를 실제로 해줄 수 있는 사람과 통화하겠다"라는 말을 끝으로 욕설들을 쏟아냈습니다.

고객 서비스 담당자, 고객, 친구, 배우자, 부모, 자녀, 상사 또는 낯선 사람과 함께든 아니든 우리는 모두 짜증나는 상황을 경험해본 적이 있습니다. 분노는 적절히 활용된다면 좋게 작용할 수 있습니다. 그러나 과도한 분노는 우리의 건강과 대인관계 모두에 유해한 영향을 끼칩니다. 우선 분노가 무엇인지, 어떻게 표출해야 하는지를 탐색해보고, 그 다음 분노의 관리 방법에 대해 알아봅시다.

분노를 이해하기

우리가 경험하는 분노를 묘사할 수 있는 단어들이 여러 가지 있습니다. 짜증과 과민은 약간 더 가벼운 형태의 분노를 묘사하는 반면, 격노rage와 격분fury은 더 강렬한 감정 상태를 암시합니다. 분노의 속성 또한 다양할 것입니다. 우리는 목표가 무산되었을 때 좌절감을 느낄 것이고, 분노가 불신과 뒤섞일 때 몹시 화가 날 것이며, 뭔가 정당한 일에 대해 심각한 침해를 인지했을 때 격분할 것입니다. 분노에 대한 다른 묘사들은 각각의 뉘앙스를 가지고 있습니다. 분개하는, 몹시 분한, 분해하는, 몹시 화가 난, 화가 나서 졸도할 지경인, 몹시 성난, 짜증이 난, 약간 화가 난, 속이 끓어오르는, 치를 떠는 등등.

모든 표현들의 공통점은 무엇일까요? 어떤 표현이든 뭔가 잘못되어 있다는 느낌이 들어 있습니다. 우리는 일이 어떻게 진행되는지에 대해 기대를 가지고 있고, 누군가 또는 무언가가 우리가 예상했던 것보다 더 좋지 않은 결과를 초래했을 때, 우리는 화를 내기 쉽습니다.

일이 뜻대로 되지 않을 때 가지고 있는 생각은 우리가 분노를 느끼는 정도에 중요한 영향을 미칩니다. 앨런의 고객 서비스 사례에서, "이건 내 시간을 완전히 낭비하는 일이야"라고 그는 스스로 생각했습니다. 그의 의식 바로 밑에는 "이 사람들은 내 시간을 낭비하고 있는 것에 개의치 않는다"는 생각이 관련되어 있었습니다. 그러한 해석이 그를 분노의 감정으로 몰아넣었습니다.

앨런은 분노를 표현하는 것과 관련된 생각도 하였습니다. 그는 분노가 쌓여감에 따라, 대화를 나누고 있는 사람이 자신을 잘못 대우하고 있다는 이유로 벌을 줘야겠다는 생각이 들기 시작했습니다. '그들이 나를 몰아붙일 만큼 내가 어리바리하지 않다는 걸 알아야 한다'라고 그는 되뇌었습니다.

앨런의 몸은 자신도 모르게 나름대로 일련의 반응을 보이고 있었습니다. 분노의 표적에 대하여 주의를 집중하면서 그의 혈압과 심장박동수가 증가하였습니다. 교감신경계가 완전히 활성화되면서 호흡도 빨라졌고, 도망보다는 싸움 상태로 기울어졌습니다. 그는 싸울 준비가 되었습니다.

우리는 분노에 대해 더 잘 이해할 수 있고, 과정 중에 개입할 수 있는 지점을 찾기 위해 분노의 요소를 나누어볼 수 있습니다. 우리가 어떤 취급을 받아야 하는지에 대한 기대가 위배되는 상황의 촉발로부터 분노에 대한 우리의 모델은 시작됩니다. 우리가 핵심 신념(제5장 참조)에 따라 하게 되는 생각은 감정적, 신체적 반응으로 이어질 것입니다. 이러한 생각, 감정, 신체감각들이 함께 우리의 주관적인 분노라는 경험을 구성합니다.

이 모델에서 우리는 분노를 경험하는 것과 분노를 표현하는 것 사이를 구분하는 것이 중요합니다. 전자는 물론 후자에 영향을 미칩니다. 왜냐하면 우리는 분노를 표현하기 전에 분노를 경험해야 하기 때문입니다. 그러나 분노에 대한 행동 여부와 어떻게 행동할지에 대한 선택은 우리가 할 수 있습니다.

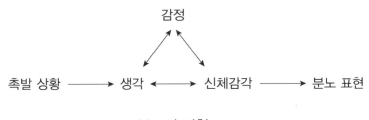

분노의 경험

예를 들어, 교통체증 상황에서 누군가가 끼어들어올 때 우리는 보복하기보다는 불평을 토로하기로 선택할 수도 있습니다. 아니면 우리의 분별력을 유지하기 위해 주의를 기울이면서 우리의 분노를 침착한 반응으로 전환시킬 수도 있습니다. 다른 경우에는 격한 말이나 신체적인 행동을 통해 대상을 공격하면서 분노를 마음껏 발산할 수도 있습니다. 극단적인 경우 통제되지 않은 분노의 결과로 폭력, 심지어 살인에까지 이를 수 있습니다.

우리의 생각은 분노를 표현하는 방법에 강력하게 영향을 미칠 것입니다. 만약 사람들이 나를 나쁘게 대하면 그들을 처벌해야 한다는 믿음이 있을 때, 우리는 분노에 따라 행동할 가능성이 높습니다. 이런 종류의 믿음은 '내가 그들을 좀 가르쳐주어야겠다' 또는 '그들은 그런 대가를 치를 만해'와 같이 분노 표현을 조장하는 생각을 불러일으킵니다.

분노의 유용성

우리의 다른 감정들과 마찬가지로 분노도 타당한 존재 이유가 있습니다. 분노는 매우 활기찬 상태이고, 우리 자신과 옳은 일을 위해 일어설 수 있는 추진력을 제공할 수 있습니다. 예를 들어, 가족들과 함께 유원지로 가기 위해 번잡한 도로를 건너는 교차로에서 우리 동네의 차들이 빨간 불임에도 계속 달리고 있었고, 몇 번이고 건너기 위해 아이들과 기다리고 있었습니다. 무엇이 옳은지에 대한 나의 생각이—아이들이 길을 건너려면 안전한 교차로가 필요해—침해되었고, 그 분노로 인해 저는 교차로에 더 많은 안전조치가 추가되어야 함을 지역 의원에게 알렸습니다. 분노는 대단한 동기를 부여할 수 있습니다.

분노는 또한 다른 사람들이 우리의 경계를 위반했다는 명백한 신호입니다. 우리는 일반적으로 누군가가 화가 났을 때 주의를 집중하기 때문에, 분노는 실제로 명확한 의사소통을 용이하게 할 수 있습니다. 사실, 분노를 적게 표현하는 것은 그것을 과도하게 표현하는 것만큼이나 문제가 될 수 있습니다. 우리가 불안에서 보았듯이, 분노도 득보다 실이 더 클 때 문제가 됩니다. 우리는 뚜렷한 이유 없이 자주 화를 낼지도 모릅니다. 다른 사람들이 실제로는 그렇지 않은데 우리를 비난한다고 가정하는 것과 같이 잘못된 해석을 성급하게 하여 분노를 일으킬 수도 있습니다. 아마도 우리는 분노하는 에피소드에서 헤어 나오는 데 어려움을 겪거나, 건강하지 못한 방법으로 분노를 표현할지도 모릅니다.

몇 가지 심리적인 상태가 분노와 관련된 문제를 일으킬 수 있습니다. 우울증은 가장 분명하게 가라앉은 느낌과 연관되어 있지만, 과민성 또한 매우 흔한 증상입니다. 과민성, 심지어 공격성도 외상 후 스트레스 장애PTSD의 과다각성의 일부분일 수도 있습니다. 범불안장애GAD의 만연된 걱정도 종종 과민성으로 이어집니다. 이와 유사하게, 강박장애를 가진 사람들은 다른 사람들이 자신의 강박을 촉발하거나 강박행동을 좌절시키는 것으로 인식하면 화를 낼 수도 있습니다. 과도한 분노의 원인이 될 수 있는 기저 상태를 치료하는 것이 중요합니다. 그러한 상태가 좋아질수록 분노와 과민성은 줄어들 것입니다.

과도한 분노의 원인은 무엇일까?

얼마나 자주, 얼마나 강하게 분노를 경험하고 표출하는가는 사람마다 매우 다양합니다. 다음과 같은 정신적 과정들은 높은 수준의 분노와 연관되어 있습니다.

선택적 주의

화를 잘 내는 사람들은 분노를 유발하는 것에 주의를 기울이는 경향이 있습니다. 예를 들어, 어떤 사람은 다른 운전자들의 공격적인 행동을 알아차릴 준비가 되어 있거나, 자신의 파트너가 비판적으로 말할 수도 있는 것들에 집중할 준비가 되어 있을 수도 있습니다. 이러한 것들을 더 많이 찾아낼수록, 화를 낼 이유를 더 많이 발견하게 될 것입니다.

편향된 생각

제5장에서 보았듯이 핵심 신념은 촉발적인 상황에서 우리의 생각을 움직입니다. 다른 사람의 행동을 적대적이고 사려 깊지 못한 것으로 해석할수록, 분노를 더 많이 경험할 것입니다.

되새김

우리를 화나게 만드는 것에 대해 몰두하고 여러 번 되풀이해서 되뇌기 쉽습니다. 우리를 화나게 했던 상호작용을 재생하면서, 다른 사람들이 우리를 어찌 그렇게 불공평하게 대할 수 있는지 의문을 품게 되며, 심지어 결코 일어나지 않을 짜증나는 논쟁의 각본을 써나갈 수 있습니다. 분노와 관련된 기억과 그 기분에 머무르는 것은 우리의 분노를 악화시킬 뿐입니다.

과도한 분노를 다루기 위한 전략들

분노는 전형적으로 빠르고 충동적입니다. 우리는 화난 사람을 성질이 급하거나 성미가 급하다고 표현합니다. 우리는 번득이는 분노를 느끼고는 맹렬히 비난하고 싶어집니다. 우리는 보다 느긋해지고, 진정된 상태가 되어, 어떻게 반응할지를 선택할 장소를 찾는 것이 필요합니다.

분노를 진정시키는 각각의 전략은 감정에 장악되기보다는 당신이 주도적으로 조종할 수 있도록 하는 방법입니다. 여기에 제시된 기법들은 우리에게 익숙한 **생각하라**인지 – **행동하라**행동 – **존재하라**마음챙김의 범주에 해당됩니다.

생각하라인지

- 자신의 촉발요인triggers을 알고 계십시오. 우리들 대부분에게는 자신의 인내심을 지속적으로 시험하는 사람이나 상황이 있습니다. 일반적인 예로는 운전하는 것, 시간에 쫓기는 것 또는 사랑하는 사람과 의견이 충돌하는 특정한 주제들을 들 수 있습니다. 분노를 다루는 전략들에 필요한 것은 우리를 자극할 가능성이 있는 것이 무엇인지 미리 알고 있는 것입니다. 시간을 내어 자신의 일반적인 촉발요인을 적어보세요.

- 과도한 분노로 인해 치러야 할 대가를 기억하십시오. 화가 났을 때는 분노에 빠져 그것이 초래할 결과를 무시하기 쉽습니다. 당신이 다뤄야 겠다고 마음 먹게 되는 그 분노는 지금까지 어떤 대가를 치르게 했나

요? 그것이 당신의 마음의 평화에 얼마나 영향을 끼쳤습니까? 당신의 가장 가까운 관계에 영향을 끼쳤습니까? 당신의 직장 생활에 영향을 끼쳤습니까?

• 자신의 생각을 면밀히 검토해보십시오. 제4장의 기법을 사용하여 분노와 관련된 자신의 생각을 확인하고 검토해보세요. 당신의 분노에 기름을 붓는 생각의 오류를 찾아보세요. 더 납득할 만하고 덜 짜증나게 만들어줄 대안적인 신념이나 설명이 있습니까?

분노를 다루기 위해 미리 계획하기

분노 에피소드는 그냥 일어나는 것이 아닙니다 — 그것은 일반적으로 특정한 선행사건을 가지고 있습니다. 우리는 종종 분노를 초래한 일련의 사건들을 시간이 지나고 나서야 이해할 수 있습니다. 이러한 조건들은 흡사 마른 장작과 같아서 분노의 불길을 점화시킬 불똥을 끌어당길 뿐이었습니다. 연습을 통해 우리는 버럭 화를 내기 이전에 앞에 펼쳐진 길을 내려다보면서 경고 표지판을 알아차리기 시작할 수 있습니다. 일단 우리가 앞으로 펼쳐질 것들을 내다보게 되면 우리에게 잘 맞는 전략을 사용할 수 있습니다. 즉, 도움이 될 만한 사고방식을 채택하고, 몇 번의 차분한 호흡으로 우리의 감정적인 흥분상태를 낮추고, 우리 스스로에게 압박감을 최소화할 수 있는 충분한 시간을 허용하며, 그 외에 이 장에 제시된 다른 기법들을 활용할 수 있습니다. 우리는 분노 에피소드를 항상 피할 수는 없지만 가능한 한 미리 계획을 세움으로써 함정에 완전히 빠지는 것을 막을 수 있습니다.

지하실 조명이 다시 켜져 있었습니다. 릭Rick은 큰소리로 욕을 했습니다. "얘들이 왜 불 끄는 걸 맨날 까먹는 거야"라고 짜증스럽게 생각했습니다. 그 후 그는 깨달았습니다 ― 이번 주에 겨우 두 번째였다는 것을. 릭은 여전히 아이들의 행동이 좀 더 한결같기를 바라지만, 자신의 생각을 확인한 후에는 짜증이 덜 났습니다.

분노가 우리의 이성을 압도할 수도 있기 때문에 그렇게 흥분한 와중에 자신의 생각을 바꾼다는 것이 비현실적일 수 있습니다. 그럴 때는 그저 머릿속을 스쳐가는 생각들을 메모해두었다가 더 차분해졌을 때 그 것들을 다시 평가하십시오.

- 자신이 지니고 있는 당위적으로 "~해야 한다should"는 생각에 의문을 품어보세요. 우리의 분노를 유발하는 생각에서 자주 나타나는 단어는 "~해야 한다"는 것입니다.

  "이건 그렇게 힘들면 안 돼."
  "그 사람들은 나를 더 잘 대해줘야만 해."
  "이 운전자들은 더 빨리 달려야만 해."

  이러한 "~해야 한다"는 생각은 일반적으로 생각에 오류가 있음을 반영합니다. 왜냐하면 우리는 어떤 결과를 선호할 수는 있으나, 우리가 위반하게 될 실제적인 규칙이 있는 것은 아니기 때문입니다. 위반에 대한 우리의 느낌을 점검해봄으로써 우리는 불필요한 분노를 줄일 수 있습니다.

- 스스로 가라앉히는 말을 하십시오. 화가 난 친구에게 대하는 방식대로 스스로에게 말하는 연습을 해보세요. 화가 나기 시작할 때 안정시켜줄 단어나 문장을 생각해내십시오. 예를 들면 다음과 같습니다.

  "진정해."
  "차분해지자."
  "이렇게 숨을 쉬어보자."
  "그렇게 화낼 필요 없잖아."

- 자신이 분노와 관련된 생각을 조장하고 있는 그 순간을 주목하십시오. 우리를 화나게 하는 것들을 마음속으로 반복함으로써 어떤 자극이 진행 중에 있지 않아도 자신의 분노에 기름을 부을 수 있습니다. 이런 방식으로 분노를 되새기는 것에는 우리를 화나게 하는 대화를 상상하는 것도 포함합니다―심지어 꾸며낸 상호작용에 대해서 화를 내기까지도 합니다! 마음챙김 연습은 되새김을 바로잡을 수 있도록 도움을 줍니다.

- 더 큰 목표를 기억하십시오. 분노의 대상에 우리의 관심이 집중되어 있어서, 더 큰 목표가 설 자리가 없게 만들 수 있습니다. 예를 들어, 우리가 아이들에게 좌절감을 느낄 때 아이들과 함께 육성하려고 노력하는 바로 그 관계까지도 망각하게 될지 모릅니다. 분노가 당신의 목표를 방해한 방식들을 적어보십시오. 화가 치밀어 오르는 것을 느낄 때, 자신에게 중요한 것들을 스스로 상기시켜 보십시오.

- 다른 사람의 행동에 대한 당신의 설명에 의문을 가지십시오. 우리가 실수를 저질렀을 때, 우리 자신 밖에서 원인을 찾아 변명하는 경향이 있습니다. 다른 사람이 실수를 저질렀을 때, 우리는 그 사람을 탓합니다. 예를 들어, 나는 밤에 운전하면서 하이빔으로 껐다 켰다를 하는데, 라이트를 꺼놓고서 켜지 않는 운전자들에게 짜증이 나곤 했습니다. 그래서 나는 그들이 틀림없이 멍청이라고 생각했습니다. 그러던 어느 날 밤 나 자신도 그런 짓을 저질렀는데요, 불 켜는 걸 잊어버린 줄도 모르고 목적지까지 내내 운전해간 적이 있습니다. 나는 우리 모두가 이러한 실수를 할 수 있다는 것을 깨달았고, 이러한 운전자들에게 짜증내는 걸 그만두었습니다.

  당신이 다른 사람의 결점을 그들의 품성character 탓으로 돌리고 있다는 것을 알아차렸을 때, 더 친절하고 더 정확한 설명이 있는지 스스로에게 물어보십시오. 아마 당신에게 끼어든 운전자는 단순히 '얼간이'가 아니라 아픈 아이 때문에 의사와 통화하고 있을지도 모릅니다. 우리가 다른 사람의 행동에 귀인시키는 것은 우리의 분노에 커다란 영향을 미칩니다.

- 당신의 "~해야만 한다have to"는 전제에 대해 의문을 가지십시오. 분노는 "저 운전자에게 한 수 가르쳐주어야만 하겠어", "우리 아이는 말대꾸하는

행동을 멈춰야 해", "당신은 내가 옳다는 걸 인정해야만 해"와 같이 반드시 뭔가 해야만 한다는 생각으로 이끌 수 있습니다. 이런 생각들은 우리가 곧 후회할 행동을 하도록 몰아갈 수 있습니다. 왜냐하면 거의 예외 없이 그런 것은 자신의 선호를 과장되게 확장한 생각이기 때문입니다. 예를 들어, 나는 당신이 내가 옳다는 것을 인정해주기를 정말로 원할 수도 있습니다. 만약 당신이 그렇게 해주지 않는다 하더라도 삶은 계속될 것입니다. 마음챙김하는 받아들임(6장 참조)을 기억하십시오.

- 분노로 반응하는 것이 유용한지에 대해 의문을 가지십시오. 분노는 스스로의 존재, 그리고 그것이 초래할 수 있는 행동 둘 다에 대해 정당화하기를 잘 합니다. 예를 들어, 다른 운전자들에게 보복을 하는 대부분의 운전자들은 상대방에게 한 수 가르쳐주어서 그들의 운전 실력을 향상시켜주기 위해 그렇게 행동한다고 말합니다. 그게 과연 도움이 될까요? 그 질문에 직접적으로 답해주는 데이터는 없지만, 이렇게 생각해봅시다. 당신에게 화가 난 운전자들의 행동 때문에 더 좋은 운전자가 되기로 결심한 적이 있습니까? 그러한 생각을 염두에 두고, 화가 나서 비난하는 행동을 좋은 계획인 양 여기게 만드는 생각들을 경계하십시오.

행동하라(행동)

분노에 대한 경험이나 표현은 또한 우리가 실행하는 행동에 달려 있습니다. 분노를 관리하는 데 도움이 될 수 있는 다음과 같은 행동들을 고려해보십시오.

수면을 충분히 취하십시오. 펜실베이니아 대학의 내 동료들이 보여주었듯이, 수면 부족은 사소한 좌절을 견딜 수 있는 우리의 능력을 떨어뜨립니다. 불충분한 수면은 또한 우리의 억제력을 감소시키고, 공격성과 폭력에 대한 위험을 증가시킬 수 있습니다. 수면에 대한 자세한 내용은 10장을 참조하십시오.

몸이 불편한 상태를 알아차리십시오. 우리의 신체 상태는 짜증과 분노에 큰 영향을 미칩니다. 배고프거나, 통증이 있을 때, 또 그 외의 다른 불편함이 있을 때, 우리는 분노를 조절하는 데 어려움을 더 많이 겪을 것입니다. 개인적으로 나는 저녁을 요리하는 동안 내가 열을 많이 받고 있다는 것을 알아차리지 못하고 짜증을 낸 적이 수없이 많았습니다. 때때로 스웨터를 벗는 것처럼 간단한 일로 기적 같은 효과를 낼 수 있습니다. 우리가 몸의 안녕에 신경을 더 많이 쓸수록, 문제되는 분노를 표출할 일이 줄어들 것입니다.

스스로 충분한 시간을 갖도록 하십시오. 우리는 무언가에 늦었을 때 스트레스를 받고 성급해지는 경향이 있습니다—일이 뜻대로 돌아가지 않으면 화를 폭발시킬 여건이 갖춰지는 것입니다. 불필요한 스트레스와 분노를 막기 위해 해야 하는 일에 충분한 시간을 스스로에게 설정하십시오.

필요한 경우 논쟁을 미루십시오. 대부분의 의견 불일치는 즉시 해결될 필요가 없습니다. 만약 갈등이 고조되거나 폭발 일보 직전에 다다른 것을 확인하였다면, 당신이 진정될 때까지 논의를 잠시 멈추도록 해보십시오. 분노는 우리가 지금 이 문제를 해결해야 한다는 것을 말해줄 수 있지만, 스스로에게 물어보십시오—침착하게 무언가를 다루었을 때와 분노로 흥분한 가운데 무언가를 다루었을 때, 당신은 어느 때 후회를 하게 되었나요?

당신의 욕구를 주장하십시오. 다른 사람들이 우리의 욕구에 방해되는 일을 할 때 우리 중 상당수는 수동성과 공격성을 번갈아 나타냅니다. 우리가 분노를 삼키고 참고 있으면, 결국 한꺼번에 모든 게 터져 나올 만한 압력 상태를 만들어놓게 됩니다.

마틴은 침대에 누워 이웃의 시끄러운 음악을 듣고 있었습니다. 이걸로 이번 주에만 네 번이나 잠에서 깨게 되었습니다. 결국 그는 진절머리가 났습니다. 가운을 입고 슬리퍼를 신은 채, 이웃 집에 걸어가 문을 쾅쾅 두드렸습니다. 그의 이웃이 마침내 문을 열자 마틴은 그에게 소리를 질러대기 시작했습니다.

우리의 욕구가 침범당할 때 그러한 욕구를 묻어두고 좌절감과 억울함을 쌓아가기보다는, 그러한 문제를 정면으로 다룸으로써 보다 더 효과적으로 대처할 수 있습니다. 자기주장에 대한 더 많은 것을 알고 싶으면 「자원」 부분을 참고하십시오.

존재하라 마음챙김

감정이 격해지고 생각을 하기가 어려울 때, 마음챙김이라는 도구는 매우 유용할 수 있습니다. 분노는 우리가 충동적으로 행동하도록 만듭니다. 아론 T. 벡 박사의 제안처럼, 우리는 분노를 행동하지 말라는 명령의 신호로 재해석할 수 있습니다. 왜냐하면 아마도 우리가 화가 나서 하는 행동들을 후회하게 될 것이기 때문입니다. 비록 순간적으로 흥분해서 우리의 생각이 우리에게 다르게 말해줄지라도 말입니다. 종종 화가 났을 때 가장 좋은 방법은 아무것도 하지 않는 것입니다. 저는 이 섹션에서 가장 엄격한 의미의 마음챙김 연습은 아니지만 마음챙김 접근법과 상당히 겹치는 몇 가지 이완 기법들을 추가하였습니다.

- 현재에 집중함으로써 분노를 되새김하는 것에서 벗어나십시오. 앞에서 논의했듯이, 우리를 화나게 하는 것들을 되새김하는 것은 분노를 지속시킬 뿐이고, 이러한 생각의 반복에서 벗어나는 것은 쉽지 않습니다. 머릿속에서 계속 맴돌기보다는, 무엇이든 자신이 지금 하고 있는 것을 현재

와 연결시켜줄 중심점으로써 활용할 수가 있습니다. 예를 들어, 우리가 저녁을 만들고 있다면, 우리는 채소를 썰 때의 감각, 기름에 볶는 소리, 양파와 마늘을 요리할 때 나는 냄새 등에 주의를 기울일 수 있습니다. 일상 활동에서의 마음챙김에 대한 자세한 내용은 6장을 참고하십시오.

• 받아들임을 연습하세요. 분노의 대부분은 어떤 것이 실제의 그것과는 달라야만 한다는 우리의 믿음에서 비롯됩니다. 우리는 주의 깊은 알아 차림을 통해 이러한 판단을 떠나보낼 수 있습니다. 우리가 바라지 않았 던 결과에 대해 분노로 맞서기보다는 펼쳐지는 일들에 대해 열린 마음 을 가질 수 있습니다. 이러한 연습은 분노를 되새김질하는 행동을 놓아 버리는 데 특히 도움이 될 수 있습니다.

• 자신의 분노를 알아차리십시오. 마음챙김 연습을 통해, 우리는 분노와 관련된 생각, 감정, 행동을 더 잘 알아차릴 수 있습니다. 예를 들어, 우 리는 배우자와 어려운 주제의 이야기를 꺼내면서 긴장을 느끼고 싸울 준비가 되어 있다는 것을 알아차릴지도 모릅니다. 이러한 알아차림은 우리가 후회할 일을 저지르기 전에 분노를 다스릴 기회를 제공합니다.

• 자신의 패턴에 대해 알고 계십시오. 마음챙김은 또한 우리가 화내는 경향이 있을 때, 특정한 시간이나 상황에 대한 우리의 알아차림을 높일 수 있습니다.

진Gene은 주로 저녁 식사 후에 자신이 쉽사리 짜증을 내고 성급함에 빠 진다는 사실을 깨달았습니다. 그는 가족들에게 매몰차게 대하고 나서 곧바로 좌절감을 느끼곤 했습니다. 이렇게 자동조정autopilot되는 상태에 서 벗어남으로써, 그러한 취약한 시점에 자신의 감정을 다스리기 위한 전략들을 활용할 수 있었습니다.

• 당신의 주된 감정을 파악하세요. 분노는 때때로 다른 감정에서 나오 게 됩니다. 예를 들어 우리는 상처받거나 거부감을 느끼고 분노 로 반응할 수도 있는데, 어떤 면에서는 이것이 우리에게 더 편안 한 감정일지도 모릅니다. 또는 주변 운전자가 거의 사고를 일으킬

뻔해서 우리의 공포 반응이 분노로 빠르게 변환될 때처럼, 우리가 느끼는 두려움은 폭언을 퍼붓도록 촉발할 수도 있습니다. 때로는 분노의 밑바탕에 무언가가 있을 수 있음을 주목하십시오. 일단 분노로 이어진 감정을 인식하게 되면, 그 감정이 분노에 덧씌워져 어찌할 바를 모르기보다는 감정의 근원을 다룰 수 있게 됩니다.

• 긴장을 이완하십시오. 분노는 긴장된 상태이므로, 신체의 이완은 분노 상태를 완화시킬 수 있습니다. 차분한 호흡과 함께 스스로 긴장을 이완하는 걸 단순히 상기하는 것만으로도 긴장을 줄일 수 있습니다. 우리가 분노에 시달리지 않을 때 깊은 이완 연습을 하는 것이 도움이 되며, 지시문에 따라 긴장에서 벗어날 수 있습니다.233~5쪽의 점진적 근육 이완 섹션을 참고

• 화가 날 때 숨을 쉬세요. 우리는 분노에 반사적으로 반응할 필요는 없습니다. 그 대신 그것을 참는 법을 배울 수 있습니다. 화가 날 때 호흡을 함으로써, 파도가 솟아올라 최고조에 달했다가 다시 떨어지는 것처럼 분노가 자신의 흐름을 따라가도록 허용함으로써 우리는 화가 나는 경험에 대해 열린 마음을 가질 수 있습니다. 마음챙김 호흡법은 또한 부교감신경계와 연관이 있어 싸움-도망 반응을 잠잠하게 할 것입니다.

• 분노를 관찰하십시오. 우리는 경험에 대하여 관찰자 역할을 맡음으로써 자신의 분노에서 조금 물러설 수 있습니다. 우리는 화가 난 상태에 대해 100% 파악하려고 하기보다는, 자신의 반응에 대한 약간의 관망 상태를 유지하면서 분노가 자신을 통과하여 지나가는 것을 관찰할 수 있습니다. 이렇게 분노 반응을 관찰하게 되면, 우리는 생각과 감정에 따라 행동할 필요가 없다는 것을 알아차리기 시작합니다.

분노를 다스리기 위한 명상

다음의 연습에서 우리는 해소되지 않은 분노를 다스리기 위한 수단으로 몸과 호흡을 활용합니다.

1. 몇 번의 기본적인 호흡 명상부터 시작하십시오.135쪽 참고 자신의 몸과 발가락에서 머리까지 나타나는 감각들은 그 무엇이든 느껴보십시오.
2. 자신을 분노로 이끌었던 상황들을 가능한 한 생생하게 그려보고, 그러한 상황들이 불러일으키는 감정들을 열린 마음으로 대하십시오.
3. 몸에서 분노가 표현되는 부위 — 예를 들어, 턱을 꽉 물던가, 속이 꽉 막히는 느낌 — 에 주목하십시오. 이렇게 분노가 몸으로 나타날 때 호흡을 해보십시오. 자신의 경험을 자비롭게 대하면서 그러한 감정을 위한 여지를 만들어보십시오. 그리고 그것을 그대로 놔두십시오. 자신의 감정에 저항하거나 자신에게 일어나는 반응에 대해 스스로를 비난하지 않도록 주의하십시오.
4. 자신이 경험에 대하여 목격자가 되어, 자신의 감정에 완전히 얽혀 들어가지 않으면서 그 감정을 관찰하는 것을 연습하십시오. 만약 관찰자의 역할을 하는데 당신이 어려움을 겪는다면, 그것도 괜찮습니다 — 분노에 쉽사리 휩싸일 수 있기 때문입니다. 만약 감정에 압도당하는 느낌이 들면, 분노가 장악한 상태가 느슨해질 때까지 부드럽게 호흡으로 주의를 돌리십시오.
5. 시간이 흐름에 따라 자신의 감정이 어떻게 바뀌어가는지 알아차리면서 당신이 원하는 만큼 신체감각을 느끼며 호흡을 지속하십시오. 분노의 강도가 약화되었으면 눈을 뜨기 전에 다시 주의를 호흡으로 가져오십시오. 무엇이 느껴지는지 주목해보십시오.

이 명상은 우리가 분노를 느끼는 것과 반응하는 것 사이에서 잠시 멈추는 것을 연습할 수 있게 해주며, 우리가 강렬한 감정을 다스리기 위한 보다 더 좋은 선택을 할 수 있게 해줍니다.

9장 요약 및 과제

조절되지 않는 분노는 갈등, 공격, 심지어 폭력으로까지 이어질 수 있습니다. 이 장에서는 과도한 분노를 유발하는 요인을 살펴보고 이를 다스리는 방법을 서술하였습니다. 우리 삶에서 분노를 사라지게 만드는 것이 목표가 아님을 명심하십시오. 대신, 우리는 그것을 통제하는 법을 배울 수 있습니다. 이 장에서 연습해야 할 것은 다음과 같습니다.

1. 당신 자신의 분노 경험에 대해 더 많이 알아보기 위하여 화가 났던 특정 상황에 대한 도표를 완성해보십시오.

2. 분노가 일어난 상황에서 분노와 관련된 생각의 일부를 포착하고 검토하기 위하여 그러한 생각을 기록해보십시오.

3. 분노를 다스리는 연습을 하고 싶은 상황들에 주목하기 시작하십시오.

4. 연습을 시작하기 위해 생각하라 – 행동하라 – 존재하라 범주에서 한두 가지 기법을 선택하십시오.

5. 각각의 기법이 당신에게 어떻게 작용하는지를 적어보고, 필요에 따라 새로운 기법을 추가하십시오.

6. 분노를 다스리는 가장 좋은 방법을 상기하기 위하여 전략 목록을 자주 참고하십시오.

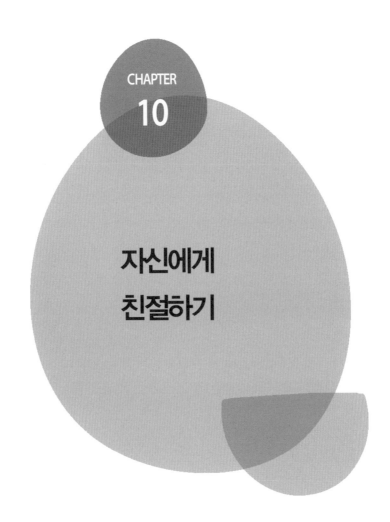

CHAPTER
10

자신에게
친절하기

CHAPTER 10

자신에게
친절하기

지금까지 인지, 행동, 마음챙김 기반 전략들을 다루었고, 이러한 연습이 강한 감정을 다스리는 데 어떻게 도움이 될 수 있는지 살펴보았습니다. 이 장에서는 우리 자신을—몸과 마음과 얼을—돌보는 실용적인 방법에 대하여 검토해봅시다.

존John은 시계 알람이 울리자 얼굴을 찡그렸습니다. "좀 더 일찍 잠자리에 들었어야 해"라고 혼잣말을 하며 일어나 앉아 양쪽 눈을 비볐습니다.

빠르게 샤워를 마친 후, 존은 커피 한 잔과 냉동 와플을 들고, 직장에서 오늘이 중요한 날임을 생각하면서 빠르게 식사를 했습니다. 그는 싱크대에 접시를 놓으면서, 힘겨운 출근 시간을 위한 준비를 마쳤습니다.

차 안에서 그는 매일 세상에 잘못된 모든 일들을 상기시키는 라디오 뉴스를 듣는 것과 동시에 오늘 직장에서 자신이 잘못해서 엉망으로 만들 수도 있는 온갖 경우의 수를 걱정하는 것 그 두 가지 사이를 오가며 주의가 분산되었습니다.

정오까지는 의외로 잘 지나갔고, 존은 배가 고파서 휴식을 취하려고 했습니다. 그러나 동료들이 델리delicatessen, 조리된 육류나 치즈, 흔하지 않은 수입 식품 등을 파는 가게 - 옮긴이에서 점심을 같이 먹자고 했을 때, 존은 점심 식사를 제대로 할 만큼 충분히 일이 되어 있지 않다고 생각했습니다. 대신 그는 책상에서 먹을 수 있게 자판기에서 약간의 스낵, 그리고 카페인과 설탕을 보충하기 위한 소다를 함께 집어 들었습니다.

그날 오후 자판기에 세 번이나 가서 땅콩버터 크래커와 밀크 초콜릿을 많이 사 먹었는데, 한 번은 배가 고파서, 또 한 번은 지루하고 불안할 때, 마지막 한 번은 4시 슬럼프를 이겨내기 위해 늦은 오후에 다이어트 콜라를 또 하나 마셨습니다.

하루 중 두 번째로 스트레스를 받는 퇴근길 교통체증을 겪은 후, 존은 저녁 식사 전에 운동하러 갈까 생각을 했으나, 힘이 남아 있는지 자신할 수 없었습니다. 대신 냉장고에서 남은 피자와 맥주 캔 두 개를 꺼내 먹으며 TV를 시청하였습니다. 그다음으로 아이스크림 1파인트를 해치웠습니다.

자정 무렵에 존은 TV 앞에서 졸기 시작했습니다. 최근 수면이 잘 이뤄지지 않아 위층으로 올라가 잠자리에 들기까지 잠을 깨지 않으려고 최선을 다했습니다. 그의 절실한 소망에도 불구하고, 그는 머리가 베개에 닿는 순간 완전히 깨어난 상태가 되었습니다. '내일은 완전히 망했어'라고 생각하며 그는 잠들기 위해 더욱 노력을 하였습니다.

한 시간 동안 뒤척이던 존은 잠이 오는데 도움이 될까 하여 TV

를 다시 켰습니다. 알람은 다음 날 아침 여전히 울어댔고, 존은 이제 겨우 화요일이라는 것을 알고는 움츠러들었습니다. "이런 짓은 그만 두어야 해"라고 그는 혼잣말을 했습니다.

존은 활력을 고갈시키고 기분을 상하게 하는 행동의 악순환에 갇혀 있습니다. 아래 그림에서 보여주듯이, 그의 습관은 기분과 활력에 영향을 미치며, 이것은 다시 습관으로 끊임없이 계속됩니다.

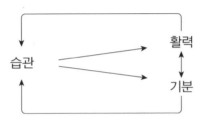

예를 들어, 존의 카페인 섭취는 그의 수면을 방해하고 있는데, 이것은 그를 피곤하게 만들고 운동할 의욕이 생기지 않게 합니다. 운동 부족은 그의 기분이나 활력 수준에 도움이 되지 않고, 이것은 그가 낮에 힘을 얻기 위해 카페인에 의존하고 밤에는 긴장을 풀고 잠에 들기 위해 알코올에 의존하도록 계속 강요합니다. 이러한 도움이 되지 않는 습관들 외에도 존은 반복적으로 뒤늦게 후회하고, 스스로를 비난합니다.

존에게 이런 방법으로 행동하도록 안내해주는 인생의 코치가 있다면 우리는 어떻게 생각할까요? 아마도 그가 이런 나쁜 습관이 지속되도록 안내하는 끔찍한 코치를 두었다고 생각할 것입니다. 우리는 심지어 그 코치가 진짜로 존에게 관심을 가지는지 의문을 품을지도 모릅니다. 그럼에도 불구하고 실제로는 아주 현실적으로, 존은 자신의 코치로서 행동을 하고 있었고, 스스로에게 지시를 내리며 그것에 따르고 있었습니다.

우리의 기분을 좋게 만들고, 목표를 향해 나아갈 수 있도록 도와주는, 스스로를 챙기는 가장 중요한 방법을 몇 가지 고려해봅시다.

숙면을 취하십시오

우리가 최고의 상태로 기능하려면 충분한 숙면이 필요합니다. 불행하게도 미국의 수백만 명의 성인들은 잠을 잘 충분한 시간이 부족하거나 또는 불면증을 가지고 있어 수면 부족을 겪고 있습니다.

어느 정도의 수면 시간이 필요할까요?

우리들 대부분은 하룻밤에 8시간의 수면이 필요하다고 들었습니다. 실제로는 그렇게 간단하지 않습니다. 미국 국립수면재단National Sleep Foundation의 최신 지침은 대부분의 성인에게 하룻밤에 7~9시간노인의 경우 7~8시간의 수면을 권장하고 있습니다. 소수의 사람들은 실질적으로 6시간만 필요로 합니다.

자신의 수면 시간이 어느 정도인지 어떻게 계산할 수 있을까요? 2주 동안 잠자리에 든 시간과 일어난 시간을 기록하면서, 자신의 수면을 추적해보십시오. 하룻밤 중 초반, 중반, 후반 중에 자신이 깨어 있었던 대략적인 시간을 빼십시오. 매일 밤의 수치를 토대로, 자신의 평균 수면 시간을 계산할 수 있습니다.

예를 들면, 당신이 오후 10시 30분에 잠자리에 들고, 오전 6시 30분에 일어나 8시간을 잠자리에 있었다고 해봅시다. 잠드는 데 10분이 걸리고, 보통 밤중에 20분 정도를 깨어 있으며, 그 후 오전 6시 30분에 알람이 울릴 때까지 잠들었습니다. 이날 밤 당신의 총 수면 시간은 8시간에서 30분을 빼서, 7시간 30분이 될 것입니다.

낮 시간 동안 자주 졸리다면—그 원인이 건강상태예: 수면 무호흡증 때문이 아니라면—당신은 아마도 계산한 시간보다 더 많은 수면이 필요할 것입니다. 만약, 당신이 아침에 비교적 상쾌한 기분으로 계속해서 일어났고, 낮 시간 동안 너무 졸리지 않다면그리고 깨어 있기 위해 카페인이나 다른 자극제에 의존하지 않는다면, 당신은 아마도 충분한 수면을 취하고 있는 것으로 보입니다.

너무 짧은 수면으로 생기는 문제들

우리가 수면을 충분히 취하지 않게 되면, 사실상 생활의 모든 영역에서 고통을 받게 됩니다. 우리의 기분, 활력, 집중력, 대인관계, 업무 수행능력, 운전 능력 등등 수많은 영역에서 어려움을 겪게 됩니다. 그럼에도 불구하고 수많은 사람들이 졸음을 밀어내고 버텨내기 위해 자극제를 사용하고, 충분한 수면을 놓침에 따라 예상되는 손실을 무시합니다. 수면이 시간을 낭비하고 아무것도 하지 않는 것으로 보인다면, 수면에 우선순위를 두는 것이 어려울 수 있습니다. 친구들과 어울리기, 더 많은 일을 하기, 우리가 좋아하는 쇼를 시청하기, 그리고 수많은 다른 활동들이 우리의 수면 욕구와 경쟁합니다.

하지만 수면은 결코 비활동적인 상태가 아닙니다. 우리의 몸은 정지되어 있을지 모르지만, 우리의 뇌는 일하느라 바쁩니다. 적절한 양의 수면을 취하면 더 나은 학습과 기억력을 유지하기 때문입니다. 또한 수면은 우리 몸의 치유를 용이하게 하는 반면, 수면 부족은 우리 몸의 염증 수치를 상승시키는 것으로 밝혀졌습니다. 수면을 줄이면, 그것은 우리 자신에게 손상을 끼치게 됩니다.

만약 당신의 친구가 잠을 더 자고 싶었지만 그것을 우선순위에 놓기를 힘들어 한다면, 당신은 좋은 친구로서 어떤 말을 해줄 수 있을지 생각해보십시오. CBT의 도구를 활용하여 그러한 친구들을 어떻게 도울 수 있을까요? 다른 작업과 마찬가지로, 언제 일어날 계획인지, 잠을 얼마나 자려고 하는지에 따라서 구체적인 수면 시간을 계획할 수 있을 것입니다. 또한 우리가 통상의 취침 시간을 언제 시작해야 할지 스스로에게 알려주기 위해 알람을 설정할 수도 있습니다. 7장을 참조해서 거기에 제시된 많은 실습들을 자신의 취침 시간 지연 문제에 적용해볼 수 있습니다.

당신이 수면을 더 많이 취하는 것에서 보상을 받는다고 느끼기 시작하면, 계속해서 휴식을 우선시하려는 동기가 생길 것입니다. 또한 낮 시간 동안 더욱 또렷해지고 생산적으로 활동하는 자신을 발견할 수도 있는데, 이는 깨어 있는 시간이 더 적은 측면을 충분히 보상해줄 수 있습니다.

깨진 수면 주기를 어떻게 바로잡을까요?

하지만 만약 당신의 문제가 제시간에 잠자리에 드는 것이 아니라면 어떨까요? 만약 여러분이 침대에서 많은 시간을 보내고 있지만, 잠에 들 수 없다면 어떨까요? 만약 당신이 잠들기 위해서 또는 수면을 유지하기 위해 계속해서 애를 쓰고 있다면, 또는 자신이 의도한 시간보다 훨씬 전에 일어나게 된다면, 당신은 수백만의 사람들과 함께 불면증을 앓고 있는지도 모릅니다. 불면증insomnia은 종종 명백히 수면장애가 원인이 되어 시작됩니다. 우리는 수면을 방해하는 약을 복용했거나 업무 스트레스 때문에 뜬눈으로 밤을 지새울지 모릅니다.

당연히 우리는 모자란 잠을 보충하려고 잠자리에 일찍 들거나, 잠을 설친 후에도 늦잠을 자거나, 낮잠을 청하거나 할 것입니다. 불행히도 우리는 종종 그 과정에서 수면을 더 나쁘게 만들게 됩니다. 예를 들면, 당신이 늦잠을 자면 아마도 그날 밤에 잠드는 데 어려움을 겪을 것입니다. 침대에 누워서 잠들지 못하는 것은 대개 수면에 대한 불안으로 이어져 불면증을 악화시킵니다. 그 결과 원래의 문제예: 업무 스트레스가 해결된 뒤에도 계속 잠을 제대로 이루지 못할 수도 있습니다.

만성적인 수면곤란에 대한 최고의 치료는 불면증을 위한 인지행동치료cognitive behavioral therapy for insomnia(CBT-I)입니다. CBT-I의 지침들은 대체적으로 좋은 수면 습관들에 대한 것으로서, 다음과 같은 사항들입니다.

- 매일 같은 시간에 잠자리에 들고 일어나기
- 실제적으로 잠을 잘 수 있는 시간 동안만 침대에 누워 있도록 계획하기
- 침대를 수면을 위해서만 사용함으로써 (성관계는 예외) '침대는 곧 수면'이라는 관련성을 강화하기
- 잠을 이루기 어려운 경우 잠자리에서 빠져나옴으로써 잠을 못 자는 것에 대한 불안과 침대 사이의 연결 고리를 끊기
- 수면에 도움이 되지 않는 생각들을 그만두기예: 잠을 못자서 다음 날 얼마나 끔찍할지에 대한 파국적 사고
- 불면증과 함께 전형적으로 발생하는 긴장과 불안에 대응하기 위하여 이완 기법을 실행하기

- 마음챙김과 받아들임을 연습함으로써 수면과 관련된 걱정을 중단시키고, 억지로 잠들려는 노력을 놓아버리기
- 카페인 섭취를 제한하기(특히 점심시간 이후) 침실을 시원하고 어둡고 조용하게 만들기, 전자제품을 침실 밖에 두기, 규칙적으로 운동하기와 같이 좋은 수면을 도와주는 습관들을 따르기
- 밤에 잠을 잘 자기 어렵게 만드는 낮잠을 가급적 피하기
- 수면 시간이 다가오고 있음을 자신의 몸과 두뇌가 알도록 해주는, 서서히 멈추며 긴장을 풀어주는 시간을 갖기(예: 부드럽게 스트레칭하기, 즐거운 독서시간 갖기, 허브차 마시기)

그동안 부실한 수면으로 힘들었다면, 이번 주에 따라하고 싶은 수면 지침이 있습니까? 당신의 계획을 노트에 적어보세요.

자신의 몸과 두뇌에 영양을 공급하기

우리가 몸에 공급하는 음식이 우리의 신체 건강에 영향을 미친다는 것은 잘 알려져 있습니다. 예를 들어, 만약 우리가 많은 양의 설탕을 먹는다면, 우리는 비만과 제2형 당뇨 같은 건강 문제가 더욱 발생하기 쉬워질 것입니다. 우리는 또한 혈당이 급격히 오르는 것을 경험할 것이고 이후에는 급격히 떨어져 낮은 에너지와 당 부족으로 이어지는 그러한 악순환이 계속될 것입니다.

식습관이 우리의 정신적, 정서적 안녕에도 큰 영향을 미친다는 증거가 점점 늘어나고 있으며, 이는 영양 정신의학/심리학이라는 새로운 정신 건강 분야로 이어지게 되었습니다.

정신 건강을 위한 식단

정신 건강을 위한 식이요법의 권장사항은 다양하지만, 그것들은 일관되게 최소한으로 가공된 식품들—특히 야채나 과일, 견과류, 콩류, 감자, 통밀, 생선, 올리브유와 같은 건강한 지방—을 섭취할 것을 요청합니다. 제한하거나 피해야 할 식품들은 고도로 가공된 식품, 정제된 설탕, 패스트푸드, 트랜스 지방예: 수소첨가유(hydrogenated oil)이 포함됩니다.

이러한 권고사항은 '지중해식 식단'과 유사하며, 지난 10년간의 연구에서는 이러한 식습관이 정신 건강에 중대한 영향을 미친다는 것을 보여주고 있습니다. 예를 들어, 영국 정신의학저널The British Journal of Psychiatry의 어느 2009년 연구는 가공식품이 많이 포함된 식단은 5년 동안 우울증에 걸릴 확률을 58%까지 높인다는 것을 발견했습니다. 다른 연구들에서는 불안장애에서도 식단이 비슷한 영향을 준다는 것을 보여주었습니다.

이와 같은 종류의 첫 연구에서는 이러한 연관성에 근거하여 우울증 치료의 일환으로 지중해식 식단에 더하여 생선유 보충제를 사용하였습니다. 그 결과 식생활의 변화가 대조군에 비해 더 큰 향상을 나타냈고 6개월간 유지되던 우울 증상이 3개월간 평균 50% 가까이 감소하는 것으로 나타났습니다.

지중해식 식단의 장점 중 한 가지는 건강상의 이점 이외에도 지나치게 제약적이지 않기 때문에 매력적으로 보이는 경향이 있다는 것입니다. 이 지침은 다양한 색깔의 과일과 야채, 많은 건강한 지방 그리고 충분한 단백질을 허용합니다.

연구자들은 식이요법이 우리의 정신 건강에 어떠한 영향을 미치는지 밝히기 위해 노력해왔고, 그 핵심 요인은 염증으로 보입니다. 예를 들어, 한 연구는 인체의 염증을 유발하는 음식이 많이 포함된 식단은 우울증으로 발전할 확률을 두 배 이상 높이는 것을 발견했습니다. 흥미롭게도 이러한 연관성은 여성들에게만 해당이 되었습니다. 하지만 남성들 역시 앞에서와 같은 식단 지침을 잘 따르는 것이 현명할 것입니다.

"과일과 채소, 건강한 지방 함량이 높은 음식, 견과류, 생선, 덜 가공된 음식이 풍부한 식단을 더 많이 섭취할수록, 정신질환이 발생하는 것을 더욱 막아준다."

— 줄리아 J. 루클리지 & 보니 J. 카플란

건강을 위한 식사에서 어려운 점

건강한 음식을 섭취하는 것이 상당한 이점이 있음을 고려할 때, 무엇이 그렇게 많은 사람들로 하여금 이러한 지침을 따르는 걸 어렵게 만들까요? 대부분의 문제는 단순히 불편함입니다. 이번 장 앞부분에 나오는 존을 생각해보십시오. 시간에 쫓기게 되면, 냉동 와플이나 자동판매기 스낵 같은 간편식에 쉽게 손이 갑니다. 당신이 기차역에서부터 서둘러서 이동 중에 뭔가를 먹어야 할 때 빠르고, 간단하며, 덜 건강한 선택지가 수없이 많이 있습니다. 집에서도 마찬가지입니다—제대로 먹기 위해서는 사전 계획, 즉 요리를 선택하고, 식료품 목록을 만들고, 식료품점에 가며, 우리가 만드는 법을 모른다면 어떻게 요리하는지를 배우는 것과 같은 것들이 필요합니다. 이와 반대로 가공이 많이 된 선택지들은 가방을 여는 것만큼이나 쉽습니다.

간편식은 또한 지방, 설탕, 소금이라는 3종 세트를 제공하는 경향이 있는데, 이는 고도로 강력한 조합입니다. 우리가 건강한 식사를 하려고 생각하면 힘겨운 투쟁을 하게 되고, 결국 우리가 알지도 못하고 발음조차 할 수 없는 성분들로 만들어진, 대부분 다양한 황갈색의 색조로 된 음식들을 소비하는 것으로 끝날 수 있습니다. 만약 당신이 더 잘 먹는 것에 전념한다면, 그 목표를 향해 나아갈 계획을 세우도록 하십시오. 당신이 시작할 수 있도록 「자원」 섹션에 메이요클리닉Mayo Clinic의 정보를 포함시켜놓았습니다. 정신 건강뿐만 아니라 더 나은 신체 건강과 장수를 포함하는 건강한 식단의 이점에 기초하여 우리 자신에 대한 투자를 위하여 노력할 가치는 충분히 있습니다.

몸을 움직이세요

건강한 식단과 마찬가지로, 지속적인 운동은 건강의 모든 면에 필수적인 부분입니다. 신체 건강에 미치는 운동의 이점은 잘 알려져 있습니다. 여러 연구들은 운동이 알츠하이머병과 같은 만성적인 통증과 신경 퇴행적인 상태뿐만 아니라 불안, 우울, 섭식장애, 물질 사용 장애와 같은 심리적 건강 문제에도 긍정적인 영향을 미친다는 것을 보여주었습니다. 우울증에 대한 운동 효과는 가장 많이 연구되어 왔는데, 매우 큰 이점을 얻을 수 있습니다. 유산소 운동예: 달리기과 무산소 운동예: 역기 들기은 모두 정신 건강을 향상시킬 수 있습니다.

운동은 어떻게 도움이 되나요?

운동은 많은 측면에서 유익할 수 있습니다. 그러한 이점들은 다음과 같습니다.

- 더 좋은 수면―정신 건강을 향상시키는 것과 관련됨
- 엔도르핀의 방출―몸에서 자연적으로 생성되는 '기분 좋은' 화합물
- 운동을 하고 신체 건강이 증진된 것에 따른 성취감
- 되새김과 같은 건강하지 못한 생각 패턴으로부터 주의를 돌려줌
- 뇌로 가는 혈류량의 증가
- 조직화 및 집중과 같은 실행 기능의 향상
- 운동을 하는 다른 사람들과의 사회적인 접촉
- 야외에서 시간을 보내기가능할 때, 그리고 자연 속에 머무는 것에 대해서는 '바깥에서 시간을 보내십시오237~8쪽' 섹션 참조

시작하는 방법

운동이 주는 많은 이점들을 활용할 준비가 되었다면, 3장의 행동 활성화하기 단계를 따르십시오.

1. 신체 활동에서 자신에게 중요한 것이 무엇인지 정의하는 것부터 시작하십시오. 예를 들어, 즐거움을 주는 활동을 하려는 것입니까? 또는 자기 스스로를 돌본다는 느낌을 얻으려는 것입니까?

2. 자신이 즐기는 활동들을 찾아보십시오―그것은 '운동'이라는 범주에 속하지 않을 수도 있습니다. 예를 들어, 친구와 산책을 하거나, 테니스를 치거나, 댄스 수업에 참여하는 것이 포함될 수도 있습니다. 운동을 더 즐길수록, 꾸준히 운동을 하겠다는 동기가 더욱 커질 것입니다.

3. 운동을 하기 위한 자세한 시간 계획을 세우고, 자신의 일정표에 기록해 두십시오. 자신의 목표에 압도당하는 느낌을 받지 않도록 서서히 시작하십시오. 신중하게 계획을 세우면, 규칙적인 운동을 일상에 추가할 수 있고 자신의 안녕에 전반적으로 긍정적인 영향을 느낄 수 있습니다.

스트레스를 관리하십시오

우리의 신체 자원, 정신 자원 또는 감정 자원을 요구하는 것은 무엇이든지 어느 정도의 스트레스를 발생시키게 됩니다. 스트레스의 발생은 삶에서 피할 수 없는 일부입니다. 우리의 감정에 대해 다룰 때와 마찬가지로, 우리의 목표는 삶의 스트레스를 없애는 것이 아니라, 이를 효율적으로 관리하는 방법을 배우는 것입니다. 헝가리 내분비학자인 한스 셀리는 자신의 독창적인 연구에서 스트레스의 근원과 상관없이 어떤 공통된 스트레스 반응이 있다는 사실을 밝혔습니다. 우리가 악어에게 쫓기는 중이든, 연설을 하는 중이든 상관없이 교감신경계는 그러한 시련에 잘 대처하도록 관여할 것입니다.

"우울에 대하여 놀라울 정도로 단순화해서 생각해본다면, 뇌의 피질이 부정적인 추상적 생각을 하면서, 이러한 생각이 신체적인 스트레스 요인만큼이나 실제적이라는 걸 뇌의 나머지 부분들에게 납득시켰을 때 우울증이 발생한다고 생각할 수 있다."
－로버트 사폴스키,『스트레스: 당신을 병들게 하는 스트레스의 모든 것』중에서

셀리는 우리가 단기 스트레스를 정말 잘 다스린다는 것을 발견하였습니다－몸은 반응을 증가시키고, 우리는 상황에 대처하며, 부교감신경계는 우리를 원래 상태로 되돌려 편안하게 하려 합니다. 그러나 스트레스가 지속되면, 우리의 몸과 두뇌는 점차 약해지게 됩니다.

장기 스트레스의 누적된 영향은 면역계의 기능 손상, 소화기계와 심혈관계의 문제, 심리적 질환을 포함합니다. 만성적인 스트레스의 장기적 영향이 주는 문제뿐만 아니라, 과도하게 각성된 상태가 계속되는 삶

은 단순히 즐길 수가 없습니다.

스트레스를 관리하는 첫 번째 단계는 알아차리는 것입니다. 자신이 스트레스에 어떻게 반응하는지 호기심을 갖는 것으로 간단히 시작해서, 당신이 경험하고 있는 것에 마음을 열 수 있도록 하십시오. 예를 들면:

- 당신은 턱을 꽉 물고 있습니까?
- 당신의 배가 팽팽합니까?
- 당신의 목과 어깨에 긴장이 있습니까?
- 당신의 호흡의 질은 어떠합니까?
- 당신은 무슨 생각을 하고 있습니까?

연습을 통해, 우리는 스트레스가 우리 몸과 마음에 어떠한 느낌을 주는지를 예민하게 인식할 수 있으며, 그리하여 그것을 놓아주기 시작할 수 있습니다. 마음챙김6장 참고을 연습하는 것은 이러한 점을 도와줄 수 있습니다.

우리 삶에서 스트레스를 관리하는 효과적인 방법은 다음과 같습니다.

- 불필요한 스트레스를 최소화하기예: 스트레스를 유발하는 사람 피하기
- 이미 과도하게 늘어난 책무에 대해 '아니오'라고 말하기
- 자기 자신을 위한 엄격하고 비현실적인 기준을 완화하기예: 오늘 이 프로젝트를 반드시 끝내야 해
- 현재 일어나고 있는 일에 집중하기
- 천천히 호흡하기
- 명상 실습하기
- 요가 수업 참여하기
- 규칙적으로 운동하기

- 점진적인 근육 이완법 해보기 233~5쪽 참고
- 하루 전반에 걸쳐 틈틈이 짧은 휴식 취하기
- 휴가 떠나기
- 매일 그리고 주말에 일에서 해방된 시간을 확보하기
- 당신이 무언가를 하고 **있어야만 한다**는 유익하지 않은 생각에 도전하기
- 독서나 따뜻한 물로 목욕하는 등 당신이 즐길 수 있는 이완시켜주는 활동을 위해 자기만의 시간을 만들어가기

점진적 근육 이완법

깊은 이완 상태에 다다르기 위해 다음의 단계를 따라하십시오.

1. 방해받지 않을 조용한 장소를 찾으십시오. 전화기도 무음으로 설정하세요.
2. 다리를 앞으로 쭉 뻗은 채로 의자에 앉아, 발꿈치를 바닥에 댑니다. 편안해지기 위해 조정이 필요하다면 무엇이든 하세요. 눈을 감아보세요.
3. 몸의 주요 근육군을 교대로 긴장을 시켰다가 이완시킵니다. 자신의 발부터 시작해서 위로 올라가세요. 몸의 각 부위에서 몇 초간 중간 정도의 근육 긴장을 만드세요. 그런 다음 긴장을 한 번에 풀면서, 긴장을 했을 때와 이완했을 때의 차이를 느껴보세요. 이러한 작업을 30~60초간 지속하고 나서 다음의 근육군을 긴장시켜봅니다.

   이러한 절차에는 다음과 같은 부위들을 포함할 수 있습니다.

   종아리: 한 번에 다리 하나씩, 발가락을 자신을 향해 당겨서 정강이를 따라서 긴장을 만들어보십시오.

   허벅지: 한 번에 다리 하나씩, 다리를 구부리고, 허벅지 앞쪽 사두근을 긴장시켜보세요.

   둔근: 엉덩이 근육을 꽉 조여보세요.

복부: 배 쪽 근육을 긴장시키고 당신의 배꼽을 척추 쪽으로 끌어당겨 보세요.

호흡: 가슴을 확장시키면서 호흡을 깊게 들이마시고 잠시 멈추세요. 내쉬면서 긴장을 이완하도록 해보세요.

상완: 한 번에 팔 하나씩, 각 상완의 근육을 긴장시켜보세요.

팔뚝과 손: 한 번에 팔 하나씩, 주먹을 쥐고서 팔꿈치 쪽으로 손을 뒤로 당겨 손과 손목, 팔뚝 전체의 근육을 긴장시켜보세요.

목과 등 위쪽: 귀 방향으로 어깨를 으쓱 올려보세요.

얼굴과 두피: 눈썹을 올리면서 동시에 눈을 일그러뜨리면서 꼭 감으세요. 이 작업을 위해 콘택트렌즈는 제거해야 할 수도 있습니다.

4. 남은 근육의 긴장을 풀어주는 동안에 기분 좋은 호흡을 여러 번 천천히 쉬면서, 몸 전체를 깊은 이완 상태로 들어가게 하십시오.

5. 자신의 호흡에 집중하세요. 호흡을 들이쉬고 내쉬는 감각에 따라가 보세요. 매번 숨을 내쉼과 함께, 이완과 연관되는 어떤 한 단어를 마음속으로 말해보세요. 예: '평화', '평온', '숨쉬기' 등등 3~5분 정도 숨을 내쉴 때마다 마음속으로 이러한 단어를 되뇌는 걸 계속해보세요.

6. 천천히 자신이 있는 곳으로 주의를 되돌려보세요. 발가락과 손가락을 꼼지락거리기 시작하십시오. 준비가 되었으면, 눈을 뜨십시오. 어떤 느낌이 드는지 주목하세요.

7. 이 순서를 하루에 적어도 한 번 (이상적으로 두 번) 연습하세요.

8. 시간이 지남에 따라 긴장을 푸는 데 더 능숙해질수록 이 연습을 단축할 수 있습니다. 예를 들어, 양다리나 양팔을 한꺼번에 할 수 있고, 긴장이 잘 풀리지 않는 근육군만 해볼 수 있습니다.

당신은 날숨을 내쉬며 단어를 떠올리는 것을 깊은 이완과 짝지어줌으로써, 필요할 때 마음과 몸이 이완 상태에 들어가도록 훈련할 수 있을 것입니다. 긴장되고 스트레스받기 시작하는 자신을 발견하였을 때, 당신은 차분하게 호흡을 하고, 숨을 내쉬며 자신이 원하는 단어를 말하면서,

자신이 행하는 모든 점진적 근육 이완 훈련의 이점을 느낄 수 있습니다.

계속해서 바쁘게 움직이는 걸 장려하는 세상에서 우리는 이완할 시간이 없는 것처럼 느낄 수도 있습니다. 그러나 이렇게 이완하는 시간은 낭비되는 것이 결코 아니며 사치로 여겨져서도 안 됩니다. 자신의 안녕에 투자함으로써, 당신은 더욱 생산적으로 될 수 있고 주변 사람들과 더 즐겁게 지내게 될 것입니다.

진짜 세계와 함께하기

지난 10년 동안 기술은 우리의 생활 모든 영역에 스며들었습니다. 저처럼 당신도 스마트폰이나 휴대폰, 노트북 컴퓨터, 소셜 미디어, 이메일이 없었던 시절을 기억할 수도 있을 겁니다. 이런 기술의 출현은 아이디어의 재빠른 공유, 세계 곳곳의 사람들과 빠르고 쉽게 연결해주는 능력과 같은 많은 이점들을 가져다주었습니다.

그와 동시에 기술의 편재성에는 잠재적인 단점이 있습니다. 다양한 기술이 우리의 안녕에 미치고 있는 영향을 조사하기 위한 많은 연구가 시작되었습니다. 그들의 연구는 다음과 같습니다.

- 페이스북을 더 많이 사용하는 사람들은 시간이 지날수록 덜 행복하게 되고, 삶에 대한 만족도가 낮습니다.
- 소셜 미디어 게시물에서 다른 사람들을 더 행복하거나 성공적인 사람으로 바라보게 되는 것은 자존감을 떨어뜨리고 불안과 질투를 증가시키는 것으로 이어집니다.
- 집에서 스마트폰 사용을 많이 할수록 직장 및 가정 사이의 갈등이 더

크다는 연관성을 보입니다.

- 기술에 더 많은 시간을 써버리는 것은 더 높은 피로와 연관이 됩니다.
- 침실에 전자기기가 더 많을수록 수면의 질이 더 나빠지는 연관성을 보입니다.

기술은 중독성이 강하기 때문에, 과다하게 이용하는 패턴에 빠지기 쉽습니다. 만약 당신이 사랑하는 사람이 전화기로 끊임없이 통화를 하고 있다면, 당신은 기술의 침투가 대인관계에 끼칠 수 있는 잠재적 대가가 무엇인지 직접 깨닫게 됩니다. 하지만 비록 다른 사람이 그런 기기를 끊임없이 사용해서 우리가 짜증이 나더라도, 우리 또한 그와 같은 행동을 하고 있을 수도 있습니다.

잠깐 시간을 내어 자신의 전화기 및 여러 화면들과 당신 자신이 맺고 있는 관계를 생각해보고, 앞으로 며칠 동안 자신이 전화기와 태블릿에 얼마나 자주 손을 대는지 주목해보십시오. 스마트폰에서 전 세계가 우리를 기다리고 있을지도 모르지만, 다른 측면에서는 우리가 어떤 화면에 붙들려 있다면 그 장면은 절대 변하지 않습니다. 진짜 삶에 몰입하는 시간을 늘리는 것이 좋은 것인지 여부에 대해 생각해보세요―예를 들어:

- 휴식을 취하고 싶을 때는 휴대폰의 '방해금지' 기능을 사용하십시오.
- 가끔은 휴대폰을 집에 두십시오.
- 알림을 꺼두어서 휴대폰이 당신에게 알림에 반응하라고 재촉하지 않도록 하십시오.
- 식사시간을 전자기기 없는 영역으로 만들어보십시오.
- 소셜 미디어를 쉽게 사용할 수 없도록 만드십시오. 예: 스마트폰에서 삭제하기
- 각각의 앱이 당신이 스마트폰을 찾게 되는 이유를 증가시키므로 사용하는 앱의 수를 최소화하십시오.

- 스마트폰을 기존의 휴대폰으로 바꾸십시오. 이 선택이 극단적으로 들린 다는 것을 알지만, 3년간 그렇게 하고 나니 내가 자유롭다는 것을 알게 되었습니다.

바깥에서 시간을 보내십시오

야외에 있는 것은 우리의 안녕에 좋습니다. 예를 들어, '보다 푸르른' 지역에 사는 것은 더 좋은 정신 건강과 관련이 있습니다. 이안 앨콕^{Ian} Alcock과 공동 연구자들은 보다 푸르른 지역으로 이주한 사람들의 정신 건강이 향상되었다는 사실과 3년간의 추적 관찰을 통해 그러한 개선이 유지되었음을 발견하였습니다. 녹지 지역의 이로운 효과 중 일부는 기분 전환을 위해 산책할 수 있는 여건의 향상에서 비롯된 것으로 보입니다. 공원과 같은 녹지는 또한 이웃 친구들과의 만남의 장소로써 사회적 소통을 원활하게 합니다.

또한 인간이 건설하지 않은 자연적 환경에서 얻는 직접적인 이점이 있는 것으로 보입니다. 예를 들어, 우리는 숲에서 하이킹을 하는 가운데 주변 자연의 아름다움을 즐길 수 있고, 심지어 영적인 교감을 느낄 수도 있습니다. 자연에서 지내는 것은 우리에게 교통 정체를 겪는 것, 광고와 오락 프로그램에 끊임없이 폭격당하는 것, 그리고 위협이 될 가능성이 있는 사람들에 대해 자동적으로 경계하는 일로부터 휴식을 취할 수 있게 해줍니다.

"지구의 아름다움을 관조하는 사람은 삶이 지속되는 동안 존속하게 될 기운이 비축되는 것을 발견한다. 자연의 반복되는 후렴구에는 뭔가 무한히 치유적인 것이 있다―밤이 지나 새벽이 오고, 겨울이 지나 봄이 찾아옴을 확신하게 되는 것이다."

―레이첼 카슨

자연 경관을 보는 것은 부교감신경계를 관여시키고, 스트레스 요인과 맞닥뜨렸을 때 회복하는 데 도움을 준다는 연구 결과도 있습니다. 관련 연구들에서도 어떤 자연 환경연구가 실행된 대학 근처에 나무들이 널리 펼쳐져 있는 초원에서 산책을 하는 것이 도시 지역을 산책하는 것과 비교하여 되새김을 줄여주고, 되새김과 관련된 뇌 영역의 활동 감소로 이어진다는 것을 보여주었습니다.

요약한다면 자연적인 환경이 있는 야외에서 시간을 보낼 이유가 충분히 있습니다. 자연이 제공하는 만족감과 스트레스 해소를 체험하기 위해 당신은 어디에서 더 많은 시간을 보내시겠습니까?

다른 사람을 위해 봉사하기

자기돌봄은 전혀 이기적인 노력이 아닙니다. 우리가 기분이 좋을수록, 다른 사람에게 더 많이 줄 수 있습니다. 그 반대 또한 사실입니다. 즉, 우리가 다른 사람을 위하여 무언가를 더 많이 해줄수록, 우리는 기분이 더 좋아집니다. 실제로 다른 사람들을 열심히 돕는 것이 불안과 우울 증상의 개선으로 이어지는 것을 관련 연구는 증명해왔습니다.

왜 다른 사람을 돕는 것이 실제적으로 자신을 위한 것이 될까요? 이 분야의 연구자들은 몇 가지 가능한 설명들을 제시하였습니다.

1. 다른 사람에게 집중하는 것은 자신의 괴로움으로부터 주의를 돌릴 수 있게 합니다.

2. 남을 돕는 것은 의미 있는, 가치 있는 느낌을 제공합니다.

3. 친사회적인 행동은 다른 사람과의 믿음과 유대감에 관여하는 옥시토 신의 방출을 야기할 수 있습니다.

4. 다른 사람을 위해 좋은 일을 하는 것에 대해 본질적으로 보람을 느끼 는데, 그것은 도파민의 방출을 자극할 수 있습니다.

5. 다른 사람과 접촉하는 것은 우리의 스트레스 반응 시스템의 활동을 낮 춰줄 수 있습니다.

우리가 다른 사람을 위해 봉사할 수 있는 방법은 많이 있습니다.

- 우리가 아끼는 누군가가 힘들어할 때 지지하고 있음을 보여주기

- 누군가가 실수를 저질렀을 때 자비로운 마음으로 대응하기

- 친구를 데리고 점심 식사하러 가기

- 파트너의 일과가 좀 더 쉽도록 도와주기

- 다른 운전자에게 친절하게 대하기

- 다른 사람의 말에 귀를 기울이기

- 말로써 다른 사람에게 힘을 실어주기

- 불우한 상황에 있는 사람을 돕기 위해 시간을 할애하기

- 호의를 되갚을 능력이 전혀 없는 사람이라도 기꺼이 도와주기

- 필요 없는 물품을 사용할 수 있는 사람에게 기부하기

- 이웃의 마당 일을 도와주기
- 어려움에 처한 사람을 위해 식사를 준비하기
- 의미 있는 일을 하는 자선단체에 돈을 기부하기
- 병원에 입원해 있는 지인을 방문하기

다른 이들을 돕는 것은 우리 자신을 행복하게 해줄 뿐만 아니라, 다른 이들에게 긍정적으로 전염될 수 있습니다. 타인들이 친절로 반응함으로써 우리의 선행은 증폭될 수 있습니다. 이번 주에는 어떠한 기회를 통해 누군가의 하루를, 그리고 그 과정에서 당신 자신의 하루를 밝게 만들어보시겠습니까? 바로 지금 시작할 수도 있습니다.

감사를 표현하십시오

우리의 마음은 삶에서 잘 되어가고 있는 것들은 배제하면서도 잘못된 무언가에 초점을 맞추는 것에는 능숙합니다. 하지만 우리의 삶에서 좋은 것들을 발견하고 감사할 수 있을 때, 우리가 생각했던 것보다 더 많은 기쁨을 얻을 수 있다는 것을 자주 발견하게 됩니다.

감사함은 더 나은 기분을 느끼게 하고, 우울증의 위험성을 낮춰주고, 스트레스를 덜 받게 하고, 삶에서 만족감을 더 많이 느끼게 하며, 더 건강한 대인관계를 맺게 하는 등 긍정적 결과와 광범위하게 연관이 되어 있습니다. 간단하고 짧은 감사의 실천만으로도 이러한 효과를 볼 수 있습니다.

예를 들어, 한 연구팀이 연구 참여자들에게 최근에 그들의 삶에서 감사했던 일들이나 다투었던 일들을 적게 하였습니다. 감사 연습은 보다 더 많은 긍정적인 감정으로, 긍정적인 삶에 대한 관점으로, 미래에 대한 낙관적인 태도로 이어졌습니다.

감사함은 또한 우리가 손해를 보더라도 남들을 돕게끔 만들 가능성을 더욱 높여줍니다. 우리 자신의 곳간이 가득하다는 것을 깨닫게 되면, 우리는 기꺼이 다른 사람과 나누고자 할 것입니다.

우리의 주의 체계attentional systems는 변화에 매우 민감해서, 우리가 항상 지니고 있는 것들이 우리 삶의 배경으로 사라지게 됩니다. 우리가 감사를 실천하기로 마음먹게 되면, 종종 우리가 감사해야 할 것이 얼마나 많은지에 대해 놀라게 됩니다. 이러한 것들에는 다음과 같은 것들이 포함될 가능성이 높습니다.

- 매일 밤 몸을 뉘일 수 있는 당신만의 침대가 있다는 것
- 당신의 삶에서 당신을 아껴주는 사람들
- 당신의 몸을 덮어줄 의복들
- 생명으로 충만한 지구
- 지구를 따뜻하게 해주고 광합성을 가능하게 해주는 태양
- 당신의 몸에 영양을 공급하고 활동에 필요한 에너지를 주는 음식
- 전기, 수돗물, 실내 온도 조절기
- 수송 수단
- 비교적 안전한 이웃
- 당신의 몸의 모든 세포에 산소를 공급하고 이산화탄소를 제거해주는 폐
- 당신에게 그 모든 경험을 선사하는 두뇌

- 당신의 혈액을 펌프질하는 심장
- 당신의 오감

이 외에도 목록은 계속됩니다. 우리가 잃을 수도 있다는 것을 깨닫기 전까지는 종종 알아차리지 못하고 감사하지 못하는 것들이 있습니다. 한 차례 병을 치르고 나서야 단순히 건강하다는 것이 얼마나 멋진 일인지를 우리는 얼마나 여러 번 깨닫게 됩니까? 우리는 고난의 한 가운데에서도 감사해야 할 것들을 찾을 수 있습니다. 예를 들어, 한밤중에 아이를 응급실에 데려가야 하는 것이 괴로울지도 모르지만, 24시간 의료 서비스를 받을 수 있다는 것에 감사할 수도 있습니다. 여기서 주의할게 한 가지 있습니다—다른 사람이 힘겨운 과정을 겪고 있을 때 감사 실천을 하도록 권하는 것은 주의해야 합니다. 그러한 행동은 그들이 겪고 있는 고난을 인정해주지 않고 무시한다는 느낌을 쉽사리 받게 할 수 있습니다.

감사를 실천하는 방법에는 다음과 같이 여러 가지 방법이 있습니다.

- 매일 감사할 일들을 적어보기│잠들기 전에 이렇게 하면 수면 상태가 향상될 수 있음
- 몇 분 정도의 시간을 감사한 것들을 상기하는 데 사용하기
- 당신의 삶에서 느끼는 감사함을 다른 사람에게 표현하기
- 누군가에게 감사함을 표현하는 편지를 전달하기
- 감사 명상 실천하기

최근 연구는 감사함을 표현하는 것이 단순히 그것에 대해 생각하는 것보다 더욱 효과적이라는 사실을 보여줍니다—그리고 감사의 표현은

우리가 우울감을 느낄 때 가장 효과적일 수 있습니다. 이제 잠시 시간을 내어 자신의 인생에서 감사한 것들에 대하여 생각해보십시오.

10장 요약 및 과제

우리에게는 항상 우리와 함께하는 어떤 잠재적인 친구―우리에게 용기를 북돋아주는 말을 하고, 우리의 성공을 칭찬해주고, 우리가 우울할 때 지지해주고, 우리를 위해 멋진 경험을 계획하고, 우리의 강점을 이용할 기회를 주고, 사랑스러운 방식으로 이의를 제기할 수 있는 누군가―가 있습니다. 불행히도 우리는 종종 자신에게 적군의 역할을 하고, 비판하는 것에는 빠르고, 용서하는 것에는 느리며, 스스로 신체 운동을 하지 않고, 수면을 박탈하고, 건강에 좋지 않은 음식을 먹으며, 삶의 즐거움을 최소화합니다.

이번 장에서 다루었던 연습을 통해 당신은 완전히 다른 접근법에 매진할 것입니다. 즉, 사랑하는 사람을 위해 당신의 삶을 계획하는 것입니다. 이러한 계획들은 영양가 있는 음식, 편안한 수면, 꾸준한 운동과 같은 기본적인 욕구를 책임질 것입니다. 그러한 계획은 또한 당신이 맞닥뜨리는 피할 수 없는 스트레스를 다스리는 것과 자연에서 시간을 보내는 것을 포함합니다. 마지막으로, 당신 자신을 위해 할 수 있는 가장 친절한 일들 중 일부는 감사함을 실천하고 다른 사람들에게 돌려주는 것입니다.

이러한 연습은 서로 잘 작용합니다. 예를 들면, 지중해식 생활방식에 대한 연구에서는 식이요법뿐만 아니라, 더 많은 사회활동 참여와 더 많은 신체적 활동의 이점이 발견되었습니다. 한 연구는 지중해식 식단만으로도 우울증의 위험을 20퍼센트 감소시키지만, 더 많은 신체 활동과 사교 활동이 추가되면 그 위험을 50퍼센트 감소시킨다는 것을 발견하였습니다.

계획을 실행으로 옮길 준비가 되었습니까? 당신은 다음과 같은 단계들로 시작할 수 있습니다. 먼저 당신에게 가장 중요한 단계에 집중하십시오.

1. 자신이 아끼는 사람을 대하듯 스스로를 대하는지 잘 살펴보십시오. 어떠한 방법으로 스스로를 더 좋게 대하고 싶습니까?

2. 당신의 수면을 우선으로 하는 일관된 일정을 계획하고 시삭해보십시오.

3. 당신의 영양식단 계획에서 한 가지 긍정적인 변화를 만드십시오. 예를 들어, 매주 집에서 일정한 횟수의 식사를 준비해봅니다.

4. 당신의 하루에 더 많은 움직임을 추가하십시오. 천천히 시작하고 점차적으로 쌓아가십시오.

5. 스트레스 관리계획을 만드세요. 매일의 작은 활동,예: 집에 오는 길에 편안한 음악을 듣기 매주의 더 큰 활동,예: 요가 수업 참여하기 매달의 활동예: 전문적인 마사지 받기을 포함합니다.

6. 주중에 자연에서 보낼 시간을 더 많이 마련하십시오. 가능한 한 야외에서의 시간과 사회적 접촉을 결합시켜보세요.

7. 매일 다른 사람을 도울 수 있는 작은 방법뿐만 아니라, 정기적으로 실행할 더 큰 봉사 프로젝트를 찾아보십시오.

8. 매일 저녁 잠자리에 들기 전에 당신이 감사히 여기는 것들 세 가지를 적어보십시오.

마무리:
계속해서
나아가기

마무리:
계속해서 나아가기

이 책은 힘든 감정들을 다루는 방법들을 제시하였습니다. 우리는 CBT의 원칙들과 CBT가 어떻게 효과적일 수 있는지에 대한 논의로 시작하였습니다. 그리고 우리는 CBT의 세 가지 기둥―행동 기법들, 인지 기법들 그리고 마음챙김에 기반한 기법들―을 다루었고, 우리를 압도할 수 있는 우울, 분노 그리고 여타 정서들을 이러한 접근 방법들이 어떻게 도와줄 수 있는지에 대하여 살펴보았습니다. 이전 장에서는 우리 자신과 친구가 되는 것에 중점을 두었습니다―사실 이것이 CBT의 무엇보다 중요한 메시지입니다.

당신이 무엇 때문에 이 책을 집어들게 되었는지 돌이켜 생각해보셨으면 합니다. 이제는 바뀌어야 될 때라고 말해주는 어떤 일이 벌어지고 있었나요? 자신이 2장에서 세웠던 초기 목표를 검토해보십시오.

이 책에서 제공하는 전략들이 당신이 목표를 향해 나아가는 데 도움이 되었기를 바랍니다. 자신이 세운 목표를 돌이켜볼 때, 자신이 해온 작업에서 어떤 유익을 발견하게 되나요? 사랑하는 사람과 대화를 하면서 자신이 이 책에서 배운 것들을 적용하는 과정에서 함께 알아차린 것들을 살펴볼 수도 있을 겁니다.

자크Zach는 당시 6개월 동안 얼마나 우울했던가를 돌이켜 생각해보았습니다. 그 당시 활력과 동기가 얼마나 떨어져 있었는지, 얼마나 성마른 상태였는지 회상해보았습니다. 계속 살아야 할지 말아야 할지 마음속에 의문을 품기까지 했었는데, 그러면서 스스로 깜짝 놀라기도 했습니다. 그러한 지점에서부터 출발하여, 그는 자신의 삶을 되찾기 위하여 열심히 작업하였고 이제는 매우 다른 위치에 서 있게 되었습니다.

이러한 변화에 대하여 아내인 리자와 대화를 나누게 되면서 그들은 가장 커다란 변화를 만들어낸 것에 대하여 함께 생각해보았습니다. "당신은 친구들을 다시 보게 되고 나서 확실히 더 행복해보여요." 리자가 말했습니다. 자크는 친구들에게 손을 내미는 게 처음에는 얼마나 어려웠는지, 그리고 궁극적으로는 그게 얼마나 희망과 행복감을 안겨주었는지 회상해보았습니다.

"연습도 커다란 변화를 만들어주었다는 걸 알고 있소." 자크는 말했습니다. 그리고 잠시 멈추었다가 덧붙였습니다. "내가 괜찮은 사람이라는 사실, 그리고 사람들이 정말 나를 좋아한다는 사실을 그저 기억해냈던 게 가장 중요했다고 봐요. 당시에 나 자신에 대해 정말 끔찍한 것들을 믿기 시작한 상황이었거든요."

두 사람이 함께 논의를 해가면서, 자크는 기억하고 싶은 회복의 핵심을 적어놓았습니다.

당신이 발견할 수 있는 가장 중요한 것들 중 한 가지는 자신에게 도움이 되는 것들을 아는 것입니다. 자신의 최고 수준에 도달하기 위하여 당신이 회복해야 할 행동과 사고방식을 적어놓을 것을 강력하게 권하고 싶습니다.

이러한 새로운 실천기법들의 상당수는 반복을 통해서 제2의 본성이 될 것입니다. 예를 들면, 우리는 특정 요일의 아침에 요가나 달리기를 배정할 수도 있습니다. 하지만 어떤 전략들은 상황을 악화시킬 수도 있는데요, 특히 특정한 시간들을 설정하기 힘든 전략들이 그럴 수 있습니다―예를 들어, 감사 실천하기, 매일의 활동들 속에서 현존하기, 그리고 자신의 생각에 대해 도전하기가 그와 같은 것들입니다.

아울러 우리가 직면하는 일부 도전과제들은 우리에게 도움이 되는 전략들을 활용할 가능성을 약화시킵니다. 예를 들어, 우리의 기분을 나아지게 해줄 바로 그런 것들을 하는 것에 대하여, 우울에서 스며나온 절망감은 우리에게 '아무 소용없어'라고 이야기하기 시작할 수도 있습니다. 계획을 적어놓음으로써 우리에게 필요한 도구들을 기억하는 걸 쉽게 해낼 수 있게 됩니다.

자크는 시각적으로 생각하는 경향이 있어서, 다음과 같은 통합 계획을 만들었습니다.

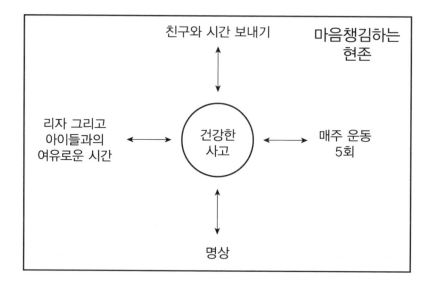

자크는 좋은 기분을 느끼는 것의 핵심이 건강한 생각이라고 보았고, 자신의 회복에 기여하는 여타의 활동들을 실행하고자 하는 용의에 자신의 생각이 얼마나 영향을 끼쳤는지 깨달았습니다. 이러한 활동들은 결과적으로 그의 건강한 사고 패턴을 강화시켰습니다. 자크는 마음챙김이 이러한 각각의 활동들을 풍부하게 만든다는 사실을 알게 되었고, 그래서 그러한 활동들 모두를 '마음챙김하는 현존'이라는 맥락에서 진행하였습니다.

자신에게 유용한 전략들을 요약해보면서, 그러한 전략들이 서로 어떻게 연관되어 있는지 생각해보십시오. 자신이 창출한 '선순환'이 있다면 무엇이든 알아차려보십시오. 그러한 선순환 안에서 긍정적인 변화들이 상호적으로 강화하게 됩니다. 예를 들면, 운동은 식사를 잘 하는 것을 쉽게 만들어주고, 그 결과 당신의 에너지는 개선되며, 그러면 운동하는 게 더 쉬워집니다.

당신의 서면 계획을 작성하는 데에 잘못된 양식이란 없습니다. 계획에는 그저 당신이 필요로 하는 핵심적인 상기물들reminders이 포함되고, 당신이 그 계획을 다시 들여다보았을 때 그걸 이해할 수 있을 정도로 조직되어 있으면 됩니다.

저는 또한 이 책이 당신이 필요할 때 다시 들여다볼 수 있는 자원이 되기를 기원합니다. 당신이 메모를 하고, 밑줄을 긋고, 다시 보고 싶어 할 부분이 있는 페이지들이 닳아 없어질 정도로 보셨으면 합니다.

자신에게 가장 효과가 있는 것들에 대해 당신이 개인적으로 배운 것들은 정말 매우 중요합니다 ─ 저는 그것이 당신의 최고의 자원이 될 거라고 예상합니다. 그 어떤 어려움에 직면하게 되든지 당신이 성공적으로 다룰 수 있다는 사실에 대하여 더욱 확신하시기를 기원합니다. 그러한 앎 하나만으로도 우리의 정신적 고통을 크게 줄일 수 있습니다.

자신에게 효과가 있는 것들을 서면으로 기록해놓는 것과 함께, 자신이 활용할 수 있는 도구들을 특징짓는, 기억하기 쉬운 구절이나 표어를 만들어보셨으면 합니다. 저는 '생각하라 – 행동하라 – 존재하라'를 좋아합니다. 왜냐하면 CBT의 주된 전략들을 대표해주기 때문입니다. 당신은 이러한 표어를 사용할 수도 있고, 과거에 자신에게 도움이 되었던 것들을 떠올리게 해주는 구절이나 표어를 만들어볼 수도 있습니다.

당신이 여전히 분투하고 있다면 해볼 수 있는 방안들

자신이 희망했던 목표에 대해 별다른 진전이 없다면, 당신에게는 몇 가지 선택안이 있습니다.

- 자신이 올바른 궤도에 있는지―어느 정도 진전을 이루어내고 있는지― 검토해보십시오. 그리고 작업을 그저 좀 더 해보십시오. 작업을 좀 더 해보는 경우라면, 지금까지 도움이 되어왔던 것들을 계속해보십시오. 그리고 다른 전략들을 추가로 실행해보는 것을 고려해보십시오. 뚜렷이 좋은 상태에 도달하기까지는 시간과 실습이 필요합니다.

- 어쩌면 이 책이 당신에게 최적의 선택은 아니었을 수도 있습니다. 아마도 당신의 걱정거리는 커플치료couple therapy가 필요한 부부갈등이 주된 것일 수 있습니다. 또는 치료자와 직접 작업하면서 추가로 안내를 받는 게 필요할 수도 있습니다. 어떠한 경우이든 저는 당신이 자신에게 필요한 도움을 계속해서 찾아나가도록 격려하고 싶습니다. 저는 이 책 뒤편에 당신의 인근 지역에서 치료자를 찾아볼 수 있도록 관련 정보를 포함하였습니다―마찬가지로 누리집과 추천도서가 도움이 될 수도 있습니다.

- 당신이 분투하고 있는 어떤 지점에서든 상황이 나아지지 않고 더욱 악화된다면, 즉각 전문가의 도움을 받으십시오. 당신은 1차 의료에서 다음 단계의 정신 건강 전문가에게로 이관을 요청할 수 있습니다. 저는 또한 「자원」 섹션에서 온라인 링크를 제공하여 도움을 받을 수 있도록 하였습니다. 만약 자신이 스스로 또는 누군가에게 위협이 될 수 있다고 생각한다면, 가장 가까운 응급실로 가거나 119에 전화하십시오.

여기서 어디로 가야 할까요?

만약 자신이 이루어낸 진전에 만족한다면, 그다음에는 무엇을 할까요? 우선 저는 당신이 이루어낸 것들에 대해 느끼는 좋은 기분을 누리시길 권합니다. 삶이 곤경에 처했을 때 끈기를 발휘하는 것은 용기와 결의를 필요로 하는 것입니다. 따라서 보다 좋은 삶을 위하여 새로운 기술을 익히는 것은 결코 과소평가될 수 없습니다.

만약 당신이 자신의 목표를 향하여 중대한 진전을 이루어냈다고 느낀다면, 스스로 한계를 지우지 않길 바랍니다. 가장 최악의 어려움을 넘어섰을 때, 우리는 자신의 번영하는 모습이 어떠할지에 대해 스스로에게 물어보기에 좋은 지점에 서게 됩니다. 스스로를 위해 어떤 새로운 목표를 세워볼 수 있을까요? 아마도 당신은 전문적인 조처를 심사숙고할 수도 있습니다. 또는 자신의 가정생활을 이전보다 좋게 만들고 싶을 수도 있습니다.

당신이 자신을 있는 그대로 받아들인다 하더라도, 성장은 지속적인 과정이라는 사실을 기억하세요. 우리는 경험의 한계를 계속해서 확장시킬 수 있습니다. 왜 그럭저럭 해나가는 데 만족해야 하나요? 당신은 올바른 생각, 올바른 행동, 마음챙김하는 알아차림을 활용할 수 있습니다—단지 부서진 걸 고치기 위해서만이 아니라 당신이 사랑하는 어떤 삶을 만들어나가기 위해서 그렇게 할 수 있습니다.

안녕감 유지하기

우리가 보다 좋은 기분을 느끼고 있을 때 자신의 안녕에 투자를 많이 하는 걸 멈추는 건 자연스럽습니다. 하지만 저는 이러한 경향에 대해 당신이 저항할 것, 그리고 당신에게 도움이 되었던 것들을 계속해서 해나갈 것을 강력하게 권합니다. 계속해서 해나가기 위하여 무엇이 중요할지 검토해보기에 지금이 알맞은 시간입니다. 또한 당신이 피하고 싶은 잠복한 함정들에 대해 미리 생각해보셨으면 합니다. CBT 정신을 갖고서 우리에게 도전해올 상황들에 대해 미리 계획을 세워볼 수 있습니다.

> 자크는 다가오는 겨울철에 일광 시간이 줄어들 뿐만 아니라, 운동과 사회 활동을 하고 싶은 마음 역시 줄어들게 될 거라는 점을 알고 있었습니다. 가을 해가 점점 짧아지자 겨울을 나기 위한 계획을 실천에 옮기기 시작하였습니다―실내 수영장에 등록하고, 친구들과 만날 시간을 짠 것입니다.

> 자크는 또한 겨울을 나기 위한 자신의 계획에 대하여 리자와 이야기하면서, 그녀가 자신의 노력을 지지해줄 수 있도록 하였고 또 스스로 어떤 책임감을 갖고자 하였습니다. 자신에게 계획이 있다는 사실을 알았기 때문에 겨울나기에 대한 걱정이 줄어들었습니다.

당신이 적절한 준비가 되어 있지 않다면 삶의 어떤 상황에서 후퇴를 초래하게 될까요? 그러한 문제를 어떻게 다룰지에 대한 계획을 시간을 내어 작성해보십시오.

최종적인 고려사항

당신이 꼭 기억해주시길 바라는 몇 가지 핵심 사항들을 말씀드리고

자 합니다.

우선 자신이 돌봄을 받을 자격이 있음을, 존재할 가치가 있음을 기억하십시오. 우리 사회의 대부분의 영역에서 자기돌봄을 자기방종 같은 사치로 여깁니다. 사실 자기돌봄이 당신의 안녕감을 위하여 필수적일 뿐만 아니라 당신 삶의 주변 사람들에게도 유익을 주는데도 말입니다.

그러한 차원에서 당신에게 마음을 쓰면서 당신 안에서 최고의 것들을 드러내주는 사람들을 자신의 주변에 두고, 가장 친밀한 연결을 육성해갔으면 합니다. 우리가 갖는 관계의 질만큼 우리의 안녕에 커다란 영향을 미치는 것은 거의 없습니다. 어떤 일이 당신에게 닥치더라도 강력한 관계는 당신이 견뎌낼 수 있도록 도와줄 겁니다.

당신이 어떤 일을 겪고 있든지 관계없이 모든 노력을 기울여 다른 이들에게 봉사하십시오. 자기돌봄이 이기적인 게 아닌 것과 마찬가지로 타인에 대한 봉사 역시 자기희생이 결코 아닙니다―그리고 우리가 분투하고 있을 때 이러한 봉사는 커다란 도움이 됩니다.

끝으로, 가능한 한 자주 감사를 실천하시길 바랍니다. 이는 스스로에게 해줄 수 있는 가장 친절한 행위 중 하나입니다. 자신이 가진 모든 것들을 다시 기억해보십시오―비록 상황이 그다지 완벽하지 못한 경우에도 말입니다. 감사는 어떤 문제가 있다는 사실을 부정하는 것이 아닙니다. 하지만 그 무거움을 덜어줍니다.

그러한 감사의 정신에서, 저는 당신이 시간을 내어 이 책을 읽어주신 것에 대하여 감사드립니다. 계속해서 작업해나가십시오. 계속하여 자신의 마음, 자신의 행동, 자신의 현존을 활용함으로써 자신이 원하는 사람이 되십시오. 당신이 최고의 여정을 계속해나가길 진정 기원합니다.

자원_한국 편

온라인 자원들

다음의 온라인 자원들을 활용하여 여러분의 배움을 증진시키고, 전문적인 도움을 발견하며, 더욱 깊이 있는 치료와 기법으로 들어가보시기 바랍니다.

국립정신건강센터

http://www.ncmh.go.kr/

정신 건강과 관련한 정보들 검색해보실 수 있습니다.

※ 인터넷에서 '정신건강센터'를 검색하시면 각 행정구역별로 정신건강센터를 찾아보실 수 있습니다(세부 명칭은 센터별로 다소 상이).

한국심리학회

http://www.koreanpsychology.or.kr/
15개 산하 심리학회로 연결되며, 일반인들을 위한 다양한 심리학 정보 및 자료들을 제공하고 있습니다.

한국인지행동치료학회

http://www.kacbt.org/
인지행동치료 전문가 명단을 보실 수 있습니다.

한국상담심리학회

http://www.krcpa-counsel.or.kr/
일반인들을 위한 다양한 심리학 정보 및 상담심리사를 검색하실 수 있습니다.

한국임상심리학회

http://www.kcp.or.kr/user/sub03_1_1.asp
우울증, 아동청소년 주의력 문제, 치매와 신경심리에 대한 간략한 정보를 제공하고 있습니다.

한국상담학회

http://www.counselors.or.kr/
산하 학회 및 전문상담사를 검색하실 수 있습니다.

건강가정지원센터

https://www.familynet.or.kr/

여성가족부가 시행하는 가족정책의 주요 전달 체계로서 다양한 가족지원 정책을 제안 및 실행하기 위해 설립된 기관입니다. 전국의 건강가정지원센터는 가족문제의 예방과 해결을 위한 가족돌봄나눔사업, 생애주기별 가족교육사업, 가족상담사업, 가족친화문화조성사업, 정보제공 및 지역사회 네트워크 사업을 추진하고 있습니다. (☎ 1577-9337)

중독센터

인터넷에서 '중독센터'를 검색하시면 각 행정구역별로 중독센터를 찾아보실 수 있습니다(세부 명칭은 센터별로 다소 상이).

한국마약퇴치운동본부

www.drugfree.or.kr

한국마약퇴치운동본부는 마약류 및 약물남용의 예방과 치료, 재활사업 및 사회복귀를 위한 사회복지사업을 시행하고 있습니다. (☎ 1899-0893)

스마트쉼센터

www.iapc.or.kr

스마트쉼센터는 한국정보화진흥원에서 운영하는 조직으로 인터넷·스마트폰 과의존 예방과 치유를 위해 예방교육, 가정방문상담, 캠페인 등과 함께 과의존 온라인 진단도 제공하고 있습니다. (☎ 1599-0075)

한국도박문제관리센터

www.kcgp.or.kr

한국도박문제관리센터는「사행산업통합감독위원회법」제14조 제1항에 의거하여 사행산업 또는 불법사행산업으로 인한 중독 및 도박 문제와 관련한 예방·치유를 위한 상담·교육·홍보 및 관련 프로그램의 개발·보급 등을 하고 있습니다. (☎ 1336)

재난정신건강 정보센터

www.traumainfo.org

재난정신건강 정보센터는 재난과 관련된 정신 건강 문제, 재난으로 인한 심리사회적 영향, 회복방안 등에 대한 정보와 자원을 제공을 목적으로 합니다. 스트레스, 우울장애, 외상 후 스트레스 장애PTSD, 알코올 사용장애에 대한 온라인 자가진단과 관련 정보를 제공합니다.

중앙자살예방센터

www.spckorea.or.kr

중앙자살예방센터는「자살예방 및 생명존중문화 조성을 위한 법률」(2011. 3.30)에 근거하여 설치·운영되고 24시간 자살예방 상담을 제공합니다. (☎ 1393)

한국생명의전화

www.lifeline.or.kr

한국생명의전화는 24시간 365일 어려움에 처한 사람들을 상담하고, 생명 존중문화 확산과 자살예방을 실천하는 국제 NGO입니다. (☎1588-9191)

[자조모임]

익명의 알코올중독자들(www.aakorea.org), 익명의 약물중독자들 한국(www.nakorea.org), 단도박 모임(한국GA)(www.dandobak.co.kr), 한국G.A. & Gam-Anon(www.dandobak.or.kr), 익명의 성중독자 모임(saoffline.modoo.at), 성소수자 부모모임(www.pflagkorea.org) 등

자원_미국 편

온라인 자원들

다음의 온라인 자원들을 활용하여 여러분의 배움을 증진시키고, 전문적인 도움을 발견하며, 더욱 깊이 있는 치료와 기법으로 들어가보시기 바랍니다.

전반적인 정보

미국불안및우울학회Anxiety and Depression Association of America(ADAA)

http://www.adaa.org/understanding-anxiety

ADAA 누리집에서는 정상적인 불안 및 우울과 장애가 있는 것을 구분하는 논의를 제공합니다. 이러한 건강 상태에 대한 통계가 포함되어 있고, 강박장애OCD 및 외상 후 스트레스 장애PTSD에 대한 정보를 제공합니다.

메이요병원 건강생활Mayo Clinic Healthy Lifestyle

www.mayoclinic.org/healthy-lifestyle

메이요병원은 건강한 식사, 체력, 스트레스 관리, 체중 감량, 여타 주제들에 대한 개략적인 정보를 제공합니다.

국립정신건강원National Institute of Mental Health(NIMH)

불안Anxiety: www.nimh.nih.gov/health/topics/anxiety-disorders/index.shtml

우울 Depression: www.nimh.nih.gov/health/topics/depression/index.shtml

이 누리집에서는 우울 및 불안의 공통적인 증상들을 기술하고, 위험 요인과 치료방법에 대해 논의하며, 자신에게 적합한 임상시험을 어떻게 찾아볼 수 있을지 논의합니다. 또한 무료 소책자와 브로슈어가 제공되는 링크가 포함되어 있습니다.

국립알코올남용및중독연구원National Institute on Alcohol Abuse and Alcoholism(NIAAA)

www.niaaa.nih.gov

NIAAA 누리집은 알코올 소비가 미치는 영향에 대한 정보를 제공하고, 지속적인 연구 시험을 기술하고, 자신에게 적합한 임상시험에 대한 정보를 포함하고 있습니다. 또한 무료 소책자와 브로슈어, 자료표가 제공되는 링크가 포함되어 있습니다.

도움 찾아보기: 치료 및 지지모임

미국불안및우울학회Anxiety and Depression Association of America(ADAA)

www.adaa.org/supportgroups

ADAA는 주별 지지모임아울러 국제 목록 일부 포함에 대한 정보를 제공합니다.

지지모임 연락처 정보도 포함되어 있습니다.

CBT 치료자 찾기^{Find a CBT Therapist}

행동및인지치료학회^{Association for Behavioral and Cognitive Therapies(ABCT)}

www.findcbt.org

CBT 치료자 및 연구자를 위한 선도적인 전문가 조직의 누리집으로 CBT 치료자를 우편번호, 전문 분야, 가능한 보험으로 검색할 수 있습니다.

정신질환전국연맹^{National Alliance on Mental Illness(NAMI)}

www.nami.org/Find-Support

NAMI 누리집은 당신 또는 사랑하는 사람에게 심리적 장애가 있는지 여부에 대한 지원을 찾아보는 방법을 제공합니다. 추가적인 자원들이 많이 제공되고 있으며, 지방의 NAMI 지부 링크도 포함되어 있습니다.

국립자살방지생명의전화^{National Suicide Prevention Lifeline}

www.suicidepreventionlifeline.org

1-800-273-8255

이 생명의 전화는 일년 내내 매일 24시간 무료 및 비밀보장으로 지원됩니다. 전화 및 온라인 쳇 옵션이 가능합니다.

심리치료^{Psychological Treatments}

행동및인지치료학회^{Association for Behavioral and Cognitive Therapies(ABCT)}

www.abct.org/Information/?m=mInformation&fa=_psychoTreatments

이 누리집은 근거 기반 적용, 치료작업 선택 그리고 치료자 선택하기와 같은 주제들을 다룹니다.

연구지지치료 Research-Supported Treatments

임상심리학회 Society of Clinical Psychology(SCP)

www.div12.org/psychological-treatments/

SCP는 미국심리학회의 제12분과로서 연구에 의해 지지되는 심리치료 목록을 유지합니다. 이 누리집은 치료 및 심리적 건강상태로 검색 가능합니다.

물질남용및정신건강서비스국 Substance Abuse and Mental Health Services Administration(SAMHSA)

www.samhsa.gov/find-treatment

SAMHSA는 미국보건사회복지부 소속으로 중독으로 분투하는 사람들을 위하여 많은 자료들을 제공합니다. 치료 서비스 위치정보를 제공합니다.

마음챙김

미국마음챙김연구학회 American Mindfulness Research Association(AMRA)

www.goamra.org

AMRA는 마음챙김과 관련한 최신 연구 결과를 제공합니다. 아울러 마음챙김 훈련 프로그램을 검색하기 위한 쌍방향 지도를 제공합니다.

마음챙김넷 Mindfulnet

www.mindful.org

이 누리집은 마음챙김에 대한 정보의 집합소입니다. 마음챙김이 무엇인지, 어떻게 활용되는지, 마음챙김을 지지하는 연구 등

도서

여기 소개하는 도서의 상당수는 행동및인지치료학회의 추천도서 목록에 있는 것입니다. 즉, 연구에 의한 증거가 굳건히 받쳐주는 치료방법을 제시합니다. 전체 목록은 www.abct.org/SHBooks에서 보실 수 있습니다.

중독

Anderson, Kenneth. *How to Change Your Drinking: A Harm Reduction Guide to Alcohol.*

Glasner-Edwards, Suzette. *The Addiction Recovery Skills Workbook: Changing Addictive Behaviors Using CBT, Mindfulness, and Motivational Interviewing Techniques.*

Williams, Rebecca E., and Julie S. Kraft. *The Mindfulness Workbook for Addiction: A Guide to Coping with the Grief, Stress and Anger That Trigger Addictive Behaviors.*

Wilson, Kelley, and Troy DuFrene. *The Wisdom to Know the Difference: An Acceptance and Commitment Therapy Workbook for Overcoming Substance Abuse.*

분노

Karmin, Aaron. *Anger Management Workbook for Men: Take Control of Your Anger and Master Your Emotions.*

McKay, Matthew, and Peter Rogers. *The Anger Control Workbook*.

Potter-Efron, Ronald. Rage: *A Step-by-Step Guide to Overcoming Explosive Anger*. 전승로 역. 『욱하는 성질 죽이기: 행복하고 싶으면 분노를 조절하라!』

Scheff, Leonard, and Susan Edmiston. T*he Cow in the Parking Lot: A Zen Approach to Overcoming Anger*. 윤동준 역. 『나는 오늘부터 화를 끊기로 했다. 사랑하는 사람에게 상처주지 않는 연습』.

불안

Antony, Martin M., and Richard P Swinson. *The Shyness and Social Anxiety Workbook: Proven Techniques for Overcoming Your Fears*.

Carbonell, David. Panic Attacks Workbook: *A Guided Program for Beating the Panic Trick*.

Clark, David A., and Aaron T. Beck. *The Anxiety and Worry Workbook: The Cognitive Behavioral Solution*.

Cuncic, Arlin. *The Anxiety Workbook: A 7-Week Plan To Overcome Anxiety, Stop Worrying, and End Panic*.

Robichaud, Melisa, and Michel J. Dugas. *The Generalized Anxiety Disorder Workbook: A Comprehensive CBT Guide for Coping with Uncertainty, Worry, and Fear*.

Tolin, David. *Face Your Fears: A Proven Plan to Beat Anxiety,*

Panic, Phobias, and Obsessions.

Tompkins, Michael A. *Anxiety and Avoidance: A Universal Treatment for Anxiety, Panic, and Fear*.

자기주장

Alberti, Robert, and Michael Emmons. *Your Perfect Right: Assertiveness and Equality in Your Life and Relationships*. 강서일 역. 『당당하게 요구하라』 / 박미경 역. 『원하는 것을 당당하게 말하라』.

Vavrichek, Sherrie. *The Guide to Compassionate Assertiveness: How to Express Your Needs and Deal with Conflict While Keeping a Kind Heart*.

우울

Addis, Michael E., and Christopher R. Martell. *Overcoming Depression One Step at a Time: The New Behavioral Activation Approach to Getting Your Life Back*.

Burns, David D. *The Feeling Good Handbook*, Revised edition.

Greenberger, Dennis, and Christine A. Padesky. *Mind Over Mood: Change How You Feel by Changing the Way You Think*, 2nd edition. 권정혜 역. 『기분 다스리기』.

Joiner, Thomas Jr., and Jeremy Pettit. *The Interpersonal Solution to Depression: A Workbook for Changing How You Feel by Changing How You Relate.*

Rego, Simon and Sarah Fader. *The 10-Step Depression Relief Workbook: A Cognitive Behavioral Therapy Approach.*

우울과 불안

Davis, Martha, Elizabeth Robbins Eshelman, and Matthew McKay. *The Relaxation and Stress Reduction Workbook*, 6th edition.

Ellis, Albert, and Robert A. Harper. *A New Guide to Rational Living.*

Gillihan, Seth J. *Retrain Your Brain: Cognitive Behavioral Therapy in 7 Weeks: A Workbook for Managing Depression and Anxiety.* 신인수, 전철우 공역. 『우울과 불안을 떠나보내는 7주간의 인지행동치료CBT 여정Retrain Your Brain: Cognitive Behavior Therapy in 7 Weeks』 (가제, 근간).

Otto, Michael, and Jasper Smits. *Exercise for Mood and Anxiety: Proven Strategies for Overcoming Depression and Enhancing Well-Being.* 최운침 역. 『심리학자, 운동을 말하다. 스트레스와 우울증으로부터 탈출하는 운동치료법』.

마음챙김

Brach, Tara. *Radical Acceptance: Embracing Your Life with the Heart of a Buddha.* 김선주, 김정호 공역. 『받아들임: 자책과 후회 없이 나를 사랑하는 법』.

Germer, Christopher K. *The Mindful Path to Self-Compassion: Freeing Yourself from Destructive Thoughts and Emotions.* 한창호 역. 『셀프컴패션: 나를 위한 기도』 / 서광, 김정숙, 한창호 공역. 『오늘부터 나에게 친절하기로 했다. 나를 아끼고 상처에서 자유로워지는 법』.

Kabat-Zinn, Jon. *Full Catastrophe Living: Using the Wisdom of Your Body and Mind to Face Stress, Pain, and Illness,* Revised edition. 김교헌, 김정호, 장현갑 공역. 『마음챙김 명상과 자기치유: 삶의 재난을 몸과 마음의 지혜로 마주하기(상-하)』.

Orsillo, Susan M., and Lizabeth Roemer. *The Mindful Way Through Anxiety: Break Free from Chronic Worry and Reclaim Your Life.* 한소영 역. 『불안을 치유하는 마음챙김 명상법: 불안을 받아들이면 인생이 달라진다!』

Salzberg, Sharon. *Lovingkindness: The Revolutionary Art of Happiness.* 김재성 역. 『붓다의 러브레터』.

Teasdale, John D., and Zindel V Segal. *The Mindful Way Through Depression: Freeing Yourself from Chronic Unhappiness.* 차재호 역. 『우울증을 다스리는 마음챙김 명상』.

관계

Gottman, John, and Joan DeClaire. *The Relationship Cure: A Five-Step Guide to Strengthening Your Marriage, Family, and Friendships*.

McKay, Matthew, Patrick Fanning, and Kim Paleg. *Couple Skills: Making Your Relationship Work*. 김인경 역.『커플 스킬: 커플을 위한 화해의 기술』.

Richo, David. *How to Be an Adult in Relationships: The Five Keys to Mindful Loving*. 윤미연 역.『나는 왜 이 사랑을 하는가: 사랑의 시작과 끝, 상처와 두려움 그리고 성장에 대하여』.

Ruiz, Don Miguel. *The Mastery of Love: A Practical Guide to the Art of Relationship*. 김이숙 역.『사랑하라, 두려움 없이』.

자기돌봄

Brown, Bren. *The Gifts of Imperfection: Let Go of Who You Think You're Supposed to Be and Embrace Who You Are*. 서현정 역.『나는 불완전한 나를 사랑한다』/장세현 역.『불완전함의 선물: 자신이 바라는 인간상에서 벗어나 그대로의 자신을 받아들여라』.

Neff, Kristin. *Self-Compassion: The Proven Power of Being Kind to Yourself*. 서광, 효림, 이규미, 안희영 공역.『나를 사랑하기로 했습니다. 마음챙김 자기연민 워크북』.

수면

Carney, Colleen. *Quiet Your Mind and Get to Sleep: Solutions to Insomnia for Those with Depression, Anxiety, or Chronic Pain.*

Ehrnstrom, Colleen, and Alisha L. Brosse. *End the Insomnia Struggle: A Step-by-Step Guide to Help You Get to Sleep and Stay Asleep.*

감사의 글

많은 분들이 이 책을 쓰는 데 이런저런 방식으로 도움을 주셨습니다. 우선 먼저 저의 부모님이신 찰스 길리한 및 캐롤린 길리한님께 다섯 아들을 키우신 노고에 감사를 드립니다. 인생에서 최고의 일이자 가장 어려운 일을 다루는 가운데 사랑과 관심을 기울이는 부모가 된다는 게 무얼 요구하는지를 이십년 전에 집을 떠나 독립하고 난 뒤에야 이해하게 되었습니다. 저의 형제들인 욘더, 맬러치, 팀 그리고 찰리에게도 감사합니다ー우리가 함께해온 인연이 없었다면 삶은 지금과는 전혀 달랐을 겁니다.

저는 조지워싱턴 대학에서 임상 훈련을 받기 시작하였는데, 첫 과정에서 레미먼드 패시Raymond Pasi 박사에게서 가르침을 받은 게 행운이었습니다. 지난 17년간 그분의 지혜와 유머에서 많은 걸 배웠습니다. 리치 랜시어Rich Lanthier 교수는 제게 인간발달 분야를 소개해주셨고 대학원에서 제가 발전해가도록 지도해주셨습니다.

저는 박사과정을 공부할 곳으로 펜실베이니아 대학에 끌렸습니다 — CBT 훈련에 대한 명성이 자자했기 때문입니다. 감사하게도 훌륭한 교수진 덕분에 제가 희망했던 것보다 훨씬 좋은 경험을 하였습니다. 증거 기반 심리치료 분야를 선도하는 다이앤 챔블레스Dianne Chambless 박사가 임상 훈련 책임자로 계시는 가운데 저는 풍부한 경험을 할 수 있었습니다. 멜리사 헌트Melissa Hunt 박사는 제가 지금까지 활용하고 있는 증거 기반 평가기술을 가르쳐주셨습니다. 앨런 골드슈타인Alan Goldstein 박사는 저의 첫 치료 수련감독자였는데 CBT가 효과적일 뿐만 아니라 따뜻할 수도 있다는 사실을 보여주신 분입니다. 저는 로브 드루버스Rob DeRubeis 박사의 인지치료 수퍼비전을 너무 좋아해서 이 분의 실습과목을 세 번이나 수강했습니다. 그리고 그의 접근방식을 수련감독자인 저 자신의 역할에 적용하려고 애쓰고 있습니다. 제 학위논문에 대한 뛰어난 조언자였던 마사 패러Martha Farah 박사는 저의 대학원 경험을 충만하게 만들어주셨고, 지금까지도 그 친절과 지도에서 유익을 얻고 있습니다.

마음챙김 인지치료의 선구자이신 진델 시걸Zindel Segal 박사께도 감사를 드립니다. 대학원 과정 막바지에 임상 맥락에서의 마음챙김에 대해 입문하도록 자극을 주셨습니다.

엘리사 커쉬너Elyssa Kushner 박사는 제가 처음 교수진에 합류했을 때 그러한 입문 과정에 많은 도움을 주셨습니다. 이 분이 지도해주신 불안에 대한 마음챙김 기반 치료는 저 자신의 치료자로서의 발달에서 무척 소중한 '제3의 흐름'이었습니다. 저는 에드너 포아Edna Foa 박사에게서 강력한 효과가 있는 노출치료의 미묘한 차이뿐만 아니라, 글을 쓰는 사람으로서 단어 하나하나를 어떻게 중요하게 다뤄야 하는지를 배웠습니다.

이 분이 뿌린 씨앗은 제가 강단을 떠난 이후 제가 하고 있는 작업에서 자라나고 있습니다.

그 이후로 저는 열성적이고 재능 있는 임상가들의 공동체에 속하는 행운을 누리고 있습니다—자주 협력작업을 하는 릭 서머스, 데이비드 스타이인먼, 도널드 타바콜리, 페이스 덕킷, 맷 케이저, 드화니 샤, 캐서린 릴리, 테레사 새리스 그리고 매덜라인 와이저우리 아이들의 뛰어난 소아과 의사 등의 박사들과 여기 일일이 거론하기 힘들 정도로 많은 분이 있습니다.

저의 친구이자 동료 심리학들인 루시 폴콘브리지, 제시 수, 데이비드 요스코, 스티븐 싸오, 미치 그린, 마크 태너바움, 엘리엇 가슨, 캐서린 달스가드 등의 박사들이 동료로서 지원과 협력을 해주신 것에 감사를 표합니다. 그리고 수면전문가인 제프 엘런보겐, 정신과의사인 매트 허포드 및 테드 브로드킨 박사, 그리고 신체 단련 및 체중감량 전문가인 아리아 캠벨-대니쉬 박사 등과의 우정에서도 커다란 유익을 얻었습니다. 안녕감의 전반적인 측면에서 CBT의 역할에 대한 논의를 활발하게 해주신 안녕전문가 제임스 켈리 박사에게 감사합니다—아침 달리기를 하면서 가졌던 무수한 위로 회기가 그립네요.

저는 코리 필드의 전문성과 자문에서 끝없이 도움을 받고 있습니다. 저의 멋진 편집자 칼리스토 미디어, 나나 K. 투마시와 함께 다시 일할 수 있었던 것에 감사합니다.

저는 지난 이십년 넘는 시간 동안 용감히 도움을 요청하는 무수한 남성과 여성분들을 치료하는 특권을 누려왔습니다. 여러분이 걸어가는 여정의 일부를 저와 나누어주셔서 감사합니다—그러한 길을 함께 걸으며 제가 배웠던 많은 내용들이 이 책에 담겼습니다.

끝으로, 언제나 그러하듯 저의 가장 깊은 감사의 마음을 아내 마르시아와 우리 아이들에게 전합니다. 당신과 너희는 내가 하는 모든 일에서 끝없는 사랑과 영감의 원천이야. 삶의 모험을 함께해서 얼마나 내가 행운아인지 말로 표현하기 힘들 정도야.

역자 후기
내 마음
내가 치유한다

　우리 역자들은 정신건강/심리치료 분야에서 근거기반치료로 널리 알려진 인지행동치료CBT와 관련한 전문도서는 국내에 많이 소개되어 있는 반면에, 내담자나 환자, 일반인을 위한 안내서는 드물다는 사실에 이 책을 소개할 필요성을 느꼈습니다. 『내 마음 내가 치유한다: 알기 쉬운 인지행동치료CBT』는 아마존 심리 분야의 베스트셀러 중 하나로서 역시 나름 검증된 도서입니다. 오랜 기간 동안 현장에서 인지행동치료를 적용해온 세스 길리한 박사는 CBT의 핵심 내용과 최근 흐름을 세련되게 정리하면서도 독자들이 자신의 삶에 손쉽게 적용해볼 수 있도록 친절하게 안내하고 있습니다. 독자 여러분께서 자신의 심리적 불편감을 주제로 삼아 이 책에서 안내하는 방식으로 적용/실천해보신다면 보다 경쾌하고 즐거운 삶을 살아가는 데 도움을 받으실 수 있을 겁니다.

　물론 이 책이 모든 분의 모든 심리적 문제를 해결해준다고 할 수는 없습니다. 심리적/정신적으로 압도감을 느끼는 문제들에 대해서는 당연히 정신건강 전문가들의 도움을 받으시는 것이 필수적입니다. 이러한 점에 대해서는 본문에서도 여러 차례 강조되고 있습니다. 아울러 다양한 심리건강 전문가의 도움을 받는 과정에서 해당 전문가가 자신에게 도움이 되는지 스스로 평가해보시는 것도 필요합니다. 이에 대해서는 이 책과 함께 읽으면 좋을 자매편인 『최고의 나를 찾는 심리전략 35: 트라우마와 중독을 넘어 치유와 성장으로!!!』 중에서 「조력 동맹 질문지」를 참조하면 도움이 될 겁니다.

길리한 박사는 우울과 불안에 대하여 좀 더 집중으로 작업해볼 수 있는 워크북 형태의 저서를 앞서 출간하였는데, 이 저서 역시 우리 역자들이 곧 이어 소개하도록 하겠습니다.

병원 운영과 저술에 바쁘신 가운데서도 이 책의 추천사를 써주신 시인이자 정신과 의사이신 신승철 선생님께 깊이 감사드립니다. 또한 좋은 책을 소개하려고 애쓰시는 도서출판 씨아이알의 김성배 대표이사님, 그리고 보기 좋은 편집을 위해 번잡함을 마다하지 않으신 김동희 과장님께 감사드립니다.

이 책의 제목이 『내 마음 내가 치유한다』입니다만, 사실 개인의 치유와 사회의 치유는 함께 간다고 봅니다. 이 책의 저자인 길리한 박사 역시 마음챙김이 개인에게만 영향을 미치는 것이 아니라 사회적으로 필요한 것에 대해서도 깨어 있게, 그리고 행동하게 만든다고 이야기하고 있습니다. 그런 의미에서 우리 사회의 구조적인 문제와 이번 코로나 사태로 힘겨운 삶을 꾸려 가실 수도 있는 독자 여러분의 심리적 건강과 사회적 건강의 회복에 이 책이 미약하나마 도움이 되기를 바랍니다.

역자 일동

참고문헌

1. Akbaraly, Tasnime N., Eric J. Brunner, Jane E. Ferrie, Michael G. Marmot, Mika Kivim ki, and Archana Singh-Manoux. "Dietary Pattern and Depressive Symptoms in Middle Age." *The British Journal of Psychiatry* 195, no. 5 (October 2009): 408-413. doi: 10.1192/bjp.bp108058925.

2. Akbaraly, Tasnime N., Clarisse Kerleau, Marilyn Wyart, Nathalie Chevallier, Louise Ndiaye, Nitin Shivappa, James R. H bert, and Mika Kivim ki. "Dietary Inflammatory Index and Recurrence of Depressive Symptoms: Results from the Whitehall II Study." *Clinical Psychological Science* 4, no. 6 (November 2016): 1125-1134. doi: 10.1177/2167702616645777.

3. Alcock, Ian, Mathew P. White, Benedict W. Wheeler, Lora E. Fleming, and Michael H. Depledge "Longitudinal Effects on Mental Health of Moving to Greener and Less Green Urban Areas." *Environmental Science & Technology* 48 no. 2 (2014): 1247-1255. doi: 10.1021/es403688w.

4. American Psychiatric Association. *Diagnostic and Statistical Manual of Mental Disorders*, 5th ed. (DSM-5). Arlington, VA: American Psychiatric Association Publishing, 2013. 권준수 외 공역. 정신질환의 진단 및 통계 편람(제5판). 서울: 학지사, 2015.

5. Anderson, Kristen Joan. "Impulsivity, Caffeine, and Task Difficulty: A Within-Subjects Test of the Yerkes-Dodson Law." *Personality and Individual Differences 16*, no. 6 (June 1994): 813-829. doi: 10.1016/0191 -8869(94)90226-7.

6. Arias-Carri n, Oscar, Maria Stamelou, Eric Murillo-Rodr guez, Manuel Men ndez-Gonz lez, and Ernst P ppel. "Dopaminergic Reward System: A Short Integrative Review." *International Archives of Medicine* 3, no. 1 (2010): 24. doi: 10.1186/1755-7682-3-24.

7. Asmundson, Gordon J. G., Mathew G. Fetzner, Lindsey B. DeBoer, Mark B. Powers, Michael W. Otto, and Jasper A. J. Smits. "Let's Get Physical: A Contemporary Review of the Anxiolytic Effects of Exercise for Anxiety and Its Disorders." *Depression and Anxiety* 30, no. 4 (April 2013): 362–373. doi:10.1002/da.22043.

8. Barlow, David H., Jack M. Gorman, M. Katherine Shear, and Scott W. Woods. "Cognitive–Behavioral Therapy, Imipramine, or Their Combination for Panic Disorder: A Randomized Controlled Trial." *Journal of the American Medical Association* 283, no. 19 (2000): 2529–2536. doi: 10.1001/jama.283.19.2529.

9. Barth, Jürgen, Martina Schumacher, and Christoph Herrmann–Lingen. "Depression as a Risk Factor for Mortality in Patients with Coronary Heart Disease: A Meta–Analysis." *Psychosomatic Medicine* 66, no. 6 (November/December 2004): 802–813. doi: 10.1097/ 01.psy.0000146332.53619.b2.

10. Bartlett, Monica Y., and David DeSteno. "Gratitude and Prosocial Behavior: Helping When It Costs You." *Psychological Science* 17, no. 4 (April 2006): 319–325. doi: 10.1111/j.1467–9280.2006.01705.x.

11. Be, Daniel, Mark A Whisman, and Lisa A. Uebelacker. "Prospective Associations Between Marital Adjustment and Life Satisfaction." *Personal Relationships* 20, no. 4 (December 2013): 728–739. doi: 10.1111/pere.12011.

12. Beck, Aaron T. *Cognitive Therapy and the Emotional Disorders.* New York: Penguin Books, 1979. 민병배 역. 인지치료와 정서장애: 인지치료 창시자 아론 벡이 저술한 인지행동치료의 고전. 서울: 학지사, 2017.

13. Beck, Aaron T. *Prisoners of Hate: The Cognitive Basis of Anger, Hostility, and Violence.* New York: HarperCollins Publishers, 1999. 김현수 역. 우리는 왜 분노에서 벗어나지 못하는가: 증오의 감옥에서 탈출하기. 서울: 학지사, 2018.

14. Beck, Aaron T., Andrew C. Butler, Gregory K. Brown, Katherine K. Dahlsgaard, Cory F. Newman, and Judith S. Beck. "Dysfunctional Beliefs Discriminate Personality Disorders." *Behaviour Research*

and Therapy 39, no. 10 (2001): 1213–1225.

15.   Beck, Aaron T., A. John Rush, Brian F. Shaw, and Gary Emery. *Cognitive Therapy of Depression*. New York: Guilford Press, 1979. 원호택 역. 우울증의 인지치료. 서울: 학지사, 2005.

16.   Beck, Judith S. *Cognitive Behavior Therapy: Basics and Beyond*, 2nd ed. New York: Guilford Press, 2011. 최영희 외 공역. 인지행동치료 이론과 실제. 서울: 하나의학사, 2017.

17.   Beck, Richard, and Ephrem Fernandez. "Cognitive–Behavioral Therapy in the Treatment of Anger: A Meta–Analysis." *Cognitive Therapy and Research* 22, no. 1 (February 1998): 63–74.

18.   Bergmans, Rachel S., and Kristen M. Malecki. "The Association of Dietary Inflammatory Potential with Depression and Mental Well–Being Among US Adults." *Preventive Medicine* 99 (March 2017): 313–319. doi: 101016/ j.ypmed.2017.03.016.

19.   Bratman, Gregory N., J. Paul Hamilton, Kevin S. Hahn, Gretchen C. Daily, and James J. Gross. "Nature Experience Reduces Rumination and Subgenual Prefrontal Cortex Activation." *Proceedings of the National Academy of Sciences* 112, no. 28 (July 2015) 8567–8572. doi: /10.1073/ pnas.1510459112.

20.   Brown, Daniel K., Jo L. Barton, and Valerie F. Gladwell. "Viewing Nature Scenes Positively Affects Recovery of Autonomic Function Following Acute–Mental Stress." *Environmental Science & Technology* 47, no. 11 (June 2013): 5562–5569. doi: 10.1021/es305019p.

21.   Brown, Emma M., Debbie M. Smith, Tracy Epton, and Christopher J. Armitage. "Do Self Incentives Change Behavior? A Systematic Review and Meta–Analysis." *Behavior Therapy* 49, no. 1 (2018): 113–123. doi: 10.1016/j.beth.2017.09.004.

22.   Burns, David D. *The Feeling Good Handbook*. New York: Plume/Penguin Books, 1999.

23.   Carson, Rachel. *Silent Spring*. New York: Houghton Mifflin Harcourt, 2002. 김은령 역. 침묵의 봄. 서울: 에코리브르, 2011. (기타 다수 출판사에서 번역 출간됨)

24.   Chiesa, Alberto, and Alessandro Serretti. "Mindfulness–Based Stress Reduction for Stress Management in Healthy People: A

Review and Meta-Analysis." *The Journal of Alternative and Complementary Medicine* 15, no. 5 (May 2009): 593-600. doi: 10. 1089/acm.2008.0495.

25. Cooney, Gary M., Kerry Dwan, Carolyn A. Greig, Debbie A. Lawlor, Jane Rimer, Fiona R. Waugh, Marion McMurdo, and Gillian E. Mead. "Exercise for Depression." *Cochrane Database of Systematic Reviews*, no. 9 (September 2013). doi:10.1002/14651858.CD004366. pub6.

26. Craske, Michelle G., and David H. Barlow. *Mastery of Your Anxiety and Panic: Workbook*, 4th ed. New York: Oxford University Press, 2006. 최병휘 역. 공황장애의 인지행동치료: 불안과 공황의 극복. 서울: 시그마프레스, 2016.

27. Crocker, Jennifer, and Amy Canevello. "Creating and Undermining Social Support in Communal Relationships: The Role of Compassionate and Self-Image Goals." *Journal of Personality and Social Psychology* 95, no. 3 (September 2008): 555-575. doi: 10.1037/0022-3514.95.3555.

28. Cuijpers, Pim, Tara Donker, Annemieke van Straten, J. Li, and Gerhard Andersson. "Is Guided Self-Help as Effective as Face-to-Face Psychotherapy for Depression and Anxiety Disorders? A Systematic Review and Meta-Analysis of Comparative Outcome Studies." *Psychological Medicine* 40, no. 12 (December 2010): 1943-1957. doi: 10.1017/S0033291710000772.

29. Davis, Daphne M., and Jeffrey A. Hayes. "What Are the Benefits of Mindfulness? A Practice Review of Psychotherapy-Related Research." *Psychotherapy* 48, no 2 (2011): 198-208.

30. Derks, Daan je, and Arnold B. Bakker. "Smartphone Use, Work-Home Interference, and Burnout: A Diary Study on the Role of Recovery." *Applied Psychology* 63, no. 3 (July 2014): 411-440. doi: 10.1111/j.1464-0597.2012.00530.x.

31. DeRubeis, Robert J., Steven D. Hollon, Jay D. Amsterdam, Richard C. Shelton, Paula R. Young, Ronald M. Salomon, John P. O'Reardon, Margaret L. Lovett, Madeline M. Gladis, Laurel L. Brown, and Robert Gallop. "Cognitive Therapy vs Medications in

the Treatment of Moderate to Severe Depression." *Archives of General Psychiatry* 62, no. 4 (2005): 409-416. doi: 10.1001/archpsyc.62.4.409.

32. DeRubeis, Robert J., Christian A. Webb, Tony Z. Tang, and Aaron T. Beck. "Cognitive Therapy." In *Handbook of Cognitive-Behavioral Therapies*, 3rd ed. edited by Keith S. Dobson, pp. 349-392. New York: Guilford Press, 2001. 김은정, 원성두 공역. 인지행동치료 핸드북. 서울 : 학지사, 2014.

33. Diamond, David M., Adam M. Campbell, Collin R. Park, Joshua Halonen, and Phillip R. Zoladz. "The Temporal Dynamics Model of Emotional Memory Processing: A Synthesis on the Neurobiological Basis of Stress-Induced Amnesia, Flashbulb and Traumatic Memories, and the Yerkes-Dodson Law." *Neural Plasticity* (2007). doi: 10.1155/2007/60803.

34. Division 12 of the American Psychological Association. "Research-Supported Psychological Treatments." Accessed November 15 2017. https://www.div12.org/psychological-treatments.

35. Ekers, David, Lisa Webster, Annemieke Van Straten Pim Cuijpers, David Richards, and Simon Gilbody. "Behavioural Activation for Depression: An Update of Meta-Analysis of Effectiveness and Sub Group Analysis." *PloS One* 9, no. 6 (June 2014): e100100. doi: 101371/journal.pone.0100100.

36. Ellenbogen, Jeffrey M., Jessica D. Payne, and Robert Stickgold. "The Role of Sleep in Declarative Memory Consolidation: Passive, Permissive, Active or None?" *Current Opinion in Neurobiology* 16, no. 6 (December 2006): 716-722. doi: 10.1016/jconb.2006.10.006.

37. Ellis, Albert. *Reason and Emotion in Psychotherapy*. Secaucus, NJ: Citadel Press, 1962.

38. Emmons, Robert A., and Michael E. McCullough. "Counting Blessings Versus Burdens: An Experimental Investigation of Gratitude and Subjective Well-Being in Daily Life." *Journal of Personality and Social Psychology* 84, no. 2 (February 2003): 377-389.

39. Erickson, Thane M., M. Teresa Granillo, Jennifer Crocker, James L. Abelson, Hannah E. Reas, and Christina M. Quach. "Compassionate and Self–Image Goals as Interpersonal Maintenance Factors in Clinical Depression and Anxiety." *Journal of Clinical Psychology* (September 2017) doi: 10.1002/jclp.22524.

40. Felmingham, Kim, Andrew Kemp, Leanne Williams, Pritha Das, Gerard Hughes, Anthony Peduto, and Richard Bryant. "Changes in Anterior Cingulate and Amygdala After Cognitive Behavior Therapy of Posttraumatic Stress Disorder." *Psychological Science* 18, no. 2 (February 2007): 127–129.

41. Fox, Jesse, and Jennifer J. Moreland. "The Dark Side of Social Networking Sites: An Exploration of the Relational and Psychological Stressors Associated with Facebook Use and Affordances." *Computers in Human Behavior* 45 (April 2015): 168–176. doi: 10.1016/j.chb. 2014.11.083.

42. Francis, Kylie, and Michel J. Dugas. "Assessing Positive Beliefs About Worry: Validation of a Structured Interview." *Personality and Individual Differences* 37, no. 2 (July 2004): 405–415. doi: 10.1016/j.paid.2003.09.012.

43. Gillihan, Seth J., John A. Detre, Martha J. Farah, and Hengyi Rao. "Neural Substrates Associated with Weather Induced Mood Variability: An Exploratory Study Using ASL Perfusion fMRI." *Journal of Cognitive Science* 12, no. 2 (2011): 195–210.

44. Gillihan, Seth J., Hengyi Rao, Jiongjiong Wang, John A. Detre, Jessica Breland, Geena Mary V. Sankoorikal, Edward S. Brodkin, and Martha J. Farah. "Serotonin Transporter Genotype Modulates Amygdala Activity During Mood Regulation." *Social Cognitive and Affective Neuroscience* 5, no. 1 (March 2010): 1–10. doi: 10.1093/scan/nsp035.

45. Gillihan, Seth J., Chenjie Xia, Alisa A. Padon, Andrea S. Heberlein, Martha J. Farah, and Lesley K. Fellows. "Contrasting Roles for Lateral and Ventromedial Prefrontal Cortex in Transient and Dispositional Affective Experience." *Social Cognitive and Affective Neuroscience* 6, no. 1 (January 2011): 128–137. doi:

10.1093/scan/nsq026.

46. Grant, Adam. *Originals: How Non-Conformists Move the World.* New York: Penguin, 2017.

47. Grant, Joshua A., Emma G. Duerden, Jérôme Courtemanche, Mariya Cherkasova, Gary H. Duncan, and Pierre Rainville. "Cortical Thickness, Mental Absorption and Meditative Practice: Possible Implications for Disorders of Attention." *Biological Psychology* 92, no. 2 (2013): 275-281.

48. Hartig, Terry, Richard Mitchell, Sjerp De Vries, and Howard Frumkin. "Nature and Health." *Annual Review of Public Health* 35 (2014): 207-228. doi: 10.1146/annurev-publhealth-032013-182443.

49. Hellstr m, Kerstin, and Lars-G ran st. "One-Session Therapist Directed Exposure vs Two Forms of Manual Directed Self-Exposure in the Treatment of Spider Phobia." *Behaviour Research and Therapy* 33, no. 8 (November 1995): 959-965. doi: 1016/0005-7967(95)00028-V.

50. Hirshkowitz, Max, Kaitlyn Whiton, Steven M. Albert, Cathy Alessi, Oliviero Bruni, Lydia DonCarlos, Nancy Hazen, et al. "National Sleep Foundation's Sleep Time Duration Recommendations: Methodology and Results Summary." *Sleep Health* 1, no. 1 (2015): 40-43 doi: 10.1016/ j.sleh.2014.12.010.

51. Hofmann, Stefan G., Anu Asnaani, Imke J. J Vonk, Alice T. Sawyer, and Angela Fang. "The Efficacy of Cognitive Behavioral Therapy: A Review of Meta-Analyses." *Cognitive Therapy and Research* 36, no. 5 (October 2012): 427-440. doi: 10.1007/s10608-012-9476-1.

52. Hofmann, Stefan G., Alice T. Sawyer, Ashley A. Witt, and Diana Oh. "The Effect of Mindfulness-Based Therapy on Anxiety and Depression: A Meta-Analytic Review" *Journal of Consulting and Clinical Psychology* 78, no. 2 (April 2010): 169-183. doi: 10.1037/ a0018555.

53. Hollon, Steven D., Robert J. DeRubeis, Richard C. Shelton, Jay D. Amsterdam, Ronald M. Salomon, John P. O'Reardon, Margaret L. Lovett, et al. "Prevention of Relapse Following Cognitive

Therapy vs Medications in Moderate to Severe Depression."
Archives of General Psychiatry 62, no. 4 (April 2005): 417–422.
doi: 10.1001/archpsyc.62.4.417.

54. Irwin, Michael R., Minge Wang, Capella O. Campomayor, Alicia
Collado–Hidalgo, and Steve Cole. "Sleep Deprivation and
Activation of Morning Levels of Cellular and Genomic Markers of
Inflammation." *Archives of Internal Medicine* 166, no. 16 (2006):
1756–1762. doi: 10.1001/ archinte.166.16.1756.

55. Jacka, Felice N., Julie A. Pasco, Arnstein Mykletun, Lana J.
Williams, Allison M. Hodge, Sharleen Linette O'Reilly, Geoffrey
C. Nicholson, Mark A. Kotowicz, and Michael Berk. "Association
of Western and Traditional Diets with Depression and Anxiety in
Women." *American Journal of Psychiatry* 167, no. 3 (March
2010): 305–311. doi: 10.1176/ appi.ajp.2009.09060881.

56. James, William. *On Vital Reserves: The Energies of Men. The
Gospel of Relaxation*. New York: Henry Holt and Company, 1911.

57. Jeanne, Miranda, James J. Gross, Jacqueline B. Persons, and
Judy Hahn. "Mood Matters: Negative Mood Induction Activates
Dysfunctional Attitudes in Women Vulnerable to Depression."
Cognitive Therapy and Research 22, no. 4 (August 1998): 363–
376. doi: 101023/A:1018709212986.

58. Kabat–Zinn, Jon, Leslie Lipworth, and Robert Burney. "The
Clinical Use of Mindfulness Meditation for the Self Regulation of
Chronic Pain." *Journal of Behavioral Medicine* 8, no 2 (1985): 163
–190.

59. Kaplan, Bonnie J., Julia J. Rucklidge, Amy Romijn, and Kevin
McLeod. "The Emerging Field of Nutritional Mental Health:
Inflammation, the Microbiome, Oxidative Stress, and Mitochondrial
Function." *Clinical Psychological Science* 3, no. 6 (2015): 964–980.

60. Kessler, Ronald C., Patricia Berglund, Olga Demler, Robert Jin,
Doreen Koretz, Kathleen R. Merikangas, A. John Rush, Ellen E.
Walters, and Philip S. Wang. "The Epidemiology of Major
Depressive Disorder: Results from the National Comorbidity
Survey Replication (NCS–R)." *Journal of the American Medical*

Association 289, no. 23 (June 2003): 3095-3105. doi: 10.1001/ jama.289.23.3095.

61. Kessler, Ronald C., Patricia Berglund, Olga Demler, Robert Jin, Kathleen R. Merikangas, and Ellen E. Walters. "Lifetime Prevalence and Age-of-Onset Distributions of DSM-IV Disorders in the National Comorbidity Survey Replication." *Archives of General Psychiatry* 62, no. 6 (June 2005): 593-602. doi: 10.1001/archpsyc.62.6.593.

62. Kessler, Ronald C., Wai Tat Chiu, Robert Jin, Ayelet Meron Ruscio, Katherine Shear, and Ellen E. Walters. "The Epidemiology of Panic Attacks, Panic Disorder, and Agoraphobia in the National Comorbidity Survey Replication." *Archives of General Psychiatry* 63, no. 4 (April 2006): 415-424. doi:10.1001/archpsyc.63.4.415.

63. Kessler, Ronald C., Maria Petukhova, Nancy A. Sampson, Alan M. Zaslavsky, and Hans Ullrich Wittchen. "Twelve-Month and Lifetime Prevalence and Lifetime Morbid Risk of Anxiety and Mood Disorders in the United States." *International Journal of Methods in Psychiatric Research* 21, no. 3 (September 2012): 169-184. doi:10.1002/mpr.1359.

64. Kessler, Ronald C., Ayelet Meron Ruscio, Katherine Shear, and Hans-Ulrich Wittchen. "Epidemiology of Anxiety Disorders." In *Behavioral Neurobiology of Anxiety and Its Treatment* edited by Murray B. Stein and Thomas Steckler, pp. 21-35. Heidelberg, Germany: Springer, 2009.

65. Krogh, Jesper, Merete Nordentoft, Jonathan A. C. Sterne, and Debbie A. Lawlor. "The Effect of Exercise in Clinically Depressed Adults: Systematic Review and Meta-Analysis of Randomized Controlled Trials." *The Journal of Clinical Psychiatry* 72, no. 4 (April 2011): 529-538. doi: 10.4088 /JCP.08r04913blu

66. Kross, Ethan, Philippe Verduyn, Emre Demiralp, Jiyoung Park, David Seungjae Lee, Natalie Lin, Holly Shablack, John Jonides, and Oscar Ybarra. "Facebook Use Predicts Declines in Subjective Well-Being in Young Adults." *PloS One* 8, no. 8 (August 2013): e69841. doi: 10.1371 /journal.pone.0069841.

67. Lai, Jun S., Sarah Hiles, Alessandra Bisquera, Alexis J. Hure, Mark McEvoy, and John Attia. "A Systematic Review and Meta−Analysis of Dietary Patterns and Depression in Community−Dwelling Adults." *The American Journal of Clinical Nutrition* 99, no. 1 (January 2014): 181-197. doi: 10.3945/ajcn.113.06988.

68. LeDoux, Joseph E. "Emotion: Clues from the Brain." *Annual Review of Psychology* 46, no. 1 (1995): 209-235.

69. Lejuez, C. W., Derek R. Hopko, Ron Acierno, Stacey B. Daughters, and Sherry L. Pagoto. "Ten−Year Revision of the Brief Behavioral Activation Treatment for Depression: Revised Treatment Manual." *Behavior Modification* 35, no. 2 (February 2011): 111-161.

70. Locke, Edwin A., and Gary P. Latham. "Building a Practically Useful Theory of Goal Setting and Task Motivation: A 35−Year Odyssey." *American Psychologist* 57, no. 9 (2002): 705-717. doi: 10.1037/0003 −066X.57.9.705.

71. Ma, S. Helen, and John D. Teasdale. "Mindfulness−Based Cognitive Therapy for Depression: Replication and Exploration of Differential Relapse Prevention Effects." *Journal of Consulting and Clinical Psychology* 72, no. 1 (February 2004): 31-40. doi: 101037/0022−006X.72.1.31.

72. Minkel, Jared D., Siobhan Banks, Oo Htaik, Marisa C. Moreta, Christopher W. Jones, Eleanor L. McGlinchey, Norah S. Simpson, and David F. Dinges. "Sleep Deprivation and Stressors: Evidence for Elevated Negative Affect in Response to Mild Stressors When Sleep Deprived." *Emotion* 12, no. 5 (October 2012): 1015-1020. doi: 10.1037/a0026871.

73. Mitchell, Matthew D., Philip Gehrman, Michael Perlis, and Craig A. Umscheid. "Comparative Effectiveness of Cognitive Behavioral Therapy for Insomnia: A Systematic Review." *BMC Family Practice* 13 (May 2012): 1-11. doi: 10.1186/1471−2296−13−40.

74. Nelson, Julia, and Allison G. Harvey. "An Exploration of Pre−Sleep Cognitive Activity in Insomnia: Imagery and Verbal Thought." *British Journal of Clinical Psychology* 42, no. 3 (September 2003): 271-288.

75. Nemeroff, Charles B., J. Douglas Bremner, Edna B. Foa, Helen S. Mayberg, Carol S. North, and Murray B. Stein. "Posttraumatic Stress Disorder: A State-of-the-Science Review." *Journal of Psychiatric Research* 40, no. 1 (2006): 1-21. doi: 10.1016/j.jpsychires.2005. 07.005.

76. National Institute of Mental Health. "Mental Health Medications." Accessed November 21, 2017. https://www.nimh.nih.gov/health/topics /mental-health-medications/index.shtml.

77. National Institute of Mental Health. "Mental Health Statistics." Accessed November 10, 2017. https://www.nimh.nih.gov/health/topics/index.shtml.

78. O'Connell, Brenda H., Deirdre O'Shea, and Stephen Gallagher. "Feeling Thanks and Saying Thanks: A Randomized Controlled Trial Examining If and How Socially Oriented Gratitude Journals Work." *Journal of Clinical Psychology* 73, no. 10 (October 2017): 1280-1300. doi: 10.1002/jclp.22469.

79. Opie, R. S., C. Itsiopoulos, N. Parletta, A. S nchez-Villegas, T. N Akbaraly, Anu Ruusunen, and F. N. Jacka. "Dietary Recommendations for the Prevention of Depression." *Nutritional Neuroscience* 20, no. 3 (April 2017): 161-171. doi: 10.1179/1476830515Y.0000000043.

80. Öst, Lars-Göran. "One-Session Treatment of Specific Phobias." *Behaviour Research and Therapy* 27, no. 1 (February 1989): 1-7. doi: 10.1016/0005 -7967(89)90113-7.

81. Owen, John M. "Transdiagnostic Cognitive Processes in High Trait Anger." *Clinical Psychology Review* 31, no. 2 (2011): 193-202. doi: 10.1016 /j.cpr.2010.10.003.

82. Parletta, Natalie, Dorota Zarnowiecki, Jihyun Cho, Amy Wilson, Svetlana Bogomolova, Anthony Villani, Catherine Itsiopoulos, et al. "A Mediterranean-Style Dietary Intervention Supplemented with Fish Oil Improves Diet Quality and Mental Health in People with Depression: A Randomized Controlled Trial (HELFIMED)." *Nutritional Neuroscience* (2017): 1-14.

83. Piet, Jacob, and Esben Hougaard. "The Effect of Mindfulness-Based Cognitive Therapy for Prevention of Relapse in Recurrent Major Depressive Disorder: A Systematic Review and Meta-

Analysis." *Clinical Psychology Review* 31, no. 6 (August 2011): 1032-1040. doi: 10.1016/j.cpr.2011.05.002.

84. Psychology Today. "Agoraphobia." Accessed February 10, 2017. https://www.psychologytoday.com/conditions/agoraphobia.

85. Rahe, Corinna, and Klaus Berger. "Nutrition and Depression: Current Evidence on the Association of Dietary Patterns with Depression and Its Subtypes." In *Cardiovascular Diseases and Depression*, pp. 279-304. Springer International Publishing, 2016.

86. Rao, Hengyi, Seth J. Gillihan, Jiongjiong Wang, Marc Korczykowski, Geena Mary V. Sankoorikal, Kristin A. Kaercher, Edward S. Brodkin, John A. Detre, and Martha J. Farah. "Genetic Variation in Serotonin Transporter Alters Resting Brain Function in Healthy Individuals." *Biological Psychiatry* 62, no. 6 (2007): 600-606. doi: 10.1016/j.biopsych .2006.11.028.

87. Raposa, Elizabeth B., Holly B. Laws, and Emily B. Ansell "Prosocial Behavior Mitigates the Negative Effects of Stress in Everyday Life." *Clinical Psychological Science* 4, no. 4 (2016): 691-698

88. Rotenstein, Aliza, Harry Z. Davis, and Lawrence Tatum. "Early Birds Versus Just-in-Timers: The Effect of Procrastination on Academic Performance of Accounting Students." *Journal of Accounting Education* 27, no. 4 (2009): 223-232. doi: 10.1016/j.jaccedu.2010.08.001.

89. Rucklidge, Julia J., and Bonnie J. Kaplan. "Nutrition and Mental Health." *Clinical Psychological* Science 4, no. 6 (2016): 1082-1084.

90. Saini, Michael. "A Meta-Analysis of the Psychological Treatment of Anger: Developing Guidelines for Evidence-Based Practice." *Journal of the American Academy of Psychiatry and the Law Online* 37, no. 4 (2009): 473-488.

91. Salzman, C. Daniel, and Stefano Fusi. "Emotion, Cognition, and Mental State Representation in Amygdala and Prefrontal Cortex." *Annual Review of Neuroscience* 33 (2010): 173-202. doi: 10.1146/annurev.neuro .051508.135256.

92. Sánchez-Villegas, Almudena, Miguel Ruíz-Canela, Alfredo Gea, Francisca Lahortiga, and Miguel A. Martínez-González. "The Association Between the Mediterranean Lifestyle and Depression." *Clinical Psychological Science* 4, no. 6 (2016): 1085–1093.

93. Sapolsky, Robert M. *Why Zebras Don't Get Ulcers: The Acclaimed Guide to Stress, Stress-Related Diseases, and Coping.* New York: Holt Paperbacks, 2004. 이재담, 이지윤 공역. 스트레스 = Stress: 당신을 병들게 하는 스트레스의 모든 것. 서울: 사이언스북스, 2008.

94. Segal, Zindel V., Michael Gemar, and Susan Williams. "Differential Cognitive Response to a Mood Challenge Following Successful Cognitive Therapy or Pharmacotherapy for Unipolar Depression." *Journal of Abnormal Psychology* 108, no. 1 (1999): 3–10. doi: 10.1037/0021-843X.108.1.3.

95. Seligman, Martin E. P., Tayyab Rashid, and Acacia C. Parks. "Positive Psychotherapy." *American Psychologist* 61, no. 8 (2006): 774–788. doi: 10.1037/0003-066X.61.8.774.

96. Selye, Hans. "A Syndrome Produced by Diverse Nocuous Agents." *Nature* 138, no. 32 (July 1936). doi: 10.1038/138032a0.

97. Stathopoulou, Georgia, Mark B. Powers, Angela C Berry, Jasper A. J. Smits, and Michael W. Otto. "Exercise Interventions for Mental Health: A Quantitative and Qualitative Review" *Clinical Psychology: Science and Practice* 13, no. 2 (May 2006): 179–193. doi: 10.1111/j.1468-2850.2006.00021.x.

98. Sugiyama, Takemi, Eva Leslie, Billie Giles-Corti, and Neville Owen. "Associations of Neighbourhood Greenness with Physical and Mental Health: Do Walking, Social Coherence and Local Social Interaction Explain the Relationships?" *Journal of Epidemiology and Community Health* 62, no. 5 (2008): e9.

99. Tang, Tony Z., and Robert J. DeRubeis. "Sudden Gains and Critical Sessions in Cognitive-Behavioral Therapy for Depression." *Journal of Consulting and Clinical Psychology* 67, no. 6 (1999): 894–904.

100. Tang, Tony Z., Robert J. DeRubeis, Steven D. Hollon, Jay

Amsterdam, and Richard Shelton. "Sudden Gains in Cognitive Therapy of Depression and Depression Relapse/Recurrence." *Journal of Consulting and Clinical Psychology* 75, no. 3 (2007): 404-408. doi: 10.1037/0022-006X.75.3.404.

101. Teasdale, John D., Zindel Segal, and J. Mark G. Williams. "How Does Cognitive Therapy Prevent Depressive Relapse and Why Should Attentional Control (Mindfulness) Training Help?" *Behaviour Research and Therapy* 33, no. 1 (January 1995): 25-39.

102. Teasdale, John D., Zindel V. Segal, J. Mark G. Williams, Valerie A. Ridgeway, Judith M. Soulsby, and Mark A. Lau. "Prevention of Relapse/ Recurrence in Major Depression by Mindfulness-Based Cognitive Therapy." *Journal of Consulting and Clinical Psychology* 68, no. 4 (2000): 615-623. doi: 10.1037//0022-006X. 68.4.615.

103. Thimm, Jens C. "Personality and Early Maladaptive Schemas A Five-Factor Model Perspective." *Journal of Behavior Therapy and Experimental Psychiatry* 41, no. 4 (2010): 373-380. doi: 10.1016/j.jbtep2010.03.009.

104. Tice, Dianne M., and Roy F. Baumeister. "Longitudinal Study of Procrastination, Performance, Stress, and Health: The Costs and Benefits of Dawdling." *Psychological Science* 8, no. 6 (1997): 454-458.

105. Tolin, David F. "Is Cognitive-Behavioral Therapy More Effective Than Other Therapies? A Meta-Analytic Review." *Clinical Psychology Review* 30, no. 6 (August 2010): 710-720. doi: 10.1016/j.cpr.2010.05.003.

106. Trungpa, Chögyam. *Shambhala: The Sacred Path of the Warrior.* Boston: Shambhala, 2007.

107. Vogel, Erin A. Jason P. Rose, Lindsay R. Roberts, and Katheryn Eckles. "Social Comparison, Social Media, and Self-Esteem." *Psychology of Popular Media Culture* 3, no. 4 (2014): 206-222. doi: 10.1037/ppm0000047.

108. Walsh, Roger. "Lifestyle and Mental Health." *American Psychologist* 66, no. 7 (2011): 579-592. doi: 10.1037/a0021769.

109. Watters, Paul Andrew, Frances Martin, and Zoltan Schreter. "Caffeine and Cognitive Performance: The Nonlinear Yerkes-Dodson Law." *Human Psychopharmacology: Clinical and Experimental* 12, no. 3 (1997): 249-257. doi: 10.1002/(SICI)1099-1077(199705/06)12:3⟨249::AID-HUP865⟩3.0.CO;2-J.

110. Winbush, Nicole Y., Cynthia R. Gross, and Mary Jo Kreitzer. "The Effects of Mindfulness-Based Stress Reduction on Sleep Disturbance: A Systematic Review." *Explore: The Journal of Science and Healing* 3, no. 6 (2007): 585-591. doi: 10.1016/j.explore.2007.08.003.

111. Wise, Roy A. "Dopamine, Learning and Motivation." *Nature Reviews Neuroscience* 5, no. 6 (2004): 483-494. doi: 10.1038/nrn1406.

112. Wood, Alex M., Jeffrey J. Froh, and Adam W. A. Geraghty. "Gratitude and Well-Being: A Review and Theoretical Integration." *Clinical Psychology Review* 30, no. 7 (2010): 890-905. doi: 10.1016/j.cpr.2010.03.005.

113. Wright, Steven, Andrew Day, and Kevin Howells. "Mindfulness and the Treatment of Anger Problems." *Aggression and Violent Behavior* 14, no. 5 (2009): 396-401. doi: 10.1016/j.avb.2009.06.008.

찾아보기

저자·역자 소개 —————————————————

저자

세스 J. 길리한

면허 있는 심리학자인 세스 길리한 박사는 펜실베이니아 대학의 정신의학과의 임상조교수로 있다. 길리한 박사는 불안 및 우울에 대한 인지행동치료(CBT)의 효과성, CBT가 효과를 내는 방식, 그리고 뇌 영상의 활용을 통하여 정신의학적 건강상태를 연구하는 것에 대하여 40편 이상의 학술지 논문과 관련 저서의 여러 챕터를 저술하였다. 우울, 불안, 공황을 다루기 위한 자기주도의 워크북 『우울과 불안을 떠나보내는 7주간의 인지행동치료CBT 여정Retrain Your Brain: Cognitive Behavioral Therapy in 7 Weeks』가제, 근간의 저자이고, 자넷 싱어Janet Singer와 함께 『강박장애 극복하기: 회복으로 가는 여정Overcoming OCD: A Journey to Recovery』국내 미출간을 저술하였다. 길리한 박사는 펜실베이니아주 해버포드에서 불안, 우울, 관련 정신건강을 위하여 CBT와 마음챙김에 기반한 개입방법들을 적용하여 임상업무에 종사하고 있다. 필라델피아 외곽에서 아내, 세 명의 아이들과 함께 살고 있다. 그의 누리집 http://sethgillihan.com에서 길리한 박사와 관련한 더 많은 정보와 자료들을 찾아볼 수 있다.

역자

신인수

심리상담자, 심리코치, 중독전문가, 동기면담(MI) 훈련가. 상담학 박사과정 수료. 한국심리학회, 한국상담심리학회, 한국인지행동치료학회, 한국코칭심리학회 등 정회원. 인지행동치료(CBT), 내면가족체계치료(IFS), 감각운동심리치료(SP) 등 훈련 이수. 『최고의 나를 찾는 심리전략 35: 트라우마와 중독을 넘어 치유와 성장으로!!!』, 『내 안의 치유자를 찾아서: 위기의 시대, 우리의 마음과 지구를 치유할 새로운 마음 모델 IFS』(근간), 『내면가족체계[IFS] 치료모델』, 『동기면담과 인지행동치료의 통합 전략』(근간), 『온라인 상담의 이론과 실제』(근간) 등 공역

integralhnc@hanmail.net

전철우

정신건강의학과 전문의. 동국대 의학전문대학원 졸업, 동국대 경주병원 정신건강의학과 전공의 수료, 대한정서인지행동의학회 평생회원, 대한정신약물학회 평생회원, 대한신경정신의학회 정회원

내 마음 내가 치유한다_알기 쉬운 인지행동치료(CBT)

초판 인쇄 | 2021년 7월 20일
초판 발행 | 2021년 7월 27일

저자 | 세스 J. 길리한
역자 | 신인수, 전철우
펴낸이 | 김성배
펴낸곳 | 도서출판 씨아이알

편집장 | 박영지
책임편집 | 김동희
디자인 | 쿠담디자인, 김민영
제작책임 | 김문갑

등록번호 | 제2-3285호
등록일 | 2001년 3월 19일
주소 | (04626) 서울특별시 중구 필동로8길 43(예장동 1-151)
전화번호 | 02-2275-8603(대표)
팩스번호 | 02-2265-9394
홈페이지 | www.circom.co.kr

ISBN | 979-11-5610-989-1 (93180)
정가 | 18,000원